Contrato de Trabalho Desportivo

Revolução Conceitual de Atleta
Profissional de Futebol

FÁBIO MENEZES DE SÁ FILHO

Graduado em Direito pela UNICAP. Especializando em Direito Judiciário e Magistratura do Trabalho pela ESMATRA VI. Mestre em Direito Laboral Desportivo pela UNICAP. Professor Convidado do Curso de pós-Graduação em Direito e Processo do Trabalho da FBV. Professor do Curso de Graduação em Direito da FBV. Professor Convidado dos Cursos Ruy Antunes da ESA/PE. Membro da Asociación Iberoamericana de Derecho del Trabajo y de la Seguridad Social. Membro do Instituto Brasileiro de Direito Desportivo. Diretor Presidente e Sócio-Fundador do Instituto Pernambucano de Direito Desportivo. Advogado.

CONTRATO DE TRABALHO DESPORTIVO

Revolução Conceitual de Atleta Profissional de Futebol

EDITORA LTr
SÃO PAULO

Dados Internacionais de Catalogação na Publicação (CIP)
(Câmara Brasileira do Livro, SP, Brasil)

Sá Filho, Fábio Menezes de

Contrato de trabalho desportivo : revolução conceitual de atleta profissional de futebol / Fábio Menezes de Sá Filho. — São Paulo : LTr, 2010.

Bibliografia.
ISBN 978-85-361-1552-8

1. Atleta profissional — Brasil 2. Contratos de trabalho 3. Esportes — Leis e legislação I. Título.

10-02381 CDU-34:796.06 (81)

Índice para catálogo sistemático:
1. Contrato de trabalho desportivo : Direito desportivo 34:796.06 (81)

LTr

EDITORA LTDA.
Rua Jaguaribe, 571 — CEP 01224-001 — Fone (11) 2167-1101
São Paulo, SP — Brasil — www.ltr.com.br

LTr 4110.3 Junho, 2010

A Deus.
Aos meus primeiros professores,
Maria Auxiliadora de Souza e Sá e Fábio Menezes de Sá.
À minha tia Marineide Nunes de Souza.
À minha pedra preciosa, Ana Carolina Soares Farias.
Aos Professores Doutores Manoel Severo Neto,
Sergio Torres Teixeira e Domingos Sávio Zainaghi.

Sumário

Apresentação *— Manoel Severo Neto* 11

Prefácio *— Domingos Sávio Zainaghi* 13

Introdução 15

Capítulo I. **Origem e normatização do futebol** 19

1.1. Resumo histórico do futebol 19

1.1.1. Surgimento da football association 21

1.1.2. Introdução do futebol no país 22

1.2. Evolução normativa do futebol 23

1.3. O caso Bosman e o direito desportivo brasileiro 34

Capítulo II. **Contrato de trabalho desportivo** 45

2.1. Conceito 45

2.2. Caracteres 46

2.3. Elementos 47

2.3.1. Elementos extrínsecos 48

2.3.2. Elementos intrínsecos 54

2.4. Forma 54

2.5. Duração 55

2.6. Conteúdo 57

2.7. Cessação temporária 58

2.7.1. Suspensão 58

2.7.2. Interrupção 59

Capítulo III. **Atividade laboral futebolística: especificidades** 60

3.1. Vínculo 60

3.1.1. Vínculo de emprego e vínculo de trabalho 60

3.1.2. Vínculo desportivo 61

3.1.3. O passe e a exploração do atleta 66

3.2. Jornada de trabalho 77

3.3. Férias 84

3.4. Remuneração 86

3.4.1. Ganhos de natureza salarial 88
3.4.1.1. Contraprestações mensais: parcela fixa, adicional noturno e direito de imagem 88
3.4.1.2. Abono de férias 99
3.4.1.3. Bichos 100
3.4.1.4. Luvas 103
3.4.1.5. Gratificação natalina 106
3.4.2. Gorjetas 107
3.4.2.1. Direito de arena 107
3.4.2.2. Mala preta e mala branca 126
3.4.3. Irredutibilidade salarial 129
3.5. FGTS 131

Capítulo IV. **Extinção contratual: exigibilidade dos Títulos — Competência** 133
4.1. Modalidades de extinção 133
4.1.1. Resolução 133
4.1.2. Rescisão 136
4.1.2.1. Rescisão unilateral 136
4.1.2.2. Cessão-transferência 139
4.1.3. Caducidade 143
4.2. Multa rescisória e cláusula penal 145
4.3. Prescrição 166
4.4. Competência da justiça do trabalho 166

Capítulo V. **Meio Ambiente do Trabalho: Obrigações e infortunística desportiva** 169
5.1. Meio ambiente do trabalho 169
5.2. Obrigações advindas da relação laboral 170
5.3. Infortunística desportiva 174

Considerações finais 179

Referências 185

APRESENTAÇÃO

O convite do Professor Fábio Menezes de Sá Filho para fazermos a apresentação do presente livro, nos surpreende.

Registro, inicialmente, que tivemos a honra de compor a banca examinadora de sua dissertação de mestrado apresentada perante o PPGD da Universidade Católica de Pernambuco.

A literatura laboral tem dito a propósito do Direito Desportivo ser este a parte do Direito do Trabalho que mais tardou a beneficiar-se dos avanços científicos que passaram a informar esse novo ramo do direito.

Com a presente obra fica consolidado o tratamento autônomo dado ao tema pela doutrina.

A bibliografia fora enriquecida. Os problemas em aberto e as dúvidas existentes foram aclaradas.

Ao escrever o presente estudo, o autor não teve outro intuito, senão o de elaborar um estudo sistemático sobre o contrato de trabalho desportivo.

A conceituação do atleta profissional de futebol é tratada com erudição e clareza.

Os objetivos propostos foram alcançados com simplicidade, clareza e concisão.

O autor consolida com profundidade o tratamento dado para todas as questões suscitadas durante o desenvolvimento do presente trabalho.

Este é o seu maior mérito.

Destacamos no presente livro um estudo criterioso e completo, que demonstra o alargamento do Direito do Trabalho, cuja ampliação engloba o Direito Desportivo, tratando-se de uma importante contribuição destinada, principalmente, aos profissionais do direito, professores, estudantes, advogados, procuradores e juízes.

Manoel Severo Neto

Doutor em Direito pela Universidade Federal de Pernambuco.
Professor da UNICAP. Juiz do Trabalho do TRT da 19ª Região.

PREFÁCIO

Apresentar um livro e seu autor é um dos misteres mais honoríficos da carreira acadêmica.

Quis o destino que eu conhecesse o autor deste livro, Professor Fábio Menezes de Sá Filho, por ocasião de sua defesa de dissertação de mestrado junto à Universidade Católica de Pernambuco, de cuja banca tive a honra de participar como examinador.

Aquele trabalho acadêmico se torna agora no livro que você leitor tem em mãos.

Seu jovem autor apresenta-nos uma obra de cunho científico admirável, e escrito de forma clara e objetiva, sem, contudo, deixar de ser profundo na abordagem de cada instituto estudado.

A partir da edição da Lei n. 9.615/1998, conhecida como Lei Pelé, a Justiça do Trabalho foi — e é — constantemente acionada.

Neste trabalho, o Professor Fábio Menezes de Sá Filho traz competente estudo sobre os temas principais da legislação na seara das relações de trabalho entre atletas e clubes, qual seja, os ganhos dos atletas.

Apesar de jovem, o autor demonstra maturidade ao enfrentar os temas a que se propôs.

O Professor Fábio Menezes de Sá Filho vem se destacando nos meios jurídico-desportivos com sua participação ativa em congressos e seminários, sempre com oportunas intervenções, além de autor de diversos artigos em revistas especializadas.

Neste trabalho, o autor, como já dito, explora o contrato de trabalho de atleta profissional, sobretudo a remuneração dos atletas, com especial atenção ao tema Direito de Arena.

Parte seu autor do estudo da história do futebol, para, em seguida, abordar o contrato de trabalho desportivo, sua formação e duração, tratar do ponto central do trabalho, que é a forma de remuneração desse pacto especial de trabalho.

No final, ainda, encontra-se interessante estudo sobre o meio ambiente do trabalho, com estudo sobre obrigações e infortunística desportiva.

Por tudo isso, é obra que se recomenda, razão pela qual felicito seu jovem autor e a editora pela oportunidade da publicação, desta que será, sem dúvidas, obra de leitura obrigatória a todos os que se interessam pelo Direito Desportivo.

Domingos Sávio Zainaghi

Doutor e mestre em Direito do Trabalho pela PUC-SP. Pós-doutorado em Direito do Trabalho pela Universidad Castilla-La Mancha, Espanha. Presidente da Asociación Iberoamericana de Derecho Del Trabajo y de la Seguridad Social. Presidente honorário do Instituto Iberoamericano de Derecho Deportivo. Advogado

Introdução

Estudar as normas gerais e específicas vigentes, bem assim analisar a aplicação dessas normas na relação contratual de trabalho entre o atleta e seu clube de futebol, constituíram-se nos objetivos gerais; e como objetivo específico, buscou-se centrar numa análise acurada dos ganhos obtidos pelo jogador, em virtude da sua atividade desportiva, e da transformação do conceito de futebolista profissional, após a extinção do instituto do passe.

Apesar de não ser o foco deste estudo, são inferidas particularidades acerca da situação dos atletas não profissionais, uma vez que a análise dessa categoria de desportistas é essencial para se compreender melhor a de profissionais.

O estudo está divido em 5 (cinco) capítulos, os quais comportam subdivisões de acordo com a quantidade de desdobramentos necessários à composição de cada subdivisão.

Inicialmente, é feita uma abordagem histórica quanto ao surgimento da prática desportiva do futebol, desde as primeiras formas de aparição até o seu aperfeiçoamento e distinção de outras práticas esportivas.

Explica-se que o futebol tornou-se um esporte oficial com a criação da Football Association na Inglaterra, sendo o primeiro órgão a regulamentar o esporte no mundo.

O referido órgão serviu como base para a fundação da Fédération Internationale de Football Association (FIFA), entidade internacional que normatiza e disciplina o futebol nos 5 (cinco) continentes, estando à frente dos clubes e das seleções nacionais de cada país.

A primeira parte refere-se ainda ao surgimento do esporte no Brasil e à consequente necessidade de editar normas que o regulamentasse. Normas estas que recentemente foram influenciadas por um importante acontecimento de âmbito internacional que foi o Caso Bosman.

No segundo capítulo, certos aspectos acerca do contrato laboral desportivo são explicitados, a exemplo do conceito, dos caracteres, dos elementos, da forma, da duração, do conteúdo e da cessação temporária.

Na terceira parte, serão abordados alguns pontos de grande relevância estrutural para o estudo, dispondo sobre peculiaridades das atividades desportivas, do meio de execução do contrato de trabalho e das casualidades provenientes da prática futebolística realizada pelo jogador com o seu clube. A abordagem levará em conta os aspectos da Lei n. 9.615/1998 (Lei Pelé) e demais legislações aplicáveis, inclusive no que se refere às normas gerais da legislação trabalhista e da seguridade social.

Ao expor a questão do vínculo do atleta profissional de futebol, são levantadas outras questões importantes, sob o ponto de vista de existirem normas regulamentadas pela FIFA, cuja aplicabilidade é legitimada pela entidade de administração do desporto responsável pelo futebol no País, ou seja, a Confederação Brasileira de Futebol (CBF).

Além disso, discorre-se acerca da extinção do passe, analisando algumas consequências jurídicas advindas desse fato, sob o ponto de vista dos Direitos Humanos e da Organização Internacional do Trabalho (OIT).

As atividades próprias da prática desportiva do atleta futebolista estão dispostas na sua jornada de trabalho, salientando ainda, em seção à parte, o seu direito ao gozo de férias.

O meio de execução do contrato perfaz-se com a prestação de serviço e o pagamento do salário ao empregado. Destaca-se também a necessidade de recolhimento pelo empregador do Fundo de Garantia do Tempo de Serviço (FGTS) dos seus atletas, incidente sobre as suas parcelas remuneratórias. Para efeito de exposição, torna-se necessário distinguir remuneração de salário e, assim, discriminar os ganhos que possuem natureza civil ou trabalhista, a fim de delimitar as verbas devidas ao atleta, e, consequentemente, abordar a questão da irredutibilidade salarial.

No quarto capítulo, estudam-se hipóteses de extinção do contrato de trabalho, as quais são explanadas no decorrer do estudo, inclusive, no que diz respeito a quando se põe fim ao vínculo de emprego, quer seja pela resolução, rescisão ou caducidade do pacto laboral. São ainda enfatizadas as formas indenizatórias previstas para cada situação concreta.

A noção de aplicabilidade das multas resilitórias, a quem dá causa à rescisão contratual antecipada, tem sido objeto de controvérsias, tanto doutrinárias quanto jurisprudenciais. Aplica-se aos atletas desportistas e aos clubes a indenização da cláusula penal ou a da multa rescisória, ou não há distinção? As indagações levantadas já são suficientemente importantes para justificar um estudo.

Encerra-se esse capítulo versando também sobre a prescrição, em face da garantia constitucional de ação, abordando ser a Justiça do Trabalho a competente para dirimir as questões de natureza trabalhista, provenientes da prática desportiva do futebol. Verifica-se que a Constituição da República

Federativa do Brasil, de 5 de outubro de 1988 (CF/1988), pôs fim a esta discussão, principalmente, após a edição da Emenda Constitucional n. 45, de 30 de dezembro de 2004 (EC n. 45/2004).

Ao final, a quinta e última parte trata do meio ambiente do trabalho, das obrigações advindas do pacto laboral e da Infortunística Desportiva, a fim de prevenir e reparar os acidentes e os danos para a saúde dos atletas, os quais guardem relação com a sua atividade profissional.

Além da revolução conceitual de atleta profissional de futebol advinda da extinção do instituto do passe, deve-se atentar para as normas de defesa do meio ambiente do trabalho, uma vez que se apresenta como um dever do clube de futebol oferecer um trabalho seguro, saudável e decente. Trata-se de um direito fundamental de cidadania do jogador praticante desta modalidade esportiva.

Capítulo I

Origem e Normatização do Futebol

1.1. RESUMO HISTÓRICO DO FUTEBOL

Não é uníssona e, provavelmente, nunca se chegará a um consenso em se tratando de afirmar onde, como, quando e por quem foram introduzidas as primeiras noções do que hoje é conhecido por futebol.

Alguns estudiosos afirmam que há muitos séculos, ainda na Antiguidade, já existiam formas embrionárias que poderiam ser classificadas, ideologicamente falando, como os primeiros meios de práticas esportivas de cunho futebolístico.

Mais próximos de serem os criadores do futebol, estiveram os chineses, visto que, por volta de 3000 a 2500 a.C., se praticou um treino com bola pelos militares, o qual fazia parte do treinamento militar da guarda do imperador. Tal prática esportiva militar, descrita pelos escritores chineses *Tao-tse* e *Yang-tse*, chamava-se *Tsu-chu*, que significava golpear a bola com o pé. Descreve *Souto* que essa prática esportiva era bem simples. Disputada por 8 (oito) jogadores, o objetivo era o de atravessar um campo com 14 m^2 (quatorze metros quadrados), o qual consistia em levar uma bola de couro, passando de pé em pé e sem deixá-la cair no chão, de uma extremidade à outra e tentar passar além dos limites demarcados por duas estacas fincadas no chão[(1)], ligadas por um fio de seda, sendo por entre essas estacas que a bola deveria entrar.[(2)]

Assim como na China antiga, no Japão antigo havia uma prática esportiva pouco parecida com aquela, porém com características próprias, conhecida

(1) Equiparando-se ao futebol que se conhece, nos dias atuais, passar a bola por entre essas duas estacas seria o equivalente a atingir a meta do jogo para se obter a vitória, ou seja, fazer o gol.

(2) SOUTO, Ronaldo. *Origem do futebol.* Disponível em: <http://www.coladaweb.com/edfisica/futebol_origem.htm>. Acesso em: 15 mar. 2006.

por *Kemari*. As equipes eram formadas por dois grupos de oito integrantes para cada lado e a bola era feita de fibras de bambu.(3) Nessa prática, era proibido o contato físico e não havia a contagem de pontos, cujo único objetivo era o de apurar a técnica de dominar a bola com os pés. Passatempo da realeza, a história registra que os imperadores *En-ji* e *Ten-ji* estavam entre os praticantes do *Kemari*.(4)

Na América pré-colombiana, nesse mesmo período, achados arqueológicos atestam que os nativos da região também se dedicavam aos jogos de bola. Embora se tenha conhecimento de que já havia a utilização de bolas de borrachas extraída das árvores pelos índios habitantes do Haiti, durante o descobrimento da América por Cristóvão Colombo, ou o uso de esferas de látex, as quais eram impulsionadas com os pés por meninos maias e astecas, a maioria dos jogos que ocorria nesses locais era disputada basicamente com as mãos, permitindo afirmar que guardam pouca semelhança com as práticas esportivas do oriente, consideradas precursores do futebol.(5)

Ainda na antiguidade, um esporte bastante violento praticado na Grécia tinha feições próximas às do futebol. Conhecido por *Epyskiros*, os soldados gregos se dividiam em duas equipes com nove jogadores e o jogo era realizado em um campo retangular. Mais precisamente em Esparta, o jogo era com bola feita de bexiga de boi preenchida com areia ou terra, e como os campos eram maiores, cada equipe era formada por até quinze jogadores.(6)

Aproximadamente no século I a.C., a prática do esporte grego foi assimilada pelos romanos, após estes últimos, ao invadirem a Grécia, haverem incorporado muito da cultura local.(7)

Na Idade Média, conforme Souto, a violência se sobressaía nos jogos. Dentre estes havia o *Soule* ou *Choule*, na França, e o *Harpastum* ou *Calcio*, na Itália, praticados pelas civilizações locais da época, os quais eram modalidades esportivas muito similares ao futebol, no entanto, violentas.(8)

---

(3) MENHEM, Felipe Almeida Fares. *A assessoria do cruzeiro esporte clube:* análise das práticas jornalísticas e do grau e institucionalização da informação divulgada pelos assessores. 2005. 51 f. Trabalho de Conclusão de Curso — Curso de Comunicação Social, Centro Universitário de Belo Horizonte, Belo Horizonte, 2005.

(4) SOUTO, Ronaldo. *Origem do futebol.* Disponível em: <http://www.coladaweb.com/edfisica/futebol_origem.htm>. Acesso em: 15 mar. 2006.

(5) *Idem.*

(6) MUSEU DOS ESPORTES. *História do futebol.* Disponível em: <http://www.museudosesportes.com.br/noticia.php?id=26615>. Acesso em: 15 jan. 2007.

(7) PEREIRA, Flávia Sidônia Camargos. *A guerra no futebol:* um estudo sobre o jornalismo esportivo. 2005. 152 fl. Projeto Experimental — Curso de Comunicação Social, Universidade Federal de Juiz de Fora, Juiz de Fora, 2005. Disponível em: <http://www.facom.ufjf.br/projetos/1sem_2005/pdf/FSidonia.pdf>. Acesso em: 26 mar. 2006.

(8) SOUTO, Ronaldo. *Origem do futebol.* Disponível em: <http://www.coladaweb.com/edfisica/futebol_origem.htm>. Acesso em: 15 mar. 2006.

Acredita-se que a figura dos árbitros tenha aparecido no período medieval, tendo em vista que, após as constantes brigas e mortes em decorrência dos jogos, os Reis britânicos Eduardo II e Eduardo III editaram leis, no ano de 1314 e 1349, respectivamente, proibindo a prática do jogo.[9]

Influenciadas pelas práticas esportivas anteriores, muitas derivações surgiram com o passar dos anos. O *Rugby* é uma delas. Surgido na Inglaterra, foi através desse esporte que o futebol conhecido atualmente teve a sua criação.

Na metade do século XIX, por ser o *Rugby* praticado tanto com as mãos, como com os pés, devido a divergências entre os participantes sobre as regras dos jogos, criou-se um esporte que somente poderia ser praticado com os pés, o *Football.*[10] A Inglaterra vivia um período de desenvolvimento dos meios de comunicação. A imprensa começava a ganhar destaque, graças à rotativa, ao telégrafo, ao telefone, etc. Com isso, os veículos de informação ajudaram a difundir o esporte para outras localidades, inclusive as regras. Quanto às regras, é válido ressaltar que:

> Em 26 de outubro de 1863, na Freemason's Tavern, na Great Queen Street, em Londres, representantes de clubes, capitães e dirigentes de escolas reuniram-se para unificar as regras; assim foi fundada a Associação do Futebol.[11]

Com isso, originou-se o esporte hoje conhecido pelo nome de *Football,* advindo desta nomenclatura a inspiração para se criar uma instituição reguladora: a Associação do Futebol, isto é, a *Football Association.*

1.1.1. Surgimento da football association

De acordo com *Gondim*[12], em 1863, com a fundação da *Football Association,* a Inglaterra oficializou a criação do futebol, passando a receber o título de inventor do esporte.

Sob a liderança do advogado francês Jules Rimet, graças à criação da FIFA, em 1904, o futebol começou a ganhar projeção internacional.

---

(9) BARROS, Alice Monteiro de. *Contratos e regulamentações especiais de trabalho:* peculiaridades, aspectos controvertidos e tendências. 2. ed. São Paulo: LTr, 2002. p. 72.

(10) LIMA, Marcos Antunes de. *As origens do futebol na Inglaterra e no Brasil.* São Paulo, 26 nov. 2002, p. 5. Disponível em: <http://www.klepsidra.net/klepsidra14/futebol.doc>. Acesso em: 21 maio 2006.

(11) DUARTE, Orlando. *Futebol:* regras e comentários. São Paulo: Senac, 2005. p. 23.

(12) GONDIM, Emanuel. A origem do Football Association. *COMUNICampus on Line.* Pernambuco, ano VIII, n. 101, jun. 2002. Disponível em: <http://www.ufpe.br/ascom/cconline/024/opiniao.html>. Acesso em: 14 maio 2006.

Essa projeção deu-se, primeiramente, em boa parte da Europa e das Américas, depois, com o término da Segunda Guerra Mundial, na Ásia e na Austrália, e, por fim, recentemente, na África.

1.1.2. Introdução do futebol no país

Assim como há versões diversas sobre os inventores do futebol, existem divergências quanto às primeiras práticas do *Football* no Brasil.

Todavia, a grande maioria dos estudiosos hão de concordar que o precursor do futebol, propriamente dito, foi o brasileiro descendente de ingleses e escoceses, *Charles Willian Miller*.

Em 1884, *Charles Miller* aos 9 (nove) anos de idade, foi morar em *Southampton*, na Inglaterra. Retornou ao país 10 (dez) anos depois, trazendo consigo, tal qual nas palavras de *Orlando Duarte*, *ipsis litteris*:

> *Charles Miller* não trouxe só as duas bolas. Trouxe também calções, chuteiras, camisas, bomba de encher a bola e agulha. Foi o início desta "loucura" que é o futebol entre nós. Ele faleceu em 1953, em São Paulo, cidade em que nasceu. Foi um ótimo jogador, artilheiro, criador da jogada "Charles", estimulador da prática do futebol, bom árbitro, apaixonado "torcedor" e o responsável oficial por tudo o que aconteceu depois. No início tudo era importado da Inglaterra, inclusive nomes das posições e livros de regras oficiais.(13)

Prova-se que já se jogava futebol antes do retorno de *Charles Miller* para o Brasil, em face de haver sido fundado em 13 de maio de 1888, o São Paulo Athletic Club. Neste período, só praticava a modalidade esportiva quem se encontrava inserido na classe aristocrática.

A primeira partida catalogada no Brasil foi realizada em abril de 1895. Partida esta disputada por funcionários de empresas inglesas, cuja sede era São Paulo. Esses amistosos introduziram o futebol na sociedade brasileira.

É nas palavras de *Sevcenko*, citado por *Lima*, que se tem ideia de como foi feita a difusão do futebol, a qual seguiu dois caminhos dentro da sociedade brasileira da época: "Um foi dos trabalhadores das estradas de ferro, que deram origem às várzeas, o outro foi através dos clubes ingleses que introduziram o esporte dentre os grupos de elite."(14).

No ano de 1899, já existiam algumas agremiações praticando o esporte, como o supracitado São Paulo Athletic Club, a Associação Atlética Mackenzie College e o Sport Club Internacional.

---

(13) DUARTE, Orlando. *Futebol.* regras e comentários. São Paulo: Senac, 2005. p. 20.

(14) SEVCENKO, Nicolau *apud* LIMA, Marcos Antunes de. *As origens do futebol na Inglaterra e no Brasil.* São Paulo, 26 nov. 2002. p. 10. Disponível em: <http://www.klepsidra.net/klepsidra14/futebol.doc>. Acesso em: 21 maio 2006.

Dois anos mais tarde, em 1901, é criada a Liga Paulista de Football (LPF). Em 1902, seria organizado o primeiro campeonato local(15). A liga carioca de futebol, a Liga Metropolitana de Football (LMF), foi criada em 8 de junho de 1905. Em 1906, realizou-se o primeiro campeonato carioca.(16) Ambas as ligas são hoje consideradas as entidades embrionárias da Federação Paulista de Futebol (FPF) e Federação de Futebol do Estado do Rio de Janeiro (FERJ), respectivamente.

Sendo assim, com o passar do tempo, o futebol foi deixando os resquícios de um esporte amador e passou a incorporar características profissionais. Fato este que tornou necessária a criação de normas para disciplinar as relações de trabalho, face à profissionalização do esporte.

O processo de evolução normativa do ramo desportivo no Brasil ocorreu de forma bastante lenta, como será demonstrado a seguir.

1.2. EVOLUÇÃO NORMATIVA DO FUTEBOL

A fim de melhor elucidar o tema, cumpre que se faça uma escala evolutiva do processo de normatização do futebol. Lembrando, evidentemente, que não se busca esgotar esse tema e, sim, esclarecer, com detalhes, um pouco do ocorrido.

No início das práticas futebolísticas no Brasil, a administração desse esporte era feita separadamente pelas ligas de futebol, a exemplo das ligas de São Paulo e do Rio de Janeiro.

Fundada em 8 de junho de 1914, a Federação Brasileira de Sports (FBS) ganhou rapidamente projeção internacional graças a certos órgãos mundiais. Entretanto, a FIFA ainda não havia conferido representatividade a essa federação. No ano seguinte, em 1915, surge, para rivalizar com a FBS, a Federação Brasileira de Futebol (FBF). Rivalidade que perdurou até a fusão das duas em 1916, originando a Confederação Brasileira de Desportos (CBD).

É nas palavras de *Barbosa* que se pode resumir o que ocorreu à época:

> Uma organização administrativa rival, a FEDERAÇÃO BRASILEIRA DE FUTEBOL (FBF), tinha sido também fundada em 1915. Quando a FBF conseguiu obter sua quota de reconhecimento internacional, originou-se uma luta intensa entre os grupos até que, em 1916, os dois se fundi-

---

(15) LIMA, Marcos Antunes de. *As origens do futebol na Inglaterra e no Brasil.* São Paulo, 26 nov. 2002. p. 11. Disponível em: <http://www.klepsidra.net/klepsidra14/futebol.doc>. Acesso em: 21 maio 2006.

(16) FEDERAÇÃO DE FUTEBOL DO ESTADO DO RIO DE JANEIRO. *A federação de futebol — história.* Disponível em: <http://www.fferj.com.br/Federacao/Historia/ahistoria.htm>. Acesso em: 21 dez. 2008.

ram sob a égide de CBD. O novo órgão governativo foi admitido provisoriamente na FIFA no mesmo ano, obtendo plenos direitos em 1923. A CONFEDERAÇÃO BRASILEIRA DE DESPORTOS (CBD) se constituiu, durante muitos anos, no corpo administrativo de todos os esportes no Brasil. A preocupação principal da CBD, contudo, bem como a mais expressiva fonte de recursos, foi sempre o futebol.[17]

Pizzolato, citando *Carvalho*, *Gonçalves* e *Alcântara*, afirma que já no início da década de 1930, no governo do então presidente da República, Getúlio Vargas, foi elaborado o Programa de Reconstrução Nacional, objetivando profissionalizar o esporte nacional. Com isso, extinguiu-se aos poucos o amadorismo no futebol, uma vez que a CBD reconheceu a possibilidade de os clubes remunerarem seus atletas pelas atuações desportivas, forçando os atletas amadores a abandonar seus clubes, por não conseguirem competir com os atletas assalariados. Com a criação do Ministério do Trabalho, profissões foram regulamentadas, inclusive, a de atleta.[18]

De acordo com *Krieger*, citado por *Carlezzo*[19]; e *Carvalho*, *Gonçalves* e *Alcântara*[20], durante a vigência da Constituição de 1937, a qual marcou o início das intervenções estatais no desporto nacional, dentre as mais importantes normas para o ramo desportivo, citam-se as edições dos Decretos-Leis ns. 526 e 527, de 1º de julho de 1938. O Decreto-Lei n. 526/1938 possibilitou a criação do Conselho Nacional de Cultura, cujo objetivo era o de supervisionar as atividades relacionadas com o desenvolvimento cultural do País e, por consequência, da educação física. Porém, este órgão só foi efetivado

---

(17) BARBOSA, Sérgio Marinho *apud* FEDERAÇÃO DE FUTEBOL DO ESTADO DO RIO DE JANEIRO. *A federação de futebol — história.* Disponível em: <http://www.fferj.com.br/Federacao/Historia/ahistoria.htm>. Acesso em: 21 dez. 2008.

(18) CARVALHO, Cristina Amélia; GONÇALVES, Julio Cesar de Santana; ALCÂNTARA, Bruno César Santos de *apud* PIZZOLATO, Eduardo de Andrade. *Profissionalização de organizações esportivas:* estudo de caso do voleibol brasileiro. 2004. 125 f. Dissertação (Mestrado em Administração) — Programa de Pós-graduação em Administração de Empresas da Pontifícia Universidade Católica do Rio de Janeiro, Rio de Janeiro, 2004. Disponível em: <www.maxwell.lambda.ele.puc-rio.br/cgi-bin/PRG_0599.EXE/5887_4.PDF?NrOcoSis=16242&CdLinPrg=pt>. Acesso em: 21 dez. de 2008.

(19) KRIEGER, Marcílio César Ramos *apud* CARLEZZO, Eduardo. *Direito desportivo empresarial.* São Paulo: Juarez de Oliveira, 2004. p. 1.

(20) CARVALHO, Cristina Amélia; GONÇALVES, Julio Cesar de Santana; ALCÂNTARA, Bruno César Santos de, *apud* PIZZOLATO, Eduardo de Andrade. *Profissionalização de organizações esportivas:* estudo de caso do voleibol brasileiro. 2004. 125 f. Dissertação (Mestrado em Administração) — Programa de Pós-graduação em Administração de Empresas da Pontifícia Universidade Católica do Rio de Janeiro, Rio de Janeiro, 2004. Disponível em: <www.maxwell.lambda.ele.puc-rio.br/cgi-bin/PRG_0599.EXE/5887_4.PDF?NrOcoSis=16242&CdLinPrg=pt>. Acesso em: 21 dez. de 2008.

no ano de 1961[(21)]. Por outro lado, o Decreto-Lei n. 527/1938 regulamentou a cooperação financeira da União com as organizações privadas, incluídas nestas as desportivas.

A seguir, tem-se a edição do Decreto-Lei n. 1.056, de 19 de janeiro de 1939, tendo por finalidade criar a Comissão Nacional de Desportos, responsável pela realização de um minucioso estudo do problema desportivo nacional, resultando em um plano geral para a sua regulamentação.[(22)] Posteriormente, com o Decreto-Lei n. 1.212, de 7 de abril de 1939, o Governo brasileiro implementou, na Universidade do Brasil, a Escola Nacional de Educação Física, fomentando as bases de organização dos desportos no País.[(23)]

Em 14 de abril de 1941, edita-se o Decreto-Lei n. 3.199, muito importante, pois foi através deste, que se criou o Conselho Nacional de Desportos (CND) e os Conselhos Regionais de Desportos (CRDs). Os referidos conselhos estabeleceram as bases da organização desportiva do Brasil, determinando que as confederações se responsabilizassem pelas regras desportivas originadas por entidades internacionais.[(24)] Com base na hierarquia adotada à época, era necessário que o registro dos atletas nas confederações esportivas e que as suas inscrições fossem aprovadas pelo CND.[(25)]

Tanto a Confederação Brasileira de Desportos, quanto o Conselho Nacional de Desportos eram presididos pela mesma pessoa, o Sr. Luiz Aranha. Durante esse período, disciplinou-se que todas as entidades estaduais de futebol passariam a se chamar federação de futebol[(26)].

---

(21) COUTO, Sara. SNC: o Brasil próximo de um novo modelo de política cultural. *Ministério da cultura.* Brasil, 13 set. 2005. Disponível em: <http://www.cultura.gov.br/noticias/noticias_do_minc/index.php?p=11791&more=1&c=1&pb=1>. Acesso em: 20 jul. 2007.

(22) CARLEZZO, Eduardo. *Direito desportivo empresarial.* São Paulo: Juarez de Oliveira, 2004. p. 1-2.

(23) CARVALHO, Cristina Amélia; GONÇALVES, Julio Cesar de Santana; ALCÂNTARA, Bruno César Santos de, *apud* PIZZOLATO, Eduardo de Andrade. *Profissionalização de organizações esportivas:* estudo de caso do voleibol brasileiro. 2004. 125 f. Dissertação (Mestrado em Administração) — Programa de Pós-graduação em Administração de Empresas da Pontifícia Universidade Católica do Rio de Janeiro, Rio de Janeiro, 2004. Disponível em: <www.maxwell.lambda.ele.puc-rio.br/cgi-bin/PRG_0599.EXE/5887_4.PDF?NrOcoSis=16242&CdLinPrg=pt>. Acesso em: 21 dez. de 2008.

(24) CARLEZZO, Eduardo. *Direito desportivo empresarial.* São Paulo: Juarez de Oliveira, 2004. p. 2.

(25) PIZZOLATO, Eduardo de Andrade. *Profissionalização de organizações esportivas:* estudo de caso do voleibol brasileiro. 2004. 125 f. Dissertação (Mestrado em Administração) — Programa de Pós-graduação em Administração de Empresas da Pontifícia Universidade Católica do Rio de Janeiro, Rio de Janeiro, 2004. Disponível em: <www.maxwell.lambda.ele.puc-rio.br/cgi-bin/PRG_0599.EXE/5887_4.PDF?NrOcoSis=16242&CdLinPrg=pt>. Acesso em: 21 dez. de 2008.

(26) Nesse ano, existia a Liga de Football do Rio de Janeiro (LFRJ), mas com a necessidade de passar a ser denominada de federação de futebol, a LFRJ transformou-se na Federação Metropolitana de Futebol (FMF). Para maiores detalhes, veja-se FEDERAÇÃO DE FUTEBOL DO ESTADO DO RIO DE JANEIRO. *A federação de futebol — história.* Disponível em: <http://www.fferj.com.br/Federacao/Historia/ahistoria.htm>. Acesso em: 21 dez. 2008.

Posteriormente, baixou-se a Portaria do Ministério da Educação e da Saúde n. 254, de 1º de outubro de 1941[27], contendo instruções para a organização dos estatutos das confederações e federações esportivas existentes no País[28], e, a partir desta, a Resolução CND, de 4 de novembro de 1942, determinando, às Federações, a elaboração de Códigos Disciplinares e de Penalidades, e, às Federações de Futebol, a aplicarem tais códigos nos campeonatos de 1943[29]; e, ainda, a criação de um Tribunal de Penas[30], contendo 7 (sete) membros, para cada Federação de Futebol.[31]

Em 25 de março de 1943, o Decreto-Lei n. 5.342 reconheceu, oficialmente, a prática desportiva profissional do futebol, cujo conteúdo determinava que os contratos de jogadores e treinadores da modalidade fossem registrados na Confederação Brasileira de Desportos (CBD).

Através da Deliberação CND n. 48, de 30 de agosto de 1945, edita-se o 1º Código Brasileiro de Futebol, cujo objetivo era o de regulamentar e organizar a atuação dos tribunais criados por meio dessa norma. Sendo assim, vinculado ao CND, surge o Superior Tribunal de Justiça Desportiva (STJD), com jurisdição em todo o território nacional; nos Estados surgem os Tribunais de Justiça Desportiva (TJDs), vinculados à Federação de Futebol correspondente a cada Estado; e as Juntas Disciplinares Desportivas, com jurisdição municipal. Esses tribunais eram compostos por um vasto grupo de juristas e desportistas de reputação ilibada e grande saber jurídico-desportivo.[32] O 1º Código Brasileiro de Futebol vigorou até 1956.

Mais adiante, o Código Brasileiro de Justiça e Disciplina Desportiva (CB-JDD) foi instituído pela Deliberação CND n. 3, de 11 de fevereiro de 1956,

---

(27) Essa Portaria Ministerial n. 254/1941 previa no item 8º que "As Confederações e Federações adotarão um código de disciplina e penalidades, que será aplicado pelas Federações e associações que lhes forem direta ou indiretamente filiadas e, bem assim, um manual que especifique todos os direitos e deveres dos atletas profissionais". PUGA, Alberto. *Código nacional de desportos.* Disponível em: <http://listas.cev.org.br/pipermail/cevleis/2008-February/030945.html>. Acesso em: 21 dez. 2008.

(28) MARINHO, Inezil Penna. A educação física no meio civil em face dos preceitos legais que a regulam. *Revista de educação física.* Rio de Janeiro, n. 53, jun. 1942. Disponível em: <http://www.revistadeeducacaofisica.com.br/arts/1942/53_aedfisnomeiocivil.pdf>. Acesso em: 21 dez. 2008.

(29) PUGA, Alberto. *Código nacional de desportos.* Disponível em: <http://listas.cev.org.br/pipermail/cevleis/2008-February/030945.html>. Acesso em: 21 dez. 2008.

(30) A função de cada Tribunal de Penas era o de julgar as infrações cometidas por atletas, árbitros, clubes, entidade e pessoas físicas a eles vinculadas, cabendo ao CND, também detentor de poder judicante, apreciar qualquer recurso em última instância. Para maiores detalhes, veja-se JUSTIÇA DESPORTIVA. *Histórico:* A história da Justiça Desportiva. Disponível em: <http://www.justicadesportiva.com.br/secao.asp?id=1>. Acesso em: 17 dez. 2007.

(31) JUSTIÇA DESPORTIVA. *Histórico*: A história da Justiça Desportiva. Disponível em: <http://www.justicadesportiva.com.br/secao.asp?id=1>. Acesso em: 17 dez. 2007.

(32) *Idem.*

sendo aprovado em sessão plenária, de 31 de janeiro de 1956, o qual era aplicável em quase todos os esportes, exceto o futebol. Recomendava-se serem suas disposições aplicadas, de maneira subsidiária, no caso de ser omissa a legislação própria de qualquer entidade desportiva.[33]

Por outro lado, a Deliberação CND n. 7, de 1956, instituiu o 2º Código Brasileiro de Futebol, o qual foi aprovado pelo CND, em sessão plenária, de 25 de julho de 1956. Havia a recomendação para que esse código fosse aplicado, supletivamente, nos casos omissos do CBJDD.[34]

Anos mais tarde, após o aprimoramento das técnicas e normas do Direito Desportivo, o 2º Código Brasileiro de Futebol, a partir da Deliberação CND n. 12, de 1962, passa a denominar-se Código Brasileiro Disciplinar de Futebol (CBDF), tendo sido aprovado pelo CND em sessão plenária de 10 de dezembro de 1962. O CBDF era dividido em duas partes, uma processual e uma penal, com aplicabilidade apenas no futebol.[35]

Nesse período, não havia a distinção de competências que existe atualmente no ordenamento jurídico-desportivo brasileiro, no que tange aos litígios oriundos das relações desportivas. Portanto, o CBDF e o CBJDD contribuíram bastante para o desenvolvimento dos órgãos judicantes desportivos, principalmente, acerca de aspectos cíveis, penais e trabalhistas.

Assim, os órgãos da Justiça Desportiva, em matéria penal, apreciavam questões disciplinares, através das infrações cometidas. No âmbito cível, analisavam cobranças e compromissos contratuais, compra e venda ou cessão de direitos. E no campo trabalhista, dirimiam litígios laborais entre atletas e clubes, através das Juntas Trabalhistas Desportivas.

Outros Decretos-Leis foram editados e acrescentaram poucas mudanças ou aperfeiçoamentos, a exemplo dos Decretos-Leis n. 7.674, de 25 de junho de 1945, que determinou a obrigatoriedade da existência, em cada entidade ou associação desportiva, de um órgão fiscalizador de gestão financeira[36]; o de n. 8.458, de 26 de dezembro de 1945, regulamentou o registro dos estatutos das entidades e associações desportivas[37]; o de n. 51.008, de 20

---

(33) PUGA, Alberto. *Código nacional de desportos.* Disponível em: <http://listas.cev.org.br/pipermail/cevleis/2008-February/030945.html>. Acesso em: 21 dez. 2008.

(34) *Idem.*

(35) JUSTIÇA DESPORTIVA. *Histórico*: A história da Justiça Desportiva. Disponível em: <http://www.justicadesportiva.com.br/secao.asp?id=1>. Acesso em: 17 dez. 2007.

(36) BRASIL. Projeto de Lei n. 6.404 de 2002. Regula a profissão de agente esportivo e dá outras providências. Voto em separado do Deputado Régis de Oliveira. *Câmara dos deputados.* Disponível em: <http://www.camara.gov.br/sileg/integras/452117.pdf>. Acesso em: 18 nov. 2008.

(37) BRASIL. Projeto de Lei n. 6.404 de 2002. Regula a profissão de agente esportivo e dá outras providências. Voto em separado do Deputado Régis de Oliveira. *Câmara dos deputados.* Disponível em: <http://www.camara.gov.br/sileg/integras/452117.pdf>. Acesso em: 18 nov. 2008.

de julho de 1961, regulamentou a profissão de atleta de futebol e estabeleceu as condições para a realização das competições desportivas, disciplinando a participação dos jogadores nas partidas de futebol[38]; e o de n. 53.820, de 24 de março de 1964, que também tratou da profissão de atleta de futebol, manteve as disposições do decreto anterior, e instituiu oficialmente o passe no ordenamento jurídico-desportivo brasileiro.[39]

As primeiras leis importantes relacionadas aos direitos dos atletas de futebol surgiram a partir do início da década de 70, com a promulgação das Leis n. 5.939, de 19 de novembro de 1973, a qual estabelecia benefícios da seguridade social àqueles atletas[40]; e n. 5.988, de 14 de dezembro de 1973, que tratava dos direitos autorais e tutelava o já polêmico instituto do direito de arena.

Em seguida, veio a Lei n. 6.251, de 8 de outubro de 1975, que delegou uma imensa quantidade de poderes ao Conselho Nacional de Desportos, inclusive de acumular em sua competência atividades da área legislativa, executiva e judiciária relacionadas ao desporto. Vivia-se o período da ditadura militar. Além dessa novidade, a referida norma estabeleceu a Política Nacional de Educação Física e Esporte; inseriu, pela primeira vez no mundo dos esportes, a definição legal de desporto; e a vedação ao lucro das entidades desportivas foi estendida à remuneração de seus dirigentes[41].

Ainda no período da ditadura, surgiu uma norma de grande valor e que ainda tem aplicabilidade, porém relativa, atualmente. Trata-se da Lei n. 6.354, de 2 de setembro de 1976, a qual contribuiu com o início da lapidação e acabamento da profissão e das relações trabalhistas entre o atleta profissional de futebol e os seus respectivos clubes, reproduzindo, inclusive, o polêmico instituto do passe, já revogado.[42]

A Resolução n. 10, de 10 de abril de 1986, promulgada pelo CND autorizava a transferência de um atleta para outro clube, salientando inclusive a participação do mesmo na sua negociação. Criou também o direito de preferência[43] para uma eventual renovação de contrato. Através de outra Resolu-

---

(38) SOARES, Jorge Miguel Acosta. *Direito de imagem e direito de arena no contrato do atleta profissional.* São Paulo: LTr, 2008. p. 44.

(39) *Idem.*

(40) CARLEZZO, Eduardo. *Direito desportivo empresarial.* São Paulo: Juarez de Oliveira, 2004. p. 2.

(41) FEDERAÇÃO DE FUTEBOL DO ESTADO DO RIO DE JANEIRO. *A federação de futebol — história.* Disponível em: <http://www.fferj.com.br/Federacao/Historia/ahistoria.htm>. Acesso em: 21 dez. 2008.

(42) CARLEZZO, Eduardo. *Direito desportivo empresarial.* São Paulo: Juarez de Oliveira, 2004. p. 2-3.

(43) O direito de preferência servia basicamente como um mecanismo de pressão sobre o atleta,

ção, a de n. 19, de 6 de dezembro de 1988, alguns artigos da Resolução n. 10/1986 foram modificados.(44)

Com a promulgação da CF/1988, a competência da Justiça Desportiva ficou restrita apenas à apreciação de litígios provenientes de matéria disciplinar relativa às competições desportivas. Entretanto, há a possibilidade de o litigante insatisfeito recorrer ao Poder Judiciário, desde que esgotadas as instâncias desse órgão jurisdicional desportivo ou, se decorrido o prazo de 60 (sessenta) dias após a instauração do processo, não houver sido proferida decisão final.

No intuito de remodelar, urgentemente, a estrutura do desporto nacional, foi editada a Lei n. 8.672, de 6 de julho de 1993, vulgarmente conhecida por Lei Zico(45), a qual disciplinava normas gerais sobre o desporto. Não obstante, o CND e os CRDs terem sido extintos em 1993, após a vigência da Lei Zico, a norma orgânica proposta pelo Decreto-Lei n. 3.199/1941 permaneceu vigente até ser revogada, em 1998, uma vez que a Lei Zico foi revogada na íntegra pela Lei Pelé.

Em 17 de dezembro de 1996, o Instituto Nacional de Desenvolvimento do Desporto (INDESP) editou a Resolução n. 1, que discorria acerca de questões trabalhistas referentes ao contrato entre atletas e entidades de prática desportiva, já revogada pela Portaria n. 71, de 10 de outubro de 2000, também editada por essa autarquia federal.(46)

Em 24 de março de 1998, foi promulgada, após rápida tramitação no Congresso Nacional, a Lei n. 9.615, vulgarmente conhecida por Lei Pelé(47), que reproduziu vários artigos da Lei Zico e, por outro lado, extinguiu o instituto do passe, criando a cláusula penal desportiva e a indenização por atleta formado no clube; vale destacar ainda que essa legislação recepcionou os Códigos de Justiça Desportiva, o CBDF e o CBJDD, até que nova legislação

---

o qual o excluía do processo decisório no que dizia respeito à renovação do contrato de trabalho desportivo, uma vez que, a partir do momento em que o valor do passe fosse fixado pelo clube e nenhum outro quisesse adquiri-lo, o jogador ficava preso ao seu clube até o final de sua carreira, sem receber salário e sem poder transferir-se. Sendo assim, a fim de evitar essa incômoda situação, só lhe restava aceitar as condições do novo contrato de trabalho que o clube ditava. Para maiores detalhes, veja-se BOUDENS, Emile. *Relações de trabalho no futebol brasileiro III:* considerações acerca do Projeto de Lei n. 2.437, de 1996. Consultoria Legislativa da Câmara dos Deputados. Fevereiro/2002. p. 7. Disponível em: <http://apache.camara.gov.br/portal/arquivos/Camara/internet/publicacoes/estnottec/pdf/200499.pdf>. Acesso em: 6 jan. 2009.

(44) CARLEZZO, Eduardo. *Direito desportivo empresarial.* São Paulo: Juarez de Oliveira, 2004. p. 3.

(45) Essa lei ficou conhecida por Lei Zico, pois no início da tramitação do Projeto de Lei que a deu origem, Arthur Antunes Coimbra, o ex-jogador Zico, era o então Secretário Nacional de Esportes, do Governo Collor.

(46) CARLEZZO, Eduardo. *Direito desportivo empresarial.* São Paulo: Juarez de Oliveira, 2004. p. 3.

(47) Trata-se de uma homenagem ao Ministro dos Esportes da época, Édson Arantes do Nascimento, o Pelé.

viesse a ser aprovada pelo atual Conselho Nacional de Esportes (CNE); e no âmbito do direito empresarial, determinou que os clubes se transformassem em sociedades civis de fins econômicos ou sociedades comerciais admitidas na legislação em vigor[(48)], originando os polêmicos clubes-empresas.

Devido às grandes mudanças trazidas pela Lei Pelé, dentre elas as já citadas modificações no conceito do passe do atleta e com relação às transformações societárias dos clubes de futebol, estes últimos, agindo de forma conjunta com a mídia, após muita pressão, contribuíram com a promulgação da Medida Provisória n. 1.926, de 22 de outubro de 1999, que instituiu a taxa de bingo, a fim de melhorar a saúde financeira das agremiações desportivas, todavia, posteriormente, foi revogada após a edição da Emenda Constitucional n. 32, de 11 de setembro de 2001.

O motivo da pressão é que, ocasionada pela péssima estrutura organizacional dos clubes, a ideia de convertê-los em sociedades com fins lucrativos seria de grande risco. Alguns clubes, que se aventuraram a embarcar nessa ideia, colhem problemas e dívidas de difícil adimplemento, até hoje.

Uma outra medida provisória, a de n. 2.011-9, de 26 de junho de 2000, posteriormente convertida na Lei n. 9.981, de 14 de julho de 2000, alterou significativamente a Lei Pelé, no tocante ao esclarecimento da cláusula penal. E no que se refere aos clubes-empresas, tornou a supracitada transformação como opção dos clubes[(49)], não sendo mais obrigatória, portanto.

Ainda foram editadas outras medidas provisórias, dentre elas a de n. 2.141, de 23 de março de 2001, a qual foi reeditada 6 (seis) vezes, e estipulou alguns benefícios aos clubes formadores de atleta, a exemplo das

---

(48) "Art. 27. As atividades relacionadas a competições de atletas profissionais são privativas de:

I — sociedades civis de fins econômicos;

II — sociedades comerciais admitidas na legislação em vigor;

III — entidades de prática desportiva que constituírem sociedade comercial para administração das atividades de que trata este artigo.

Parágrafo único. As entidades de que tratam os incisos I, II e III que infringirem qualquer dispositivo desta Lei terão suas atividades suspensas, enquanto perdurar a violação.".

(49) "Art. 27. É facultado à entidade de prática desportiva participante de competições profissionais: (Redação dada pela Lei n. 9.981, de 2000)

I — transformar-se em sociedade civil de fins econômicos; (Redação dada pela Lei n. 9.981, de 2000)

II — transformar-se em sociedade comercial; (Redação dada pela Lei n. 9.981, de 2000)

III — constituir ou contratar sociedade comercial para administrar suas atividades profissionais. (Redação dada pela Lei n. 9.981, de 2000)".

indenizações por formação e promoção.[50] Dessas duas, apenas a primeira forma indenizatória é prevista, atualmente, na Lei Pelé, entretanto, a indenização por atleta formado no clube, de hoje, tem uma disposição diferenciada, de acordo com a idade do atleta durante o período de formação.

Ulteriormente, outra medida provisória, a de n. 79, de 27 de novembro de 2002, foi aprovada e convertida na Lei n. 10.672, publicada em 15 de maio de 2003, a qual modificou e complementou a Lei Pelé de forma significativa, inclusive quanto à cláusula penal e à facultatividade de transformação dos clubes de futebol em sociedade empresária[51], de acordo com um dos tipos regulados nos arts. 1.039 a 1.092 do atual Código Civil brasileiro, isto é, sociedade em nome coletivo, em comandita simples, limitada, anônima ou em comandita por ações.

Ainda no dia 15 de maio de 2003, uma lei de grande valia foi publicada: a Lei n. 10.671, que instituiu o Estatuto de Defesa do Torcedor (EDT), editado na intenção de solucionar definitivamente os danos sofridos pela coletividade, em sede de matéria desportiva.

Contudo, afirma-se que essa lei veio apenas para amenizar os danos supramencionados, visto que, geralmente, aqueles que deveriam ser con-

---

(50) "Art. 29. A entidade de prática desportiva formadora do atleta terá o direito de assinar com este, a partir de dezesseis anos de idade, o primeiro contrato de trabalho profissional, cujo prazo não poderá ser superior a cinco anos.

§ 3º Apenas a entidade de prática desportiva formadora que, comprovadamente, firmar o primeiro contrato de trabalho com o atleta por ela profissionalizado, terá direito de exigir, do novo empregador, indenização de:

I — formação, quando da cessão do atleta durante a vigência do primeiro contrato, que não poderá exceder a duzentas vezes o montante da remuneração anual, vedada a cobrança cumulativa de cláusula penal;

II — promoção, quando de nova contratação do atleta, no prazo de seis meses após o término do primeiro contrato, que não poderá exceder a cento e cinquenta vezes o montante da remuneração anual, desde que a entidade formadora permaneça pagando salários ao atleta enquanto não firmado o novo vínculo contratual.".

(51) "Art. 27. As entidades de prática desportiva participantes de competições profissionais e as entidades de administração de desporto ou ligas em que se organizarem, independentemente da forma jurídica adotada, sujeitam os bens particulares de seus dirigentes ao disposto no art. 50 da Lei n. 10.406, de 10 de janeiro de 2002, além das sanções e responsabilidades previstas no *caput* do art. 1.017 da Lei n. 10.406, de 10 de janeiro de 2002, na hipótese de aplicarem créditos ou bens sociais da entidade desportiva em proveito próprio ou de terceiros. (Redação dada pela Lei n. 10.672, de 2003)

(...)

§ 9º É facultado às entidades desportivas profissionais constituírem-se regularmente em sociedade empresária, segundo um dos tipos regulados nos arts. 1.039 a 1.092 da Lei n. 10.406, de 10 de janeiro de 2002 — Código Civil. (Incluído pela Lei n. 10.672, de 2003)

(...)".

siderados como verdadeiros culpados não são punidos, sendo observada a procura de um responsável para responder civil e/ou penalmente pelos danos advindos, sem investigar acuradamente a raiz do problema.

Em 23 de dezembro de 2003, por força do art. 42 do EDT[52], o CNE, por meio da Resolução n. 1, edita o Código Brasileiro de Justiça Desportiva (CBJD), nos termos do art. 11, VI, da Lei Pelé[53], reunindo em um só código os outros dois que já se encontravam ultrapassados. Sendo assim, foram revogados o CBDF e o CBJDD e a sua aplicabilidade passou a ser para todas as modalidades desportivas praticadas formalmente.

O CNE, em 29 de março de 2006, editou a Resolução n. 11 contendo modificações significativas para o CBJD. Isso se tornou possível, após a apresentação de uma proposta de revisão corretiva e modificativa do CBJD pela Comissão de Estudos Jurídicos Desportivos do Ministério do Esporte, em 24 de março de 2006.

Recentemente, foram editadas duas leis ordinárias federais, a de n. 11.345, de 14 de setembro de 2006, e a de n. 11.438, de 29 de dezembro de 2006, as quais dispõem, respectivamente, sobre a criação do polêmico concurso de prognósticos conhecido por *Timemania*, e sobre incentivos e benefícios para fomentar as atividades de caráter desportivo.

Quanto ao concurso de prognósticos *Timemania*[54], é possível afirmar que se está diante de um novo instrumento a ser mal utilizado por uma minoria de dirigentes de clube que visam ao próprio lucro.

Entretanto, a criação dessa loteria, desde que levada a sério, pode ajudar os clubes a saldar as dívidas com o Estado, tornando o futebol, em alguns anos, economicamente melhor, já que do total arrecadado, os clubes, que cederem os direitos de uso de suas denominações, marcas, emblemas, hinos ou símbolos para divulgação e execução do concurso de prognóstico, recebem 22% (vinte e dois por cento), os quais são destinados ao pagamento

(52) "Art. 42. O Conselho Nacional de Esportes — CNE promoverá, no prazo de seis meses, contado da publicação desta Lei, a adequação do Código de Justiça Desportiva ao disposto na Lei n. 9.615, de 24 de março de 1998, nesta Lei e em seus respectivos regulamentos".

(53) "Art. 11. O CNE é órgão colegiado de normatização, deliberação e assessoramento, diretamente vinculado ao Ministro de Estado do Esporte, cabendo-lhe: (Redação dada pela Lei n. 10.672, de 2003)

(...)

VI — aprovar os Códigos de Justiça Desportiva e suas alterações; (Redação dada pela Lei n. 9.981, de 2000)

(...)".

(54) A Caixa Econômica Federal é o órgão responsável pela arrecadação dos recursos oriundos desse concurso de prognósticos.

de dívidas com a União em relação ao Instituto Nacional do Seguro Social (INSS), ao FGTS e à Receita Federal[55].

Basicamente, a *Timemania* é uma loteria criada pelo governo federal para sanear as dívidas dos clubes de futebol brasileiros, definidos conforme o disposto no art. 5º, do Decreto n. 6.187, de 14 de agosto de 2007, o qual regulamentou a matéria, no que diz respeito à participação dos clubes nesse concurso de prognósticos[56].

---

(55) BRASIL. Ministério do Esporte. *Timemania*. Disponível em: <http://portal.esporte.gov.br/timemania/>. Acesso em: 10 out. 2008.

(56) Art. 5º A participação de entidade de prática desportiva da modalidade de futebol profissional na Timemania, além dos requisitos previstos no art. 4º, condiciona-se ao enquadramento em um dos grupos a seguir definidos:

I — grupo 1: times de futebol profissional qualificados para participar da "Série A" do Campeonato Brasileiro durante o ano de 2007;

II — grupo 2: times de futebol profissional qualificados para participar da "Série B" do Campeonato Brasileiro durante o ano de 2007;

III — grupo 3: times de futebol profissional que, estando em atividade e não sendo integrantes dos grupos 1 ou 2, atendam ao disposto no § 3º, até que se complete o número de participantes previsto no art. 2º;

IV — grupo 4: times de futebol profissional que, estando em atividade e não sendo integrantes dos grupos 1, 2 ou 3, atendam ao disposto no § 3º e excedam o número de participantes previsto no art. 2º.

§ 1º Para os efeitos dos incisos III e IV do *caput* deste artigo, considera-se em atividade o time de futebol profissional que tenha disputado o respectivo campeonato estadual nos últimos dois anos, em uma das duas divisões principais e esteja qualificado para participar dessas divisões em 2007.

§ 2º O Ministério do Esporte publicará relação dos times de futebol profissional que poderão compor os grupos mencionados nos incisos I a IV do *caput* deste artigo.

§ 3º Para a seleção dos times de futebol profissional de que tratam os incisos III e IV do *caput* deste artigo, serão adotados os critérios abaixo descritos, excludentes entre si, na seguinte ordem de preferência:

I — maior número de títulos de campeão estadual de cada unidade da Federação, até 2006;

II — título de campeão, em qualquer ano, observada a seguinte ordem: Campeonato Brasileiro "Série A", Campeonato Brasileiro "Série B", Campeonato Brasileiro "Série C", ainda que disputados sob outras denominações, Taça Brasil ou Copa do Brasil;

III — título de campeão, em qualquer ano, em algum dos seguintes torneios regionais: Torneio Rio-São Paulo, Copa Centro-Oeste, Copa Nordeste, Copa Norte, Copa Sul ou Sul-Minas;

IV — participação em, no mínimo, sete edições da "Série A" do Campeonato Brasileiro, ainda que disputada sob outra denominação;

V — participação em, no mínimo, cinco edições da "Série B" do Campeonato Brasileiro, ainda que disputada sob outra denominação.

§ 4º Em caso de empate na classificação dos times de futebol profissional a que se refere o § 1º, serão adotados os critérios de desempate abaixo descritos, excludentes entre si, na seguinte ordem de preferência:

No âmbito internacional, um caso ocorrido na Europa, no início da década de 90, merece grande destaque. Trata-se do Caso *Bosman.* As consequências trazidas por esse imbróglio jurídico, além da modificação no conceito de vínculo desportivo, serão anotadas a seguir.

1.3. O CASO BOSMAN E O DIREITO DESPORTIVO BRASILEIRO

Atualmente, é inevitável falar-se, dentro do contexto histórico do Direito Desportivo, em direitos do atleta profissional de futebol, sem se referir ao polêmico Caso Bosman(57), cujo desfecho ocorreu com o pronunciamento final do então Tribunal de Justiça da Comunidade Europeia(58), sediado em Luxemburgo, em 15 de dezembro de 1995, repercutindo quase no mundo todo, inclusive no Brasil, em vários aspectos da legislação desportivo-trabalhista.

O citado caso tem esse nome, em homenagem ao ex-jogador de futebol belga, *Jean-Marc Bosman,* o qual, à época do início do litígio, em 1990, atuava desde 1988 no *Royal Club Liègeois AS* (doravante RC Liège), da primeira divisão do campeonato belga de futebol.

I — maior número de títulos de campeão da "Série A" do Campeonato Brasileiro, maior número de participações na "Série A" do Campeonato Brasileiro, melhor classificação na "Série A" do Campeonato Brasileiro, ainda que disputado sob outra denominação, nesta ordem;

II — maior número de títulos de campeão da "Série B" do Campeonato Brasileiro, maior número de participações na "Série B" do Campeonato Brasileiro, melhor classificação na "Série B" do Campeonato Brasileiro, ainda que disputado sob outra denominação, nesta ordem;

III — maior número de títulos de campeão da "Série C" do Campeonato Brasileiro, maior número de participações na "Série C" do Campeonato Brasileiro, melhor classificação na "Série C" do Campeonato Brasileiro, ainda que disputado sob outra denominação, nesta ordem;

IV — maior número de títulos de campeão estadual;

V — maior número de títulos de campeão da Taça Brasil ou Copa do Brasil;

VI — maior número de títulos de campeão de torneios regionais.

§ 5º Poderão figurar no volante da Timemania os times de futebol profissional que integrarem os Grupos 1, 2 e 3, até o limite máximo de participantes disposto no art. 2º.".

(57) CARLEZZO, Eduardo. *Direito desportivo empresarial.* São Paulo: Juarez de Oliveira, 2004. p. 10-11.

(58) Criado pelo Tratado de Roma de 1957, o agora chamado Tribunal de Justiça da União Europeia é composto por 15 (quinze) juízes e 8 (oito) advogados-gerais, os quais são nomeados de comum acordo pelos Estados-membros, para um mandato de 6 (seis) anos. Entretanto, se esse imbróglio jurídico ocorresse nos dias atuais, o processo seria enviado para o Tribunal de Primeira Instância da União Europeia, visto que este foi criado a fim de desafogar o Tribunal de Justiça e para julgar as demandas impetradas pelos indivíduos. Da decisão do Tribunal de Primeira Instância cabe recurso ao Tribunal de Justiça, contudo, limitado à discussão de matéria de direito. Para maiores detalhes, veja-se D'ARCY, François. *União Europeia:* instituições, políticas e desafios. Rio de Janeiro: Konrad Adenauer Stiftung, 2002. p. 87.

Bosman havia firmado um contrato com o RC Liège, cujo termo ocorreria em 30 de junho de 1990, recebendo como ordenado uma quantia mensal de 120.000 BFR (cento e vinte mil francos belgas).

Em 21 de abril de 1990, o RC Liège ofereceu ao referido jogador uma renovação contratual por mais uma temporada, entretanto, o ordenado passaria a ser no valor mensal de 30.000 BFR (trinta mil francos belgas). De acordo com a legislação local da época, ao não concordar com o valor ofertado, o atleta era colocado numa lista de transferências de nível continental. Sendo assim, foi fixado o valor de 11.743.000 BFR (onze milhões, setecentos e quarenta e três mil francos belgas) a serem pagos pelo clube que tivesse interesse em adquiri-lo.

Todavia, clube algum teve interesse em pagar pela sua aquisição. Insatisfeito com as regras de transferência da Federação Belga de Futebol (*Union Royale Belge des Sociètès de Football Association*, URBSFA) e da entidade máxima de futebol Europeia, a *Union des Associations Europèennes de Football* (UEFA), as quais impediam Bosman de se transferir para o clube francês *AS d'Èconomie Mixte Sportive de l'Union Sportive du Littoral de Dunkerque* (US Dunkerque), o referido ex-atleta processou tanto o RC Liège, inicialmente, quanto também a URBSFA e a UEFA, perante o Poder Judiciário belga, na cidade de Liège.

O US Dunkerque havia oferecido a *Bosman* um ordenado mensal no importe de 100.000 BFR (cem mil francos belgas), mais luvas[59] no valor de 900.000 BFR (novecentos mil francos belgas)[60]. Assim, seria uma quantia mais próxima daquela percebida pelo ex-atleta belga no clube RC Liège, caso se tomasse por base o último contrato firmado entre ambos.

Vale salientar ainda que, em 27 de julho de 1990, o RC Liège e o US Dunkerque celebraram um contrato prevendo a transferência temporal de *Bosman* a este clube por um ano. Para tanto, o clube francês deveria pagar ao clube belga uma compensação no valor de 1.200.000 BFR (um milhão e duzentos mil francos belgas), a ser depositado quando fosse expedido pela URBSFA à Federação Francesa de Futebol (Fédération Française de Football, FFF) o certificado de transferência do atleta. Havia ainda no contrato, uma cláusula prevendo a possibilidade de aquisição definitiva do jogador mediante o pagamento de uma indenização no importe de 4.800.000 BFR (quatro milhões e oitocentos mil francos belgas).[61]

---

(59) Atende-se pelo nome de luvas, a gratificação devida ao atleta no ato da assinatura do contrato de trabalho, da maneira em que for convencionada pelas partes.

(60) CARLEZZO, Eduardo. *Direito desportivo empresarial.* São Paulo: Juarez de Oliveira, 2004. p. 14.

(61) *Ibidem*, p. 14-15.

Por não ter ocorrido o envio do certificado de transferência e, consequentemente, por não ter sido efetuado o supramencionado depósito em virtude de o clube RC Liège duvidar da capacidade aquisitiva do US Dunkerque, o contrato de transferência temporal de Bosman firmado entre o clube belga e o clube francês tornou-se sem efeito.(62)

Restou assim aceitar a última proposta do RC Liège ofertada em 21 de abril de 1990. Por considerar o valor da proposta baixíssimo, esse ex-atleta se negou a assinar um novo contrato com esse clube belga, em 31 de julho de 1990, conforme possibilidade prevista na legislação desportiva Europeia da época, e foi suspenso pelo clube, o que lhe impediria de atuar pelo resto da temporada. Obstado, arbitrariamente, do seu direito de trabalhar, em 8 de agosto de 1990, o ora mencionado ex-atleta ingressou com uma ação cautelar no Poder Judiciário belga contra o RC Liège e, no decorrer do litígio, foram chamadas a integrar a lide outras organizações desportivas, tais como a URBSFA, a UEFA e a FIFA. A ação objetivava, dentre outros pedidos, que o RC Liège, time que o impedia de laborar, ficasse proibido de inibir a sua liberdade de contratação.(63)

Nesse período, enormes contribuições trouxeram as decisões dos diversos tribunais internacionais, no que diz respeito a esse tema, por exemplo, que trata de uma das liberdades públicas, ou seja, de um dos direitos humanos indivisíveis sociais — o direito ao trabalho —, e *Trindade* confirma essa ideia, citando *Cheng* e *Schreuer*, ao afirmar que:

> Há mesmo quem sugira que talvez a contribuição mais significativa dos tribunais internacionais nos últimos 180 anos para a elucidação e desenvolvimento das regras do direito internacional costumeiro tenha ocorrido na área de proteção dos direitos de estrangeiros (i.e., nacionais no exterior), em relação aos quais estabeleceram-se *standards* pelos tribunais internos em inúmeros países, particularmente em relação aos direitos básicos à vida e à liberdade pessoal. Vê-se nessa área uma interação significativa das atividades dos tribunais internacionais e dos tribunais internos.(64)

Analisando, provisoriamente, em 9 de novembro de 1990, o juiz responsável pelo Tribunal de 1ª instância de Liège condenou o clube belga e a URBSFA a pagar a *Bosman* a quantia de 30.000 BFR (trinta mil francos belgas)

---

(62) CARLEZZO, Eduardo. *Direito desportivo empresarial.* São Paulo: Juarez de Oliveira, 2004. p. 15.

(63) *Idem.*

(64) CHENG, Bin; SCHREUER, C. H. *apud* TRINDADE, Antônio Augusto Cançado. *Princípios do direito internacional contemporâneo.* Brasília: Universidade de Brasília, 1981. p. 20.

e que não impusessem óbice algum a qualquer intenção de transferência do jogador para algum outro clube. Ao mesmo tempo, este ex-atleta remeteu ao então Tribunal de Justiça da Comunidade Europeia, de Luxemburgo, uma questão prejudicial pertinente à interpretação do art. 48 do Tratado de Roma, de 25 de março de 1957.

Ainda em sede da ação cautelar, em 28 de março de 1991, a Corte de Apelação de Liège confirmou a sentença do órgão jurisdicional *a quo*, majorando a pena pecuniária para uma quantia mensal, além de condenar o RC Liège e a federação belga para que liberassem Bosman, a fim de que qualquer clube, querendo contratar os seus serviços, não necessitasse efetuar pagamento algum. O processo da ação cautelar, posteriormente, foi arquivado.(65)

Após constatar a possibilidade de *Bosman* estar sofrendo boicote por parte de clubes que, supostamente, queriam contratá-lo, em 11 de junho de 1992, o Tribunal de 1ª instância do Poder Judiciário belga, julgador da ação cautelar de Bosman, declarou a admissibilidade da ação principal proposta por este contra o RC Liège, a URBSFA e a UEFA, determinando a inaplicabilidade das normas relativas a transferências e a cláusulas de nacionalidade, punindo a maneira de como os demandados procediam a respeito dessas normas.(66)

Em 1º de outubro de 1993, ocorrido o regular trâmite processual naquela esfera jurisdicional belga, a Corte de Apelação de Liège, em sede de análise recursal da sentença proferida na ação principal, proferiu decisão no sentido de acatar e repassar os pedidos formulados por *Bosman* em forma de perguntas para o Tribunal de Justiça da Comunidade Europeia:

> Os Arts. 48º, 85º e 86º do Tratado de Roma de 25 de Março de 1957 devem ser interpretados no sentido de que proíbem:
>
> a. que um clube de futebol exija e receba o pagamento de um montante em dinheiro pela contratação, por um novo clube empregador, de um dos seus jogadores cujo contrato tenha chegado ao seu termo?
>
> b. que as associações ou federações desportivas nacionais e internacionais prevejam, nas respectivas regulamentações, normas limitativas do acesso dos jogadores estrangeiros cidadãos da Comunidade Europeia às competições que organizam?(67)

---

(65) CARLEZZO, Eduardo. *Direito desportivo empresarial.* São Paulo: Juarez de Oliveira, 2004. p. 15-16.

(66) *Ibidem*, p. 16.

(67) COMISSÃO EUROPEIA. *Desporto e livre circulação — O caso Bosman:* Antecedentes da decisão do tribunal de justiça das Comunidades europeias sobre o caso Bosman. Disponível em: <http://ec.europa.eu/sport/sport-and/markt/bosman/b_bosman_pt.html>. Acesso em: 4 dez. 2007.

Tal possibilidade de se julgar matéria a título prejudicial encontrava-se conforme previsão à época disposta no art. 177º, do Tratado de Roma, de 1957 (atual art. 234º[68], após renumeração advinda da entrada em vigor da consolidação desse Tratado, em 29 de dezembro de 2006, contendo as posteriores alterações ao texto original):

> Art. 177º
>
> O Tribunal de Justiça é competente para decidir, a título prejudicial:
>
> a) Sobre a interpretação do presente Tratado;
>
> b) Sobre a validade e a interpretação dos actos adoptados pelas instituições da Comunidade;
>
> c) Sobre a interpretação dos estatutos dos organismos criados por um acto do Conselho, desde que estes estatutos o prevejam.
>
> Sempre que uma questão desta natureza seja suscitada perante qualquer órgão jurisdicional de um dos Estados-membros, esse órgão pode, se considerar que uma decisão sobre essa questão é necessária ao julgamento da causa, pedir ao Tribunal de Justiça que sobre ela se pronuncie.
>
> Sempre que uma questão desta natureza seja suscitada em processo pendente perante um órgão jurisdicional nacional cujas decisões não sejam susceptíveis de recurso judicial previsto no direito interno, esse órgão é obrigado a submeter a questão ao Tribunal de Justiça.[69]

---

(68) "Art. 234º

O Tribunal de Justiça é competente para decidir, a título prejudicial, sobre:

a) A interpretação do presente Tratado;

b) A validade e a interpretação dos actos adoptados pelas instituições da União e pelo BCE *(item adaptado pelo autor deste livro, face à nova leitura do termo "Comunidade" substituída pela expressão "União", após a vigência do Tratado de Lisboa de 2007)*;

c) A interpretação dos estatutos dos organismos criados por um acto do Conselho, desde que estes estatutos o prevejam.

Sempre que uma questão desta natureza seja suscitada perante qualquer órgão jurisdicional de um dos Estados-Membros, esse órgão pode, se considerar que uma decisão sobre essa questão é necessária ao julgamento da causa, pedir ao Tribunal de Justiça que sobre ela se pronuncie.

Sempre que uma questão desta natureza seja suscitada em processo pendente perante um órgão jurisdicional nacional cujas decisões não sejam susceptíveis de recurso judicial previsto no direito interno, esse órgão é obrigado a submeter a questão ao Tribunal de Justiça.".

Para maiores detalhes, veja-se a versão consolidada do Tratado de Roma, de 1957, em JORNAL OFICIAL DA UNIÃO EUROPEIA (29 de dezembro de 2006 — C321 E/1 — PT). *União Europeia:* versões consolidadas: do Tratado da União Europeia e do Tratado que Institui a Comunidade Europeia. Disponível em: <http://eur-lex.europa.eu/LexUriServ/LexUriServ.do?uri=OJ:C:2006:321E:0001:0331:PT:pdf>. Acesso em: 23 dez. 2007.

(69) EUROPA: O portal da União Europeia. *Tratado de Roma de 25 de março de 1957.* Disponível em: <http://eur-lex.europa.eu/EUDOROrder.do?year_no_oj=1957/CEE&oj_vol=1&lang=PT&series=TRAITES&page_first=NA&page_last=NA>. Acesso em: 28 jun. 2006.

Bosman conseguiu, através do acórdão proferido por aquele Tribunal de Justiça, o reconhecimento de que as regras de transferências e as cláusulas de nacionalidade vigorantes naquele período na Europa não poderiam ser aplicadas a um atleta, *in casu*, a ele mesmo, visto que eram incompatíveis com as regras contidas nos arts. 48º, 85º e 86º do Tratado de Roma, de 1957, no que dispõe sobre a livre circulação dos trabalhadores e a concorrência.

Essa decisão vinculou todos os demandados daquela ação, e, principalmente, o Estado-membro da Bélgica diante da Comunidade Europeia, representado por sua federação local de futebol. Tal decisão acabou gerando responsabilidade para o órgão do Poder Judiciário belga, uma vez que no entender de *Ariosi*, *in verbis*:

> A responsabilidade dos Estados é decorrente, pois é resultado, de uma dinâmica muito peculiar entre os Três Poderes na esfera interna. Ações do Legislativo, Executivo e Judiciário vão determinar não só os atos internos, mas, sobretudo, a responsabilidade do Estado frente à sociedade internacional.
>
> (...)
>
> Dessa forma, a responsabilidade internacional é imputada ao Estado, que deve responder internacionalmente por todos os seus atos, sendo estes resultados de decisões do Legislativo, Executivo ou Judiciário.(70)

Nesse mesmo viés acerca da responsabilidade estatal perante a ordem internacional, *Lima Júnior* entende que:

> O novo momento do direito internacional é resultado da necessidade de estabelecer limites à noção tradicional de responsabilização do Estado na arena internacional em situações em que as instituições nacionais se mostram omissas ou falhas na tarefa de proteger os direitos humanos, conforme declarados em instrumentos internacionais e nacionais, e considerando que os Estados participam do sistema internacional de proteção dos direitos por livre e espontânea vontade.(71)

Por fim, vale ressaltar ainda o entendimento de *Garcia Júnior* acerca do caráter vinculante das decisões do Tribunal de Justiça da Comunidade Europeia e sobre o processo de integração vivenciado à época:

---

(70) ARIOSI, Mariângela. *Conflitos entre tratados internacionais e leis internas:* o judiciário brasileiro e a nova ordem internacional. Rio de Janeiro: Renovar, 2000. p. 107-108.

(71) LIMA JÚNIOR, Jayme Benvenuto. O caso Mayagna Awas Tingni contra a Nicarágua perante o Sistema Interamericano de Direitos Humanos: demanda pela demarcação de terras ancestrais indígenas. p. 205-227. In: SEVERO NETO, Manoel (org.). *Direito, cidadania & processo.* Recife: FASA, 2006. p. 224.

Basicamente a Corte de Justiça — embora a doutrina já se tivesse pronunciado nessa direção — orientou suas decisões no sentido de realçar e assegurar o cumprimento das obrigações contraídas pelos Estados nos tratados constitutivos.

Havia o receio de que, se não fossem adotadas medidas políticas assecuratórias da independência das instituições comunitárias, principalmente através da atribuição de autoridade vinculante de suas decisões, a vontade puramente política dos Estados, com toda a sorte de pressões que oscilam essa vontade, acabaria por travar o processo integracionista.[72]

Retomando o Caso *Bosman*, o princípio fundamental da livre circulação dos trabalhadores foi expressamente analisado pela decisão do então Tribunal de Justiça da Comunidade Europeia, e estava previsto no art. 48º do Tratado de Roma, de 1957 (atual Art. 39º[73], também renumerado em função da consolidação desse Tratado pelo de Lisboa, em 2006, e com as devidas alterações), dispondo, com exclusividade, sobre os trabalhadores:

---

(72) GARCIA JÚNIOR, Armando Alvares. *Conflito entre normas do mercosul e direito interno:* como resolver o problema?: o caso brasileiro. São Paulo: LTr, 1997. p. 97.

(73) "Art. 39º

1. A livre circulação dos trabalhadores fica assegurada na União *(item adaptado pelo autor deste livro, face à nova leitura do termo "Comunidade" substituída pela expressão "União", após a vigência do Tratado de Lisboa de 2007).*

2. A livre circulação dos trabalhadores implica a abolição de toda e qualquer discriminação em razão da nacionalidade, entre os trabalhadores dos Estados-Membros, no que diz respeito ao emprego, à remuneração e demais condições de trabalho.

3. A livre circulação dos trabalhadores compreende, sob reserva das limitações justificadas por razões de ordem pública, segurança pública e saúde pública, o direito de:

a) Responder a ofertas de emprego efectivamente feitas;

b) Se deslocar livremente, para o efeito, no território dos Estados-Membros;

c) Residir num dos Estados-Membros a fim de nele exercer uma actividade laboral, em conformidade com as disposições legislativas, regulamentares e administrativas que regem o emprego dos trabalhadores nacionais;

d) Permanecer no território de um Estado-Membro depois de nele ter exercido uma actividade laboral, nas condições que serão objecto de regulamentos de execução a estabelecer pela Comissão.

4. O disposto no presente artigo não é aplicável aos empregos na administração pública.".

Para maiores detalhes, veja-se a versão consolidada do Tratado de Roma, de 1957, em JORNAL OFICIAL DA UNIÃO EUROPEIA (29 de dezembro de 2006 — C321 E/1 — PT). *União Europeia:* versões consolidadas: do Tratado da União Europeia e do Tratado que Institui a Comunidade Europeia. Disponível em: <http://eur-lex.europa.eu/LexUriServ/LexUriServ.do?uri=OJ:C:2006:321E:0001:0331:PT:pdf>. Acesso em: 23 dez. 2007.

Art. 48º

1. A livre circulação dos trabalhadores deve ficar assegurada, na Comunidade, o mais tardar no termo do período de transição.

2. A livre circulação dos trabalhadores implica a abolição de toda e qualquer discriminação em razão da nacionalidade, entre os trabalhadores dos Estados-membros, no que diz respeito ao emprego, à remuneração e demais condições de trabalho.

3. A livre circulação dos trabalhadores compreende, sem prejuízo das limitações justificadas por razões de ordem pública, segurança pública e saúde pública, o direito de:

a) Responder a ofertas de emprego efectivamente feitas;

b) Deslocar-se livremente, para o efeito, no território dos Estados-membros;

c) Residir num dos Estados-membros a fim de nele exercer uma actividade laboral, em conformidade com as disposições legislativas, regulamentares e administrativas que regem o emprego dos trabalhadores nacionais;

d) Permanecer no território de um Estado-membro depois de nele ter exercido uma actividade laboral, nas condições que serão objecto de regulamentos de execução a estabelecer pela Comissão.

4. O disposto no presente artigo não é aplicável aos empregos na administração pública.(74)

As regras de transferências Europeias da época tinham como aberração jurídica o fato de haver a necessidade de se compensar financeiramente a equipe cedente do atleta, cujo contrato de trabalho firmado entre ambos já se encontrasse expirado.

Por outro lado, as cláusulas de nacionalidade serviam basicamente para dificultar que jogadores, tidos como estrangeiros, migrassem de forma ilimitada, de uma nação para outra. Havia assim um limite aos clubes, que só poderiam ter uma quantidade específica(75) de atletas na condição de estrangeiro na equipe, para escalar nas partidas as quais disputariam.

---

(74) EUROPA: O portal da União Europeia. *Tratado de Roma de 25 de março de 1957.* Disponível em: <http://eur-lex.europa.eu/EUDOROrder.do?year_no_oj=1957/CEE&oj_vol=1&lang=PT&series=TRAITES&page_first=NA&page_last=NA>. Acesso em: 28 jun. 2006.

(75) A cláusula de nacionalidade mais conhecida à época foi a da regra 3+2 (três mais dois), que se traduzia na possibilidade de cada clube poder ter no seu elenco, para cada partida a ser realizada, apenas três jogadores tidos como estrangeiros e mais outros dois, desde que estes últimos já tivessem passado por um processo de naturalização na nação a qual o clube pertencia e que houvessem atuado pela mesma agremiação esportiva por pelo menos cinco anos ininterruptos, dentre os quais, no mínimo, três anos sendo na categoria de juniores, ou seja, a categoria que precede a de profissional, normalmente frequentada por atletas com menos de vinte e maiores de quinze anos de idade. Acerca da regra 3+2, veja-se COMISSÃO EUROPEIA. *Desporto e livre circulação — O caso Bosman:* Antecedentes da decisão do tribunal de justiça das Comunidades europeias sobre o caso Bosman. Disponível em: <http://ec.europa.eu/sport/sport-and/markt/bosman/b_bosman_pt.html>. Acesso em: 4 dez. 2007.

A expressão jogador estrangeiro era traduzida, até o início da década de 90, como todo jogador cuja nacionalidade diferia daquela do clube que defendia. Por exemplo, um jogador polonês atuando por uma equipe portuguesa, sem que tivesse passado por processo algum de naturalização com relação à nação a qual o clube pertencesse.

Contudo, com a assinatura do Tratado de Maastricht, de 7 de fevereiro de 1992, que fundou a organização internacional da Comunidade Europeia, o sentimento de unificação continental aumentou ainda mais, graças à ideologia em favor de uma nação única sem barreiras.

Isso fez com que o termo estrangeiro se limitasse a todo futebolista de uma nação que não estivesse vinculado a algum dos países integrantes da Comunidade Europeia, sendo tratados, inclusive, por jogadores extracomunitários.

Vale salientar que, naquele período, o bloco econômico da então Comunidade Europeia se encontrava em processo de integração, contando com poucos integrantes na qualidade de participantes[76] em relação à sua composição atual que é formada por 27 (vinte e sete) Estados-membros: Bélgica (1957), Alemanha (1957), França (1957), Itália (1957), Luxemburgo (1957), Holanda (1957), Irlanda (1973), Dinamarca (1973), Reino Unido (1973), Grécia (1981), Espanha (1986), Portugal (1986), Áustria (1995), Finlândia (1995), Suécia (1995), Chipre (2004), República Tcheca (2004), Eslováquia (2004), Polônia (2004), Eslovênia (2004), Estônia (2004), Hungria (2004), Letônia (2004), Lituânia (2004), Malta (2004), Bulgária (2007) e Romênia (2007).[77]

(76) No momento da propositura da ação, em 1990, os participantes eram apenas os signatários originais e os que posteriormente firmaram adesão ao Tratado de Roma de 1957. Entretanto, a remessa dos pedidos de Bosman ocorreu após a assinatura do Tratado de Maastricht, de 7 de fevereiro de 1992, que instituiu a Comunidade Europeia, sendo, portanto, apreciados pelo Tribunal de Justiça da Comunidade Europeia. A decisão proferida pelo Tribunal vinculou de imediato, sem período de transição, isto é, com aplicabilidade a partir de 15 de dezembro de 1995, todos os 15 (quinze) Estados-membros da Comunidade Europeia (Bélgica, Dinamarca, Alemanha, Grécia, Espanha, França, Irlanda, Itália, Luxemburgo, Holanda, Portugal, Reino Unido, Áustria, Finlândia e Suécia), então signatários à época, mais a Islândia, o Liechtenstein e a Noruega, estes três últimos membros do Espaço Econômico Europeu (EEE), uma vez que o Acordo sobre o EEE confere aos assalariados e aos trabalhadores autônomos o direito de circularem e de se estabelecerem livremente na Comunidade, isto é, trata-se da liberdade de circulação de pessoas, cuja competência é do Tribunal de Justiça europeu.

(77) Entre parênteses encontra-se o ano em que cada Estado-membro passou a integrar a respectiva aliança europeia então firmada à época, hoje conhecida por União Europeia, graças ao Tratado de Lisboa, de 13 de dezembro de 2007, que atribuiu o termo "da União Europeia" como substitutivo para os termos "das Comunidades Europeias" ou "da CEE" constantes no Tratado de Maastricht de 1992 (doravante "Tratado sobre o Funcionamento da União Europeia"). Outros termos desse mesmo Tratado também foram modificados como "a Comunidade" ou "a Comunidade Europeia" substituídos pelo termo "a União". Ou ainda os adjetivos "comunitário", "comunitária", "comunitários" e "comunitárias" todos substituídos pelo termo "da União". Para maiores detalhes, veja-se a matéria em JORNAL OFICIAL DA UNIÃO EUROPEIA (17 de dezembro de 2007 — C306/42 — PT). *Tratado de Lisboa que altera o Tratado da União Europeia e o Tratado que institui a Comunidade Europeia, assinado em Lisboa em 13 de dezembro de 2007.* Disponível em: <http://eur-lex.europa.eu/LexUriServ/site/pt/oj/2007/c_306/c_30620071217pt00420133.pdf>. Acesso em: 23 dez. 2007.

Alguns defensores da tese, de que deveriam existir restrições na imigração de atletas de outros países para o seu, alegavam que essa limitação aos jogadores estrangeiros facilitaria o surgimento de jogadores de alto nível, a fim de que bem representassem a sua seleção local, ou seja, a do país em que nasceram.[(78)]

Por sua vez, as federações participantes do litígio argumentaram, em vão perante o Tribunal, que as intenções das regras de transferências, na forma em que se encontravam, eram a de manter um equilíbrio financeiro e competitivo entre clubes e a de apoiar os jovens jogadores. Entretanto, esse órgão jurisdicional não aceitou tais argumentos, em virtude de haver outros meios para se obter esses objetivos defendidos, sem que se impedisse a livre circulação dos trabalhadores.[(79)]

Era flagrante que essas limitações às transferências dos atletas futebolistas para outros clubes no mercado internacional estava indo de encontro à determinação do art. 48º do Tratado de Roma, de 1957.

Antes mesmo do julgamento do Caso *Bosman,* o Tribunal de Justiça da Comunidade Europeia já havia se manifestado outras vezes quanto à possibilidade da livre circulação dos trabalhadores, comunitariamente falando, por se tratar de um dos princípios fundamentais daquela comunidade.

O tratamento dispensado aos trabalhadores em geral conduziu a um questionamento no tocante à aplicação dos precedentes abertos por vários julgados, em benefício dos atletas profissionais de futebol, até culminar com o pronunciamento final do processo judicial do ex-atleta belga, *Jean-Marc Bosman.*

Em 15 de dezembro de 1995, o Tribunal de Justiça da Comunidade Europeia entendeu que o art. 48º do Tratado de Roma de 1957 dispunha em sentido contrário às normas adotadas pelas associações desportivas, dentre as quais, a limitação de atletas estrangeiros na escalação da equipe de determinado clube numa partida e a necessidade de se compensar financeiramente a entidade de prática desportiva que detivesse o passe do jogador, mesmo que o contrato entre o clube cedente e o atleta já tivesse sido dissolvido[(80)].

Entretanto, esse Tribunal silenciou a respeito da aplicabilidade dos arts. 85º e 86º daquele mesmo Tratado, referente à compatibilidade do sistema de transferências internacionais com as normas de concorrência comunitárias.

---

(78) CARLEZZO, Eduardo. *Direito desportivo empresarial.* São Paulo: Juarez de Oliveira, 2004. p. 22.

(79) COMISSÃO EUROPEIA. *Desporto e livre circulação — O caso Bosman:* Antecedentes da decisão do tribunal de justiça das Comunidades europeias sobre o caso Bosman. Disponível em: <http://ec.europa.eu/sport/sport-and/markt/bosman/b_bosman_pt.html>. Acesso em: 4 dez. 2007.

(80) EUROPA: O portal da União Europeia. *Asunto C-415/93:* Union royale belge des sociétés de football association ASBL y otros contra Jean-Marc Bosman y otros. Disponível em: <http://eur-lex.europa.eu/LexUriServ/LexUriServ.do?uri=CELEX:61993J0415:ES:HTML>. Acesso em: 23 dez. 2007.

Para a legislação desportiva brasileira, a principal mudança acarretada por esse imbróglio jurídico europeu de repercussão mundial foi a extinção das cláusulas de transferência pós-término de contrato, ou seja, é possível afirmar com ligeira facilidade que está se tratando do instituto do passe extinto pela Lei Pelé.

Sendo assim, não há mais a necessidade de se compensar financeiramente um clube após seus jogadores recém-desligados acertarem contratos de trabalho com outras agremiações desportivas, em caso de não haver mais vínculo algum entre o atleta e aquele.

Além dessa mudança prevista na Lei Pelé, a legislação da FIFA traz outra alteração imprevista no ordenamento jurídico-desportivo brasileiro, a qual é a de que, a partir dos últimos 6 (seis) meses de vigência do vínculo contratual, o atleta se encontra disponível para discutir um pré-contrato com qualquer outro clube que tenha interesse em adquiri-lo, sem que esse clube interessado necessite recompensar, obrigatoriamente, o empregador, no qual está o jogador com o contrato de trabalho desportivo a expirar, tal qual previsto no art. 18, item 3, do Regulamento do Status e da Transferência de Jogadores da FIFA, de 18 de dezembro de 2004:

> Art. 18 Disposições especiais relativas a contratos entre atletas profissionais e clubes
>
> (...)
>
> 3. Um clube que pretende estabelecer um contrato com um atleta profissional deve informar ao clube atual do jogador, por escrito, antes de abrir negociações com ele. Um atleta profissional só poderia ficar livre para estabelecer um contrato com outro clube, se o contrato com o seu clube atual tivesse terminado ou estivesse por terminar dentro de seis meses. Qualquer violação a esta disposição deve estar sujeita a sanções apropriadas.[81]

Firmado o pré-contrato e após o cumprimento dos últimos 6 (seis) meses, o jogador encontra-se livre para se transferir para o seu novo clube, sem que compensação alguma fosse devida ao clube anterior. Todavia, caso o clube, futuro destino do atleta, queira tê-lo antes do término dos 6 (seis) meses finais, deve pagar a multa indenizatória estabelecida para esses casos, em face de o contrato firmado com o clube cedente ainda estar em vigor.

---

(81) Traduzido livremente pelo autor deste livro: "Article 18 Special provisions relating to contracts between professionals and clubs (...) 3. A club intending to conclude a contract with a professional must inform the player's current club in writing before entering into negotiations with him. A professional shall only be free to conclude a contract with another club if his contract with his present club has expired or is due to expire within six months. Any breach of this provision shall be subject to appropriate sanctions.". FÉDÉRATION INTERNATIONALE DE FOOTBALL ASSOCIATION. *Regulations on the status and transfer of players.* Zurich, 18 December 2004. FIFA Executive Committee. Disponível em: <http://www.fifa.com/mm/document/affederation/administration/regulations_on_the_status_and_transfer_of_players_en_33410.pdf>. Acesso em: 6 jan. 2009.

Capítulo II

Contrato de Trabalho Desportivo

2.1. CONCEITO

Nos dizeres de *Zainaghi*, o contrato de trabalho desportivo é aquele avençado entre atleta (empregado) e entidade de prática desportiva (empregador), através de um pacto formal, no qual resta claro o caráter de subordinação do primeiro em relação a este último, mediante remuneração e trabalho prestado de maneira não eventual. Deve-se entender por formal como sendo o contrato de natureza escrita.(82)

Vogel Neto conceitua contrato de trabalho desportivo, como sendo o ajuste pelo qual um dos pactuantes se obriga a desenvolver atividade desportiva de maneira não eventual sob a direção do outro. Este último ficará responsável a pagar ao primeiro "uma retribuição ajustada".(83)

Sob outro prisma, calcado na CLT, *Gomes* e *Gottschalk*, resumem o contrato de trabalho, "a uma convenção pela qual um ou vários empregados, mediante certa remuneração e em caráter não eventual, prestam trabalho pessoal em proveito e sob direção de empregador". (84)

Na mesma ótica do citado acima, define *Maranhão* o contrato de trabalho *stricto sensu*, como:

> o negócio jurídico pelo qual uma pessoa física (empregado) se obriga, mediante o pagamento de uma contraprestação (salário), a prestar tra-

(82) ZAINAGHI, Domingos Sávio. *Nova legislação desportiva:* aspectos trabalhistas. 2. ed. São Paulo: LTr, 2004. p. 15-17.

(83) VOGEL NETO, Gustavo Adolpho. *Contrato de trabalho desportivo e sua extinção* — um reexame da polêmica sobre o passe. Legislação do trabalho. Publicação mensal de legislação, doutrina e jurisprudência. São Paulo: LTr, ano 68, n. 08, ago, 2004.

(84) GOMES, Orlando; GOTTSCHALK, Élson. *Curso de direito do trabalho.* 16. ed. Rio de Janeiro: Forense, 2000. p. 108.

balho não eventual em proveito de outra pessoa, física ou jurídica (empregador) a quem fica juridicamente subordinada.[85]

Prevê o art. 28, § 1º, da Lei Pelé, a questão da aplicação de normas gerais trabalhistas e previdenciárias sobre o contrato do atleta profissional.[86]

Nesse viés, afirma-se que além de ser aplicável aos contratos dos atletas profissionais de futebol o que está estabelecido na Lei Pelé, é também o que está disposto na CLT e na CF/1988.

2.2. CARACTERES

Este contrato de trabalho especial, posto em discussão, tem por base princípios do contrato de trabalho, os quais estão previstos na CLT.

Dentre esses princípios do contrato de trabalho, destacam-se aqueles específicos que são aplicáveis ao contrato de trabalho desportivo, valendo salientar que:

a) existe o caráter de onerosidade, por se compensar os serviços prestados mediante remuneração;
b) contém natureza de subordinação, visto que há a questão do estado de obediência do atleta em relação ao adquirente dos direitos à utilização da sua atividade desportiva, ficando assim o jogador juridicamente subordinado ao clube de futebol;
c) há ainda o caráter de habitualidade, revelando a natureza não eventual da prestação de serviços pelo atleta; e
d) a prestação de serviços deve ser realizada pessoalmente, em virtude de o atleta não poder se fazer substituir por outrem para o cumprimento do seu contrato.

Deixando de haver qualquer um desses 4 (quatro) caracteres mencionados, descaracterizado estará o vínculo de emprego entre o clube e o atleta profissional.

---

(85) SÜSSEKIND, Arnaldo *et al. Instituições de direito do trabalho.* v. I, 15. ed. atual. por Arnaldo Süssekind e João de Lima Teixeira Filho. São Paulo: LTr, 1995. p. 236.

(86) "Art. 28. A atividade do atleta profissional, de todas as modalidades desportivas, é caracterizada por remuneração pactuada em contrato formal de trabalho firmado com entidade de prática desportiva, pessoa jurídica de direito privado, que deverá conter, obrigatoriamente, cláusula penal para as hipóteses de descumprimento, rompimento ou rescisão unilateral.

§ 1º Aplicam-se ao atleta profissional as normas gerais da legislação trabalhista e da seguridade social, ressalvadas as peculiaridades expressas nesta Lei ou integrantes do respectivo contrato de trabalho.

(...)".

Além desses caracteres específicos do contrato de trabalho do trabalhador comum, há de se falar também nos caracteres gerais dos contratos, aplicáveis ao do atleta profissional de futebol, dos quais se destaca que:

a) esse contrato detém o caráter de Direito Privado, por ser estabelecido mediante a autonomia da vontade das partes;
b) há riscos a serem assumidos por parte do empregador pela atividade escolhida, tendo o contrato, assim, caráter de alteridade.
c) há a exclusividade[87], que acompanha o caráter de subordinação, pois um mesmo atleta não pode firmar contrato e, tampouco, atuar por mais de uma equipe, ao mesmo tempo;
d) tem a natureza de ser sinalagmático, visto que há direitos e deveres a serem cumpridos por ambos os partícipes do negócio jurídico, demonstrando o caráter comutativo desse contrato;
e) impera nos contratos dessa natureza o caráter de consensualidade, em virtude de haver a necessidade de que ambas as partes transijam, cientificando as exigências de cada um;
f) contém determinação temporal de validade, já que a lei exige que esses contratos sejam por prazo determinado;
g) por ser de trato sucessivo, não se extingue com a ocorrência de apenas um ato singular; e
h) existe ainda o caráter da bilateralidade, pois é firmada uma relação jurídica contratual entre 2 (dois) pactuantes, o clube e o atleta.

2.3. ELEMENTOS

Assim como em qualquer negócio jurídico, o contrato de trabalho para se tornar válido, requer que haja a presença de elementos extrínsecos e intrínsecos ao contrato[88].

Para o contrato de trabalho de atleta profissional de futebol, são elementos extrínsecos ou pressupostos: a capacidade das partes e a legitimação,

---

(87) "La rigurosa *dependencia* en que el trabajador se encuentra en el contrato deportivo futbolístico es consecuencia de la actividad que despliega el jugador y de la especial naturaleza del contrato. Pero, junto a la subordinación, se da otro elemento, que es tan importante o más; consiste en la *exclusividad* de la prestación de servicios. El jugador es contratado por un determinado club, y no puede eludir el compromiso contraído y prestarse a actuar (o trabajar) para otro club. La exclusividad es condición esencial, por lo tanto, en este contrato.". Tradução livre pelo autor deste livro. Para maiores detalhes, veja-se CABANELLAS DE TORRES, Guillermo; ESCALANTE, José N. Gómez. *Compendio de derecho laboral.* Tomo I, 4. ed. Buenos Aires: Heliasta, 2001. p. 989.

(88) GOMES, Orlando; GOTTSCHALK, Élson. *Curso de direito do trabalho.* 16. ed. Rio de Janeiro: Forense, 2000. p. 145.

esta exigida em certas situações específicas, e a idoneidade do objeto. Por outro lado, são elementos intrínsecos ou requisitos: o consentimento e a causa.

2.3.1. *Elementos Extrínsecos*

No tocante à capacidade das partes, prevê a CF/1988 em seu art. 7º, XXXIII, ser defeso ao menor de 16 (dezesseis) anos o trabalho, salvo na condição de aprendiz. E quando nesta condição, deve ser maior de 14 (quatorze) anos(89).

Por outro lado, amparado pelo dispositivo constitucional supracitado, pelo art. 65 do Estatuto da Criança e do Adolescente(90), Lei n. 8.069, de 13 de julho de 1990, e pelo art. 403 da CLT(91), pode o atleta, com idade superior a 14 (quatorze) e inferior a 20 (vinte) anos, firmar contrato de formação, de maneira escrita, com sua entidade de prática desportiva formadora, para perceber uma bolsa de aprendizagem, tal qual previsto no art. 29, § 4º, da Lei Pelé(92).

Pela Legislação Desportiva, o atleta maior de 16 (dezesseis) anos detém capacidade para firmar o primeiro contrato de trabalho profissional, pelo prazo máximo de 5 (cinco) anos, desde que respeitados os requisitos de:

---

(89) "Art. 7º São direitos dos trabalhadores urbanos e rurais, além de outros que visem à melhoria de sua condição social:

(...)

XXXIII — proibição de trabalho noturno, perigoso ou insalubre a menores de dezoito e de qualquer trabalho a menores de dezesseis anos, salvo na condição de aprendiz, a partir de quatorze anos; (Redação dada pela Emenda Constitucional n. 20, de 1998)

(...)".

(90) "Art. 65. Ao adolescente aprendiz, maior de quatorze anos, são assegurados os direitos trabalhistas e previdenciários".

(91) "Art. 403. É proibido qualquer trabalho a menores de dezesseis anos de idade, salvo na condição de aprendiz, a partir dos quatorze anos. (Redação dada pela Lei n. 10.097, de 19.12.00)

Parágrafo único. O trabalho do menor não poderá ser realizado em locais prejudiciais à sua formação, ao seu desenvolvimento físico, psíquico, moral e social e em horários e locais que não permitam a frequência à escola. (Redação dada pela Lei n. 10.097, de 19.12.2000)".

(92) "Art. 29. A entidade de prática desportiva formadora do atleta terá o direito de assinar com esse, a partir de dezesseis anos de idade, o primeiro contrato de trabalho profissional, cujo prazo não poderá ser superior a cinco anos. (Redação dada pela Lei n. 10.672, de 2003)

(...)

§ 4º O atleta não profissional em formação, maior de quatorze e menor de vinte anos de idade, poderá receber auxílio financeiro da entidade de prática desportiva formadora, sob a forma de bolsa de aprendizagem livremente pactuada mediante contrato formal, sem que seja gerado vínculo empregatício entre as partes. (Incluído pela Lei n. 10.672, de 2003)

(...)".

a) comprovação do registro, por um período mínimo de 2 (dois) anos, do atleta como não profissional pelo clube formador;

b) comprovação de que efetivamente utilizou o atleta em formação em competições oficiais não profissionais;

c) propiciar assistência médica, odontológica e psicológica, bem assim de contratação de seguro de vida e ajuda de custo para transporte;

d) manutenção de instalações desportivas adequadas, sobretudo em matéria de alimentação, higiene, segurança e salubridade, além de corpo de profissionais especializados em formação técnico-desportiva;

e) ajustamento do tempo destinado à formação dos atletas aos horários do currículo escolar ou de curso profissionalizante, exigindo o satisfatório aproveitamento escolar.

O clube formador que avençar o primeiro contrato com o atleta por ele profissionalizado terá o direito de preferência à renovação deste contrato, por um período não superior a 2 (dois) anos. Tais previsões estão dispostas no *caput*, e §§ 2º, 3º e 7º, do art. 29, da Lei Pelé[93].

---

(93) "Art. 29. A entidade de prática desportiva formadora do atleta terá o direito de assinar com esse, a partir de dezesseis anos de idade, o primeiro contrato de trabalho profissional, cujo prazo não poderá ser superior a cinco anos. (Redação dada pela Lei n. 10.672, de 2003)

(...)

§ 2º Para os efeitos do *caput* deste artigo, exige-se da entidade de prática desportiva formadora que comprove estar o atleta por ela registrado como não profissional há, pelo menos, dois anos, sendo facultada a cessão deste direito a entidade de prática desportiva, de forma remunerada. (Incluído pela Lei n. 9.981, de 2000)

§ 3º A entidade de prática desportiva formadora detentora do primeiro contrato de trabalho com o atleta por ela profissionalizado terá o direito de preferência para a primeira renovação deste contrato, cujo prazo não poderá ser superior a dois anos. (Redação dada pela Lei n. 10.672, de 2003)

(...)

§ 7º A entidade de prática desportiva formadora para fazer jus ao ressarcimento previsto neste artigo deverá preencher os seguintes requisitos: (Incluído pela Lei n. 10.672, de 2003)

I — cumprir a exigência constante do § 2º deste artigo; (Incluído pela Lei n. 10.672, de 2003)

II — comprovar que efetivamente utilizou o atleta em formação em competições oficiais não profissionais; (Incluído pela Lei n. 10.672, de 2003)

III — propiciar assistência médica, odontológica e psicológica, bem como contratação de seguro de vida e ajuda de custo para transporte; (Incluído pela Lei n. 10.672, de 2003)

IV — manter instalações desportivas adequadas, sobretudo em matéria de alimentação, higiene, segurança e salubridade, além de corpo de profissionais especializados em formação técnico-desportiva; (Incluído pela Lei n. 10.672, de 2003)

V — ajustar o tempo destinado à formação dos atletas aos horários do currículo escolar ou de curso profissionalizante, exigindo o satisfatório aproveitamento escolar. (Incluído pela Lei n. 10.672, de 2003)".

Complementando a matéria, o § 5º, do art. 29, da Lei Pelé, prevê que caso um atleta não profissional, menor de 20 (vinte) anos de idade, seja utilizado por outro clube, em alguma competição desportiva, sem a anuência do clube que comprovadamente o formou, este deverá ser ressarcido pelos custos de formação daquele atleta.(94) Essa indenização deve atender aos seguintes valores, tendo-se por base o momento da idade do atleta formado, conforme disposto no art. 29, § 6º, da Lei Pelé:

> Art. 29. A entidade de prática desportiva formadora do atleta terá o direito de assinar com esse, a partir de dezesseis anos de idade, o primeiro contrato de trabalho profissional, cujo prazo não poderá ser superior a cinco anos. (Redação dada pela Lei n. 10.672, de 2003)
>
> (...)
>
> § 6º Os custos de formação serão ressarcidos pela entidade de prática desportiva usufruidora de atleta por ela não formado pelos seguintes valores: (Incluído pela Lei n. 10.672, de 2003)
>
> I — quinze vezes o valor anual da bolsa de aprendizagem comprovadamente paga na hipótese de o atleta não profissional ser maior de dezesseis e menor de dezessete anos de idade; (Incluído pela Lei n. 10.672, de 2003)
>
> II — vinte vezes o valor anual da bolsa de aprendizagem comprovadamente paga na hipótese de o atleta não profissional ser maior de dezessete e menor de dezoito anos de idade; (Incluído pela Lei n. 10.672, de 2003)
>
> III — vinte e cinco vezes o valor anual da bolsa de aprendizagem comprovadamente paga na hipótese de o atleta não profissional ser maior de dezoito e menor de dezenove anos de idade; (Incluído pela Lei n. 10.672, de 2003)
>
> IV — trinta vezes o valor anual da bolsa de aprendizagem comprovadamente paga na hipótese de o atleta não profissional ser maior de dezenove e menor de vinte anos de idade. (Incluído pela Lei n. 10.672, de 2003)

Ao contrário do extinto instituto do passe, o direito à indenização pela formação de atleta não impede que este se transfira para outro clube, servindo apenas como meio de reconstituir o patrimônio do clube formador lesado.

Sobre a legitimação, para a doutrina moderna, trata-se de uma ampliação do conceito de capacidade, visto que esta legitimação serve para oficializar a capacidade de uma das partes em uma situação específica.

---

(94) Art. 29. A entidade de prática desportiva formadora do atleta terá o direito de assinar com esse, a partir de dezesseis anos de idade, o primeiro contrato de trabalho profissional, cujo prazo não poderá ser superior a cinco anos. (Redação dada pela Lei n. 10.672, de 2003)

(...)

§ 5º É assegurado o direito ao ressarcimento dos custos de formação de atleta não profissional menor de vinte anos de idade à entidade de prática de desporto formadora sempre que, sem a expressa anuência dessa, aquele participar de competição desportiva representando outra entidade de prática desportiva. (Incluído pela Lei n. 10.672, de 2003)

No tocante à legislação desportivo-trabalhista, a concessão do visto de trabalho para o atleta estrangeiro que pretende atuar no Brasil é uma das possibilidades que pressupõe a necessidade de legitimação da parte, a qual está disposta na Lei n. 9.615/1998, art. 46, *caput* e §§ 1º e 2º[95], e na Lei n. 6.815/1980, em seu art. 13, V[96].

O visto temporário de trabalho terá prazo de validade pelo mesmo período que durar o contrato de trabalho do atleta estrangeiro com o clube adquirente dos direitos à utilização da sua atividade desportiva, de acordo com o art. 14, da Lei n. 6.815/1980[97]. Havendo renovação do contrato de trabalho desportivo, deve a entidade utente daqueles direitos do atleta, comprovar tal renovação e requerer a prorrogação do visto junto às repartições consulares competentes, por igual prazo, em relação ao estabelecido na renovação do contrato de trabalho.

Deve-se ainda atentar para o fato de o Ministério do Trabalho e Emprego expedir portarias a fim de regulamentar matérias legislativas. Portanto, de acordo com o art. 2º da Resolução Normativa n. 80, de 16 de outubro de 2008, editada pelo Conselho Nacional de Imigração do Ministério do Trabalho e Emprego (MTE), deve o atleta estrangeiro representado pela entidade desportiva requerente, à qual está vinculado, preencher os requisitos constantes na resolução, ou seja, comprovar a compatibilidade entre a qualificação e a experiência profissional do estrangeiro com a atividade desportiva que virá exercer no Brasil, no caso, o futebol.

---

(95) "Art. 46. A presença de atleta de nacionalidade estrangeira, com visto temporário de trabalho previsto no inciso V do art. 13 da Lei n. 6.815, de 19 de agosto de 1980, como integrante da equipe de competição da entidade de prática desportiva, caracteriza para os termos desta Lei, a prática desportiva profissional, tornando obrigatório o enquadramento previsto no *caput* do art. 27.

§ 1º É vedada a participação de atleta de nacionalidade estrangeira como integrante de equipe de competição de entidade de prática desportiva nacional nos campeonatos oficiais, quando o visto de trabalho temporário expedido pelo Ministério do Trabalho recair no inciso III do art. 13 da Lei n. 6.815, de 19 de agosto de 1980.

§ 2º A entidade de administração do desporto será obrigada a exigir da entidade de prática desportiva o comprovante do visto de trabalho do atleta de nacionalidade estrangeira fornecido pelo Ministério do Trabalho, sob pena de cancelamento da inscrição desportiva".

(96) "Art. 13. O visto temporário poderá ser concedido ao estrangeiro que pretenda vir ao Brasil:

(...)

V — na condição de cientista, professor, técnico ou profissional de outra categoria, sob regime de contrato ou a serviço do Governo brasileiro;

(...)".

(97) "Art. 14. O prazo de estada no Brasil, nos casos dos incisos II e III do art. 13, será de até noventa dias; no caso do inciso VII, de até um ano; e nos demais, salvo o disposto no parágrafo único deste artigo, o correspondente à duração da missão, do contrato, ou da prestação de serviços, comprovada perante a autoridade consular, observado o disposto na legislação trabalhista. (Redação dada pela Lei n. 6.964, de 09.12.81)

Parágrafo único. No caso do item IV do art. 13 o prazo será de até 1 (um) ano, prorrogável, quando for o caso, mediante prova do aproveitamento escolar e da matrícula".

A comprovação de compatibilidade para o atleta profissional de futebol estrangeiro é feita conforme o inciso IV, do parágrafo único, do art. 2º, da mencionada Resolução Normativa do MTE, isto é, a comprovação da qualificação e experiência profissional deverá ser feita pela entidade requerente por meio de diplomas, certificados ou declarações das entidades desportivas nas quais o atleta estrangeiro tenha desempenhado atividades, demonstrando ter experiência de 3 (três) anos no exercício de profissão.[98]

Entretanto, essa comprovação não será aplicada quando se tratar de pedido de autorização de atleta estrangeiro sul-americano, pelo prazo de 2 (dois) anos a contar da publicação dessa norma, conforme o art. 3º. Por ter sido publicada em 17 de outubro de 2008, essa desnecessidade de comprovação de experiência profissional de 3 (três) anos para atletas sul-americanos, vigorará até o dia 17 de outubro de 2010.[99] Cabe ainda destacar o que está previsto no art. 4º, quanto à necessidade de autenticação dos documentos em idioma estrangeiro pelas repartições consulares brasileiras e de tradução por tradutor juramentado no Brasil.[100]

Ainda no tocante à legitimação, cabe uma explicação quanto ao registro de qualquer futebolista junto às federações e confederações competentes, a fim de torná-lo apto a disputar uma competição. Em virtude de esta matéria estar vinculada ao termo vínculo, será abordada no respectivo item que trata desse tema.

---

(98) "Art. 2º Na apreciação do pedido será examinada a compatibilidade entre a qualificação e a experiência profissional do estrangeiro e a atividade que virá exercer no país.

Parágrafo único. A comprovação da qualificação e experiência profissional deverá ser feita pela entidade requerente por meio de diplomas, certificados ou declarações das entidades nas quais o estrangeiro tenha desempenhado atividades, demonstrando o atendimento de um dos seguintes requisitos:

I — escolaridade mínima de nove anos e experiência de dois anos em ocupação que não exija nível superior; ou

II — experiência de um ano no exercício de profissão de nível superior, contando esse prazo da conclusão do curso de graduação que o habilitou a esse exercício; ou

III — conclusão de curso de pós-graduação, com no mínimo 360 horas, ou de mestrado ou grau superior compatível com a atividade que irá desempenhar; ou

IV — experiência de três anos no exercício de profissão, cuja atividade artística ou cultural independa de formação escolar.".

(99) "Art. 3º Não se aplicará o disposto no artigo anterior quando se tratar de pedido de autorização de trabalho para nacional de país sul-americano.

Parágrafo único. Este artigo vigorará pelo prazo de dois anos a contar da publicação desta resolução Normativa.".

(100) "Art. 4º Os documentos em idioma estrangeiro deverão ser autenticados pelas repartições consulares brasileiras e traduzidos por tradutor juramentado no Brasil.".

Sendo assim, para um atleta estrangeiro atuar no País, de maneira legítima, deverá ter autorização de trabalho, comprovada através da concessão do respectivo visto pelo MTE, e ter sido registrado nas entidades federativas competentes. Ao atleta não estrangeiro, exige-se apenas o registro.

Quanto ao segundo pressuposto de validade do contrato de trabalho, trata-se da idoneidade do seu objeto.

O objeto a ser firmado no contrato há de ser idôneo, ou seja, a prática desportiva a ser realizada, *in casu*, o futebol, deve ser praticada por meios idôneos e lícitos. Para que isto ocorra, o objeto a ser admitido pelo ordenamento jurídico deve produzir efeitos que estejam em concordância com o disposto na legislação regente da atividade futebolística. O objeto não poderia ainda ser contrário aos bons costumes.[(101)]

Nesse sentido, o art. 2º da Lei Pelé prevê os princípios que norteiam a prática desportiva futebolística.[(102)]

---

(101) GOMES, Orlando; GOTTSCHALK, Élson. *Curso de direito do trabalho.* 16. ed. Rio de Janeiro: Forense, 2000. p. 148.

(102) "Art. 2º O desporto, como direito individual, tem como base os princípios:

I — da soberania, caracterizado pela supremacia nacional na organização da prática desportiva;

II — da autonomia, definido pela faculdade e liberdade de pessoas físicas e jurídicas organizarem-se para a prática desportiva;

III — da democratização, garantido em condições de acesso às atividades desportivas sem quaisquer distinções ou formas de discriminação;

IV — da liberdade, expresso pela livre prática do desporto, de acordo com a capacidade e interesse de cada um, associando-se ou não a entidade do setor;

V — do direito social, caracterizado pelo dever do Estado em fomentar as práticas desportivas formais e não formais;

VI — da diferenciação, consubstanciado no tratamento específico dado ao desporto profissional e não profissional;

VII — da identidade nacional, refletido na proteção e incentivo às manifestações desportivas de criação nacional;

VIII — da educação, voltado para o desenvolvimento integral do homem como ser autônomo e participante, e fomentado por meio da prioridade dos recursos públicos ao desporto educacional;

IX — da qualidade, assegurado pela valorização dos resultados desportivos, educativos e dos relacionados à cidadania e ao desenvolvimento físico e moral;

X — da descentralização, consubstanciado na organização e funcionamento harmônicos de sistemas desportivos diferenciados e autônomos para os níveis federal, estadual, distrital e municipal;

XI — da segurança, propiciado ao praticante de qualquer modalidade desportiva, quanto a sua integridade física, mental ou sensorial;

XII — da eficiência, obtido por meio do estímulo à competência desportiva e administrativa.

Parágrafo único. A exploração e a gestão do desporto profissional constituem exercício de atividade econômica sujeitando-se, especificamente, à observância dos princípios: (Incluído pela Lei n. 10.672, de 2003)

I — da transparência financeira e administrativa; (Incluído pela Lei n. 10.672, de 2003)

2.3.2. *Elementos Intrínsecos*

No que tange aos elementos intrínsecos do contrato de trabalho, ou também chamados de requisitos, existe o consentimento das partes e a causa que deu ensejo à firmação do dito contrato.

Sobre o consentimento das partes, por se tratar de lei específica desportiva, esse consentimento deve ser expresso e por escrito. Devendo haver emissão e recepção de declarações de vontade por cada um dos pactuantes, para a realização do contrato de trabalho.

Existe ainda a causa que motivou a formalização do pacto laboral, ou seja, interpretando para a atividade futebolística, seriam as necessidades vividas por ambas as partes. De um lado, o clube que necessita de atletas para repor ou compor determinada posição ou função carente no time, e, do outro, o atleta que busca sempre as melhores condições de ambiente de trabalho possíveis, com o fim de bem desempenhar a sua profissão.

2.4. FORMA

Apesar de a CLT prever no seu art. 443 a possibilidade de o contrato de trabalho ser feito na forma verbal ou escrita, prevalecendo, assim, o princípio da informalidade, para o contrato de trabalho desportivo, essa norma não se aplica[(103)].

O contrato de trabalho do futebolista será pactuado, apenas, na forma constante no *caput*, do art. 28, da Lei n. 9.615/1998, ou seja, mediante contrato escrito.[(104)]

Essa previsão legal deve-se ao fato de que essa modalidade contratual está cercada de particularidades. Tal afirmação torna-se possível, pois caso o contrato de trabalho firmado entre clube e atleta fosse de maneira verbal, minoraria qualquer segurança jurídica por parte do empregado e do empregador, se necessário fosse ingressar no Poder Judiciário, a fim de discutir os direitos e as obrigações as quais cada um se comprometeu a cumprir.

II — da moralidade na gestão desportiva; (Incluído pela Lei n. 10.672, de 2003)

III — da responsabilidade social de seus dirigentes; (Incluído pela Lei n. 10.672, de 2003)

IV — do tratamento diferenciado em relação ao desporto não profissional; e (Incluído pela Lei n. 10.672, de 2003)

V — da participação na organização desportiva do País. (Incluído pela Lei n. 10.672, de 2003)".

(103) "Art. 443 — O contrato individual de trabalho poderá ser acordado tácita ou expressamente, verbalmente ou por escrito e por prazo determinado ou indeterminado".

(104) "Art. 28. A atividade do atleta profissional, de todas as modalidades desportivas, é caracterizada por remuneração pactuada em contrato formal de trabalho firmado com entidade de prática desportiva, pessoa jurídica de direito privado, que deverá conter, obrigatoriamente, cláusula penal para as hipóteses de descumprimento, rompimento ou rescisão unilateral".

Além de o contrato necessitar da forma escrita, deve também ser por prazo determinado, já que é interesse tanto da entidade de prática desportiva, quanto do próprio atleta, ter um contrato por prazo previamente estipulado, face aos constantes assédios e ofertas das demais agremiações desportivas.

Ademais, é interesse do atleta, transferir-se para outro clube que ofereça melhores condições de trabalho e salário, boas instalações e dormitório, área para musculação, centro médico de recuperação, entre tantas outras vantagens. É interesse do clube, também, ceder à outra agremiação desportiva, de maneira remunerada, os direitos à utilização da atividade desportiva do seu atleta, em face da necessidade de fortalecer o *marketing*, como clube formador e revelador de atletas[(105)], e, logicamente, para trazer receitas para o caixa do clube.

Entretanto, ao se falar em princípio da continuidade da relação de emprego, no meio futebolístico, poder-se-ia afirmar que esse princípio não é visado, uma vez que, quando terminado o prazo estipulado no contrato de trabalho ou se este for rescindido antecipadamente, não subsiste vínculo algum entre os pactuantes. Por outro lado, pode-se asseverar que os clubes bem estruturados tendem a querer renovar o contrato de trabalho dos atletas que compõem o seu quadro de empregados, por mais vezes, mantendo a relação de emprego existente entre ambos.

Sendo assim, a depender da capacidade de organização e planejamento de determinado clube de futebol, o princípio da continuidade da relação de emprego subsiste.

2.5. DURAÇÃO

No que diz respeito à duração, esta terá que ser acordada de forma escrita no contrato de trabalho do atleta profissional (art. 28, *caput*, das Normas Gerais sobre Desporto[(106)]), não podendo ser inferior a 3 (três) meses e nem superior a 5 (cinco) anos (art. 30, *caput*, da Lei Pelé[(107)]).

---

(105) Diz-se formador, o clube que fornece as condições de trabalho exigidas em lei para o crescimento do jovem atleta como pessoa. Por outro lado, entende-se por clube revelador, aquele que, além de investir na formação do jovem atleta, o vê despontar nos campeonatos que disputa.

(106) "Art. 28. A atividade do atleta profissional, de todas as modalidades desportivas, é caracterizada por remuneração pactuada em contrato formal de trabalho firmado com entidade de prática desportiva, pessoa jurídica de direito privado, que deverá conter, obrigatoriamente, cláusula penal para as hipóteses de descumprimento, rompimento ou rescisão unilateral.".

(107) "Art. 30. O contrato de trabalho do atleta profissional terá prazo determinado, com vigência nunca inferior a três meses nem superior a cinco anos. (Redação dada pela Lei n. 9.981, de 2000)

Parágrafo único. Não se aplica ao contrato de trabalho do atleta profissional o disposto no art. 445 da Consolidação das Leis do Trabalho — CLT. (Incluído pela Lei n. 9.981, de 2000)".

Pela própria característica de ser um contrato de prazo estipulado em até 5 (cinco) anos, a Lei Pelé, no parágrafo único, do citado art. 30, prevê a incompatibilidade com o art. 445 da CLT, o qual dispõe o prazo máximo de 2 (dois) anos para contratos de trabalho por prazo determinado[108].

Outras duas incompatibilidades encontram-se nos arts. 451 e 452, da CLT, os quais prevêem possibilidades de tornar o contrato de prazo determinado em contrato de prazo indeterminado.[109]

São claras as incompatibilidades em ambas as previsões desses artigos, visto que é impossível um contrato de trabalho desportivo vigorar sem prazo determinado.

Com relação às convocações nacionais, ou seja, representação do atleta pela seleção do seu país, o art. 84 da Lei Pelé[110] é bem taxativo ao trazer em seu texto, que durante esse período de convocação, será o contrato de trabalho do atleta com o clube considerado como em pleno exercício, cabendo ao clube a indenização dos encargos previstos no pacto laboral, enquanto perdurar o período de convocação, conforme previsto no art. 41, §§ 1º e 2º, dessa mesma lei[111].

---

(108) "Art. 445 — O contrato de trabalho por prazo determinado não poderá ser estipulado por mais de 2 (dois) anos, observada a regra do art. 451. (Redação dada pelo Decreto-lei n. 229, de 28.2.1967)".

(109) "Art. 451. O contrato de trabalho por prazo determinado que, tácita ou expressamente, for prorrogado mais de uma vez passará a vigorar sem determinação de prazo.

Parágrafo único. Não se aplica ao contrato de trabalho do atleta profissional o disposto no art. 445 da Consolidação das Leis do Trabalho — CLT.

Art. 452. Considera-se por prazo indeterminado todo contrato que suceder, dentro de 6 (seis) meses, a outro contrato por prazo determinado, salvo se a expiração deste dependeu da execução de serviços especializados ou da realização de certos acontecimentos".

(110) "Art. 84. Será considerado como efetivo exercício, para todos os efeitos legais, o período em que o atleta servidor público civil ou militar, da Administração Pública direta, indireta, autárquica ou fundacional, estiver convocado para integrar representação nacional em treinamento ou competição desportiva no País ou no exterior. (Redação dada pela Lei n. 9.981, de 2000)".

(111) "Art. 41. A participação de atletas profissionais em seleções será estabelecida na forma como acordarem a entidade de administração convocante e a entidade de prática desportiva cedente.

§ 1º A entidade convocadora indenizará a cedente dos encargos previstos no contrato de trabalho, pelo período em que durar a convocação do atleta, sem prejuízo de eventuais ajustes celebrados entre este e a entidade convocadora.

§ 2º O período de convocação estender-se-á até a reintegração do atleta à entidade que o cedeu, apto a exercer sua atividade.".

2.6. CONTEÚDO

De acordo com a Legislação Desportiva, mais precisamente, os incisos I, III, IV e VI, do art. 3º, da Lei n. 6.354/1976[112], e o *caput*, do art. 28, da Lei Pelé[113], são itens obrigatórios e que devem constar no contrato do atleta profissional de futebol:

a) os nomes das partes contratantes de forma individualizada e caracterizada;

b) o modo e a forma de remuneração, fazendo constar o salário, os prêmios, as gratificações, em certos casos, as bonificações, bem assim as luvas, caso tenham sido previamente pactuadas;

c) a menção de conhecerem os contratantes os códigos, os regulamentos e os estatutos técnicos, o estatuto e as normas disciplinares da entidade a que estiverem vinculados e filiados;

d) o número da Carteira de Trabalho e Previdência Social (CTPS) de atleta profissional de futebol; e

e) a cláusula penal desportiva.

Por força do § 2º, do art. 3º, da Lei n. 6.354/1976, todo contrato de trabalho de atleta profissional de futebol deverá ser numerado "pelas associações empregadoras, em ordem sucessiva e cronológica, datados e assinados, de próprio punho, pelo atleta ou pelo responsável legal, sob pena de nulidade".[114]

---

(112) ""Art. 3º O contrato de trabalho do atleta, celebrado por escrito, deverá conter:

I — os nomes das partes contratantes devidamente individualizadas e caracterizadas;

(...)

III — o modo e a forma da remuneração, especificados o salário, os prêmios, as gratificações e, quando houver, as bonificações, bem como o valor das luvas, se previamente convencionadas;

IV — a menção de conhecerem os contratantes os códigos os regulamentos e os estatutos técnicos, o estatuto e as normas disciplinares da entidade a que estiverem vinculados e filiados;

(...)

VI — o número da Carteira de Trabalho e Previdência Social de Atleta Profissional de Futebol.

(...)".".

(113) "Art. 28. A atividade do atleta profissional, de todas as modalidades desportivas, é caracterizada por remuneração pactuada em contrato formal de trabalho firmado com entidade de prática desportiva, pessoa jurídica de direito privado, que deverá conter, obrigatoriamente, cláusula penal para as hipóteses de descumprimento, rompimento ou rescisão unilateral.".

(114) "Art. 3º O contrato de trabalho do atleta, celebrado por escrito, deverá conter:

(...)

§ 2º Os contratos de trabalho serão numerados pelas associações empregadoras, em ordem sucessiva e cronológica, datados e assinados, de próprio punho, pelo atleta ou pelo responsável legal, sob pena de nulidade.".

Vale ressaltar, ainda, outros itens que poderão constar no contrato, a exemplo da modalidade de contratação, se em definitivo ou temporariamente; e das condições para o termo do contrato, como o período de vigência e as multas cabíveis em caso de rescisão antecipada do pacto laboral, as quais deveriam vir quantificadas para cada modalidade.

2.7. CESSAÇÃO TEMPORÁRIA

Conceitua *Martins* a suspensão e a interrupção, espécies de cessação temporária do contrato de trabalho, da seguinte maneira, *ipsis verbis*:

> A suspensão envolve a cessação temporária e total da execução e dos efeitos do contrato de trabalho. Na interrupção, há a cessação temporária e parcial do contrato de trabalho, porém há a produção de efeitos.[115]

Em matéria de Direito Desportivo também ocorrem ambas as formas de cessação temporária.

2.7.1. Suspensão

No caso do atleta profissional de futebol, o seu contrato de trabalho ficará suspenso quando não prestar serviço, não tendo o empregador a obrigação de pagar as verbas de natureza salarial, consequentemente, não sendo computado o tempo de paralisação como de jornada de trabalho.[116]

Tem-se como exemplo de suspensão:

a) o afastamento por doença, após os primeiros 15 (quinze) dias, visto que não mais será obrigação do clube remunerá-lo, ficando a cargo do INSS o pagamento do auxílio-doença;

b) a licença sem remuneração, por exemplo, quando a interesse do empregado em aprender outro idioma para futura transferência ao exterior;

c) as suspensões disciplinares sancionadas pelo Tribunal de Justiça Desportiva ou pelo Superior Tribunal de Justiça Desportiva;

d) a cessão-transferência temporária, momento em que o atleta terá o seu contrato com o clube cedente suspenso, recaindo a obrigação pela remuneração ao clube para o qual será cedido.

---

(115) MARTINS, Sérgio Pinto. *Direito do trabalho.* 12. ed. São Paulo: Atlas, 2000. p. 291.

(116) ZAINAGHI, Domingos Sávio. *Nova legislação desportiva:* aspectos trabalhistas. 2. ed. São Paulo: LTr, 2004. p. 46.

2.7.2. *Interrupção*

Por outro lado, a interrupção do contrato de trabalho desportivo ocorre quando o empregado não prestar serviço, continuando o empregador obrigado a pagar as verbas de natureza salarial, cujo tempo de paralisação é computado na sua jornada de trabalho.(117)

São exemplos de interrupção:

a) as férias;

b) o repouso semanal;

c) a convocação do atleta pela seleção de seu país;

d) os primeiros 15 (quinze) dias de afastamento por doença;

e) a licença paternidade.

Como visto, assemelham-se às hipóteses previstas na CLT, acrescida da especificidade contida no art. 41, §§ 1º e 2º, da Lei Pelé, ou seja, quando atender à convocação para jogar na seleção do seu país.(118)

---

(117) ZAINAGHI, Domingos Sávio. *Nova legislação desportiva:* aspectos trabalhistas. 2. ed. São Paulo: LTr, 2004. p. 46.

(118) "Art. 41. A participação de atletas profissionais em seleções será estabelecida na forma como acordarem a entidade de administração convocante e a entidade de prática desportiva cedente.

§ 1º A entidade convocadora indenizará a cedente dos encargos previstos no contrato de trabalho, pelo período em que durar a convocação do atleta, sem prejuízo de eventuais ajustes celebrados entre este e a entidade convocadora.

§ 2º O período de convocação estender-se-á até a reintegração do atleta à entidade que o cedeu, apto a exercer sua atividade.".

Capítulo III

Atividade Laboral Futebolística: Especificidades

3.1. VÍNCULO

Para fins de explanação deste item, deve-se lembrar que o foco do trabalho se destina a tratar dos atletas profissionais, entretanto, faz-se necessário complementar o tema com informações a respeito dos atletas em formação.

A partir da assinatura do contrato de emprego ou do contrato de formação, respectivamente, poderão surgir o vínculo de emprego ou de trabalho, e o vínculo desportivo.

3.1.1. Vínculo de Emprego e Vínculo de Trabalho

Ao se tratar de vínculo de emprego do atleta profissional de futebol, está se falando do termo jurídico o qual demonstra ter o futebolista com o clube relação de emprego.

É através da comprovação desse vínculo que o atleta profissional poderá fazer jus às verbas advindas da relação empregatícia, como por exemplo, o direito a perceber remuneração pelo desempenho de suas atividades.

O vínculo empregatício surgirá mediante a celebração de contrato de trabalho formal, cuja natureza de subordinação é do atleta perante o clube, em virtude de ser aquele o remunerado pelo desempenho das atividades provenientes da relação jurídica de emprego.(119)

Já com relação ao vínculo de trabalho, o atleta maior de 14 (quatorze) e menor de 20 (vinte) anos pode firmar contrato de formação com o seu clube formador, a fim de receber uma bolsa de aprendizagem, conforme o art. 29, § 4º, da Lei Pelé(120).

---

(119) SEVERO NETO, Manoel. *O contrato de empreitada e a nova competência da justiça do trabalho.* São Paulo: LTr, 2005. p. 28-31.

(120) "Art. 29. A entidade de prática desportiva formadora do atleta terá o direito de assinar com esse, a partir de dezesseis anos de idade, o primeiro contrato de trabalho profissional, cujo prazo não poderá ser superior a cinco anos. (Redação dada pela Lei n. 10.672, de 2003)

(...)

Esse contrato de formação não se equipara a um contrato de emprego, pois não há vínculo de emprego. Há relação jurídica de trabalho, de maneira mais ampla, diversa da de emprego, isto é, sem o caráter de subordinação[121]. Tal contrato se equivaleria ao contrato de aprendizagem, previsto no *caput*, do art. 428, da CLT[122].

3.1.2. Vínculo Desportivo

A figura do vínculo desportivo só poderá existir se já houver entre clube e atleta vínculo de emprego, em relação aos atletas profissionais, ou vínculo de trabalho, no que tange aos atletas em formação.

O instituto jurídico do vínculo desportivo surgirá com a inscrição do atleta por seu clube em determinada federação local ou confederação nacional ao qual é filiado, a fim de que o jogador torne-se apto a disputar competições organizadas por aquelas entidades federativas.

Por haver a preocupação de se inscrever atletas profissionais e em formação, deve-se fazer uma distinção entre a prática profissional e a não profissional ou amadora.

Primeiramente, vale salientar que a CF/1988 prevê no seu art. 217, ser dever do Estado incentivar práticas desportivas profissionais e não profissionais, com tratamento diferenciado para ambas, respeitando-se a autonomia das entidades desportivas dirigentes e associações, no que tange a sua organização e funcionamento. Para tanto, deverá destinar recursos públicos para a promoção do desporto educacional, e, em certos casos, para a promoção do desporto de alto rendimento, protegendo e incentivando manifestações desportivas de criação nacional.[123]

---

§ 4º O atleta não profissional em formação, maior de quatorze e menor de vinte anos de idade, poderá receber auxílio financeiro da entidade de prática desportiva formadora, sob a forma de bolsa de aprendizagem livremente pactuada mediante contrato formal, sem que seja gerado vínculo empregatício entre as partes. (Incluído pela Lei n. 10.672, de 2003)

(...)".

(121) SEVERO NETO, Manoel. *O contrato de empreitada e a nova competência da justiça do trabalho.* São Paulo: LTr, 2005. p. 28-31.

(122) "Art. 428. Contrato de aprendizagem é o contrato de trabalho especial, ajustado por escrito e por prazo determinado, em que o empregador se compromete a assegurar ao maior de 14 (quatorze) e menor de 24 (vinte e quatro) anos inscrito em programa de aprendizagem formação técnico-profissional metódica, compatível com o seu desenvolvimento físico, moral e psicológico, e o aprendiz, a executar com zelo e diligência as tarefas necessárias a essa formação. (Redação dada pela Lei n. 11.180, de 2005)".

(123) "Art. 217. É dever do Estado fomentar práticas desportivas formais e não formais, como direito de cada um, observados:

I — a autonomia das entidades desportivas dirigentes e associações, quanto a sua organização e funcionamento;

Nesse sentido, *Agra* salienta que:

O Poder Público tem a obrigação de incentivar o lazer como forma de promoção social (art. 217, § 3º, da CF). Esse dispositivo constitucional representa indelével avanço, pois foi comprovado que o ócio possibilita um maior incremento na produtividade dos trabalhadores, e quando esse ócio pode ser empregado em lazer, em atividades que proporcionem ao cidadão sentimentos de prazer, a sua capacidade laborativa é aumentada. Além dessa função econômica, o lazer propicia maior integração social, fazendo com que o sentimento de prazer seja revertido em condutas que robustecem a solidariedade social.

(...)

O Estado deve distinguir o tratamento dado ao desporto profissional e ao desporto não profissional, porque nesse último não há finalidade de lucro, nem é ele objeto de abundantes financiamentos por parte da iniciativa privada. Portanto, as atividades desportivas não profissionais devem ser incentivadas de forma preponderante em relação ao desporto profissional, que em alguns casos, como no futebol, propiciam lucros fabulosos, não precisando de ajuda governamental (art. 217, III, da CF).[(124)]

Com relação ao jogador profissional e não profissional de futebol, prevê o Regulamento do Status e da Transferência de Jogadores da FIFA de 2004, em seus Arts. 2 e 3 que:

Art. 2 Status de jogadores: atletas amadores e profissionais

1. Os jogadores que participam do futebol federado são amadores ou profissionais.

2. Profissional é o jogador que tem um contrato escrito com um clube e é pago mais pela sua atividade futebolística do que pelas despesas em que ele efetivamente incorre. Considera-se que todos outros jogadores são amadores.

Art. 3 Reaquisição do status de amador

1. O jogador registrado como profissional não pode se registrar novamente como amador, até pelo menos 30 dias depois do seu último jogo como profissional.

II — a destinação de recursos públicos para a promoção prioritária do desporto educacional e, em casos específicos, para a do desporto de alto rendimento;

III — o tratamento diferenciado para o desporto profissional e o não profissional;

IV — a proteção e o incentivo às manifestações desportivas de criação nacional.".

(124) AGRA, Walber de Moura. *Curso de direito constitucional.* Rio de Janeiro: Forense, 2007. p. 690-691.

2. Nenhuma compensação é devida na reaquisição do status de amador. Se o jogador se registrar novamente como profissional dentro de 30 meses após ser restabelecido como amador, o seu novo clube deve pagar a compensação de treinamento conforme o art. 20.(125)

Entende-se por futebol federado, mencionado no item 1, do art. 2º, aquele organizado por uma federação de futebol, sob os auspícios da FIFA, das confederações e das federações, ou autorizado por alguma delas. Sobre a menção à compensação de treinamento previsto no art. 20, este prevê que:

> Art. 20 Compensação de treinamento.
>
> A compensação de treinamento deve ser paga ao (s) clube (s) de treinamento de um jogador: (1) quando um jogador assina o seu primeiro contrato como um profissional e (2) toda vez que um profissional for transferido, até o fim da temporada do seu 23º aniversário. A obrigação de pagar a compensação de treinamento surge se a transferência se realiza durante ou no fim do contrato do jogador. As disposições acerca da compensação de treinamento estão estabelecidas no Anexo 4 deste regulamento.(126)

Quanto ao registro de atleta, o Regulamento da FIFA de 2004 traz, em seu art. 5º(127), alguns requisitos habilitadores para que o atleta efetive a sua inscrição e possa participar de qualquer competição, desde que o seu clube também esteja inscrito.

---

(125) Traduzido livremente pelo autor deste livro: "Article 2 Status of players: amateur and professional players 1. Players participating in organised football are either amateurs or professionals. 2. A professional is a player who has a written contract with a club and is paid more for his footballing activity than the expenses he effectively incurs. All other players are considered to be amateurs. Article 3 Reacquisition of amateur status 1. A player registered as a professional may not re-register as an amateur until at least 30 days after his last match as a professional. 2. No compensation is payable upon reacquisition of amateur status. If a player re-registers as a professional within 30 months of being reinstated as an amateur, his new club shall pay training compensation in accordance with article 20.". FÉDÉRATION INTERNATIONALE DE FOOTBALL ASSOCIATION. *Regulations on the status and transfer of players.* Zurich, 18 December 2004. FIFA Executive Committee. Disponível em: <http://www.fifa.com/mm/document/affederation/administration/regulations_on_the_status_and_transfer_of_players_en_33410.pdf>. Acesso em: 6 jan. 2009.

(126) Traduzido livremente pelo autor deste livro: "Article 20 Training compensation Training compensation shall be paid to a player's training club(s): (1) when a player signs his first contract as a professional and (2) each time a professional is transferred until the end of the season of his 23rd birthday. The obligation to pay training compensation arises whether the transfer takes place during or at the end of the player's contract. The provisions concerning training compensation are set out in Annexe 4 of these regulations.". FÉDÉRATION INTERNATIONALE DE FOOTBALL ASSOCIATION. *Regulations on the status and transfer of players.* Zurich, 18 December 2004. FIFA Executive Committee. Disponível em: <http://www.fifa.com/mm/document/affederation/administration/regulations_on_the_status_and_transfer_of_players_en_33410.pdf>. Acesso em: 6 jan. 2009.

(127) Traduzido livremente pelo autor deste livro: "Article 5 Registration 1. A player must be registered at an association to play for a club as either a professional or an amateur in accordance with the provisions of article 2. Only registered players are eligible to participate in organised

Um dos requisitos é que o atleta profissional ou amador deve se inscrever na federação a qual reconheça a competição organizada, quer seja por ela mesma, ou por alguma outra entidade federativa. A legislação desportiva brasileira, entretanto, faz uma ressalva em relação aos atletas amadores, pois estes só poderão participar de competições profissionais, caso possuam idade inferior a 20 (vinte) anos completos, conforme o art. 43 da Lei Pelé.(128)

Federação é o órgão responsável pela organização de alguma competição. No caso do Brasil, cada Estado tem uma federação de futebol, a qual organiza as competições estaduais, e, por outro lado, em nível nacional, existe a Confederação Brasileira de Futebol, responsável pela organização dos campeonatos nacionais, nas suas quatro divisões (Séries A, B, C e D(129)).

Portanto, para que o atleta participe de determinada competição, deve este se inscrever na federação a qual esteja organizando a competição que irá disputar, logicamente, dentro do prazo estabelecido, sendo este o segundo requisito.

No Brasil, o período de inscrição de atleta oriundo de transferência internacional, ou seja, cujo clube cedente não seja brasileiro, a CBF instituiu dois prazos, conhecidos por janelas de transferências internacionais, compreendidos entre os períodos de 2 de janeiro a 25 de março e de 3 a 31 de agosto.(130)

Por outro lado, para a inscrição de atleta que já se encontre no clube, ou que seja proveniente de outra agremiação nacional, devem ser atendidas as

---

football. By the act of registering, a player agrees to abide by the statutes and regulations of FIFA, the confederations and the associations. 2. A player may only be registered with one club at a time. 3. Players may be registered with a maximum of three clubs during one season. During this period, the player is only eligible to play official matches for two clubs. As an exception to this rule, a player moving between two clubs belonging to associations with overlapping seasons (i.e. start of the season in summer/autumn as opposed to winter/spring) may be eligible to play in official matches for a third club during the relevant season, provided he has fully complied with his contractual obligations towards his previous clubs. Equally, the provisions relating to the registration periods (article 6) as well as to the minimum length of a contract (article 18 paragraph 2) must be respected. 4. Under all circumstances, due consideration must be given to the sporting integrity of the competition. In particular, a player may not play official matches for more than two clubs competing in the same national championship or cup during the same season, subject to stricter individual competition regulations of member associations.". FÉDÉRATION INTERNATIONALE DE FOOTBALL ASSOCIATION. *Regulations on the status and transfer of players.* Zurich, 18 December 2004. FIFA Executive Committee. Disponível em: <http://www.fifa.com/mm/document/affederation/administration/regulations_on_the_status_and_transfer_of_players_en_33410.pdf>. Acesso em: 6 jan. 2009.

(128) "Art. 43. É vedada a participação em competições desportivas profissionais de atletas não profissionais com idade superior a vinte anos. (Redação dada pela Lei n. 9.981, de 2000)".

(129) Termos designativos para a primeira, segunda, terceira e quarta divisões, respectivamente, do Campeonato Brasileiro de Futebol.

(130) CONFEDERAÇÃO BRASILEIRA DE FUTEBOL. *Resolução da Presidência n. 2, de 16 de agosto de 2005.* Disponível em: <http://www.cbf.com.br/pdf/rdp2.pdf>. Acesso em: 20 abr. 2006.

peculiaridades e os prazos estabelecidos no regulamento de cada competição, conforme previsto no Regulamento Geral das Competições, de 19 de dezembro de 2008, disponível no *site* oficial da CBF[131], nos seus arts. 23 e seguintes.

Para se ter uma ideia, a CBF utiliza um sistema conhecido por Boletim Informativo Diário Eletrônico (BID-E), em que atualiza diariamente as inscrições porventura efetuadas dos jogadores de cada clube participante de alguma competição filiada a ela. Todas as inscrições são realizadas no Departamento de Registro e Transferência da CBF. Para facilitar a leitura por parte dos clubes e dos organizadores de competições, é disponibilizado também o BID-E acumulado, o qual contém todos os boletins organizados por competição, e no seu conteúdo, em ordem alfabética, o nome das agremiações participantes e dos jogadores inscritos no ano-calendário corrente.[132]

A desatenção a algum prazo estabelecido para a regularização da condição de jogo do atleta poderá acarretar sérios prejuízos para o clube. Portanto, a leitura do BID-E, para qualquer clube em atividade e participante de competições filiadas à CBF, é imprescindível.

Vale salientar ainda outros requisitos do art. 5º do Regulamento da FIFA de 2004, dentre os quais o que trata que um atleta só pode estar registrado por um clube de cada vez; os jogadores podem ser inscritos por um máximo de três clubes durante uma temporada, mas só estará apto para participar de partidas oficiais por apenas dois clubes, aceitando-se excepcionalmente quando um jogador que está se transferindo entre clubes pertencentes a associações com temporadas sobrepostas (isto é, com calendários diferentes, como por exemplo, início da temporada no verão/outono em contraposição à temporada inverno/primavera), possa ter o direito de participar de partidas oficiais de um terceiro clube durante a temporada em questão, contanto que ele tenha cumprido totalmente com as suas obrigações contratuais em relação aos seus clubes anteriores, respeitando-se as disposições relacionadas com os períodos de registro de cada competição, bem assim à duração mínima de um contrato; e, sob todas as circunstâncias, deve ser dada a devida consideração ao caráter esportivo da competição, e, especialmente, um atleta não pode atuar em jogos oficiais por mais de dois clubes que disputem o mesmo campeonato nacional ou copa durante a mesma temporada, sujeitando-se às regulamentações mais restritas de cada competição organizada pelas entidades federativas filiadas à FIFA.

---

(131) CONFEDERAÇÃO BRASILEIRA DE FUTEBOL. *Regulamento Geral das Competições, de 19 de dezembro de 2008*. Disponível em: <http://www.cbf.com.br/destaques/rgc09.pdf>. Acesso em: 6 jan. 2009.

(132) CONFEDERAÇÃO BRASILEIRA DE FUTEBOL. *BID-E:* Boletim Informativo Diário Eletrônico: registro de jogadores. Disponível em: <http://www.cbf.com.br/registro/>. Acesso em: 28 out. 2008.

Concluindo, a atividade desportiva do atleta que não preencher as formalidades impostas pelas normas trabalhistas e desportivas, as quais regem o contrato do atleta profissional de futebol, atualmente vigentes, o vínculo de emprego não se estabelecerá e, tampouco, consequentemente, o vínculo desportivo poderá ser estabelecido entre empregado e clube.(133)

3.1.3. O Passe e a Exploração do Atleta

A figura do vínculo desportivo e algumas possibilidades para a sua dissolução estão previstas no art. 28, em seu § 2º, incisos I, II e III, da Lei Pelé.(134)

Anteriormente à Lei n. 9.615/1998, a expressão vínculo desportivo estava relacionada ao instituto do passe. Porém, com o advento dessa lei, influenciada pelo Caso Bosman, e com a entrada em vigor do que dispõe o seu art. 93, em 26 de março de 2001, todo contrato de trabalho do atleta profissional de futebol passou a ser estabelecido com espeque no art. 28, § 2º, suso mencionado.(135)

---

(133) "ATLETA PROFISSIONAL. RELAÇÃO DE EMPREGO. VÍNCULO DE EMPREGO. ATLETA DE FUTSAL. O ENQUADRAMENTO DE UM ATLETA COMO PROFISSIONAL OU AMADOR, DEVE SER FEITO COM BASE NOS REQUISITOS ESTABELECIDOS NA LEI N. 9.615/1998 — "LEI PELÉ". OS ELEMENTOS DOS AUTOS DEMONSTRAM QUE O RECLAMANTE PREENCHIA OS REQUISITOS DE ATLETA PROFISSIONAL, A DECLARAÇÃO DO VÍNCULO DE EMPREGO COM O CLUBE DESPORTIVO É MEDIDA QUE SE IMPÕE.". BRASIL. Tribunal Regional do Trabalho da 1ª Região. 3ª Turma. Acórdão em recurso ordinário n. 1.121/2003. Relatora: Desembargadora Maria das Graças Cabral Viegas Paranhos. DORJ, III, 4 abr. 2006. *TRT1*. Disponível em: <http://portal.trt1.jus.br:7777/portal/page?_pageid=73,1&_dad=portal&_schema=PORTAL>. Acesso em: 4 jun. 2006.

(134) "Art. 28. A atividade do atleta profissional, de todas as modalidades desportivas, é caracterizada por remuneração pactuada em contrato formal de trabalho firmado com entidade de prática desportiva, pessoa jurídica de direito privado, que deverá conter, obrigatoriamente, cláusula penal para as hipóteses de descumprimento, rompimento ou rescisão unilateral.

(...)

§ 2º O vínculo desportivo do atleta com a entidade desportiva contratante tem natureza acessória ao respectivo vínculo trabalhista, dissolvendo-se, para todos os efeitos legais: (Redação dada pela Lei n. 10.672, de 2003)

I — com o término da vigência do contrato de trabalho desportivo; ou (Redação dada pela Lei n. 10.672, de 2003)

II — com o pagamento da cláusula penal nos termos do *caput* deste artigo; ou ainda (Redação dada pela Lei n. 10.672, de 2003)

III — com a rescisão decorrente do inadimplemento salarial de responsabilidade da entidade desportiva empregadora prevista nesta Lei. (Redação dada pela Lei n. 10.672, de 2003)

(...)".

(135) "Art. 93. O disposto no art. 28, § 2º, desta Lei somente produzirá efeitos jurídicos a partir de 26 de março de 2001, respeitados os direitos adquiridos decorrentes dos contratos de trabalho e vínculos desportivos de atletas profissionais pactuados com base na legislação anterior. (Redação dada pela Lei n. 9.981, de 2000)".

Passe era o termo utilizado para designar o vínculo desportivo existente entre o clube e o atleta. Esse instituto nascia com o ato da assinatura do contrato de trabalho e tinha por finalidade ser o instrumento liberatório[136] que viabilizava uma nova aquisição do atleta profissional, cuja indenização[137] configurava-se como elemento subsidiário e o vínculo como decorrência do contrato.

Deve-se ressaltar que o passe se consolidou no ordenamento jurídico--desportivo brasileiro, no período do regime militar, através da Lei n. 6.354/1976. Sobre esse período, *Soares* explica que:

> Quanto ao Brasil, foi a partir da Copa Mundial de 1970 que o regime militar se decidiu a empresariar o futebol, para explorá-lo politicamente, a partir do que passou a constituir um pasto fértil, que possibilitou manipulações de toda ordem, tráfico de influência, esbanjamentos de recursos públicos e privados, captação de contribuições de apostas no sistema de loterias, fraudes, corrupção, propostas milionárias para a contratação de jogadores e venda dos mesmos — como se fossem mercadoria ou escravos —, em suma, ocorreu aquilo que se convencionou denominar de "futebol milionário", fator de alienação, sobretudo dos jovens.[138]

A figura dos escravos nos meios esportivos existe há muito. Em Roma, no período das competições esportivas, por volta de 264 a.C., estas assumiram determinados aspectos truculentos e cruéis, em virtude das lutas dos gladiadores, combatentes profissionais, os quais lutavam nos espetáculos públicos, por diversas vezes, até a morte. Afirma-se ainda que "na condição de escravos, os gladiadores eram vendidos por elevados preços".[139]

Inexoravelmente, no Brasil, mesmo após a libertação dos escravos[140], em 13 de maio de 1888, com a assinatura da Lei Áurea pela Princesa

---

(136) VOGEL NETO, Gustavo Adolpho. *Contrato de trabalho desportivo e sua extinção* — um reexame da polêmica sobre o passe. Legislação do trabalho. Publicação mensal de legislação, doutrina e jurisprudência. São Paulo: LTr, ano 68, n. 08, ago. 2004.

(137) A previsão indenizatória aludida na explicação é a constante no art. 11, *caput*, da Lei n. 6.354, de 2 de setembro de 1976, a qual trata da importância devida por um clube a outro, pela cessão do atleta durante a vigência ou após o término do contrato, e que se passa a transcrever: "Art. 11. Entende-se por passe a importância devida por um empregador a outro, pela cessão do atleta durante a vigência do contrato ou depois de seu término, observadas as normas desportivas pertinentes". Este artigo encontra-se revogado pela Lei n. 9.615/1998.

(138) SOARES, Orlando. *Comentários à Constituição da República Federativa do Brasil* (promulgada em 05.10.88). Rio de Janeiro: Forense, 2006. p. 911.

(139) *Ibidem*, p. 910.

(140) "Aboliu-se a escravidão do negro, mas não se regulamentaram as novas relações de trabalho, juridicamente diferentes das relações escravistas, mas não menos servis e economicamente muito mais opressivas. Não se criou um direito trabalhista que regulamentasse essas relações

Isabel[141], nenhuma indenização foi devida aos fazendeiros. Da mesma forma, a Lei Pelé não dispôs sobre compensação alguma aos clubes pela extinção do passe. Ainda assim, enfrentam-se, nos dias atuais, os reflexos deixados pelo referido instituto, o qual era responsável muitas vezes pela possibilidade de ser visualizada em Juízo a tentativa de penhora de jogadores de futebol, isto é, a possibilidade de se estar avaliando, pecuniariamente, seres humanos[142] ou a mera cogitação disso[143].

O passe era um meio de o clube prender o atleta até que a indenização pelo atestado liberatório fosse paga àquele, mesmo se já não mais subsistisse vínculo empregatício algum entre as partes. Com isso, a fim de poder voltar a disputar alguma partida, o jogador se via obrigado a aceitar salários menores, por não haver interessados em adquirir o direito à utilização da sua atividade desportiva. Acerca do ato de escravizar, *Dodge*, citado por *Cazetta*, explica que:

---

e de fato transformasse o vínculo entre o patrão e o empregado num vínculo impessoal e contratual. Esse direito surgiria apenas mais de meio século depois da Abolição, durante a ditadura de Getúlio Vargas. E, no caso dos trabalhadores rurais, apenas no governo de João Goulart, em 1962, quase oitenta anos depois da Lei Áurea. O motivo foi simples: o escravo negro, que tinha de ser comprado a peso de ouro no mercado negreiro, a partir de certo momento passou a representar um grande prejuízo para os fazendeiros. A partir de 1850, o preço do escravo cresceu continuadamente. Mas não cresceu o preço do café e do açúcar produzidos com trabalho escravo; não cresceram os lucros dos fazendeiros. *Libertar os escravos negros era, pois, uma forma de os fazendeiros se libertarem dos escravos negros.* Não houve bondade, nem maldade — houve cálculo e predomínio dos interesses econômicos sobre os interesses sociais, como é próprio da sociedade capitalista. O negro foi *liberto* e, ao mesmo tempo, *abandonado* no dia 13 de maio de 1888. Os fazendeiros queriam se livrar dos escravos, se possível com compensação, e não transformá-los em pessoas livres e cidadãs. Essa é hoje reconhecidamente a causa de que nos bairros mais miseráveis de nossas grandes cidades os negros sejam maioria." MARTINS, José de Souza. A escravidão nos dias de hoje e as ciladas da interpretação. p. 127-163. In: VV.AA. *Trabalho escravo no Brasil contemporâneo.* São Paulo: Loyola, 1999. p. 153-154.

(141) "Art. 1º: É declarada extincta desde a data desta lei a escravidão no Brazil.

Art. 2º: Revogam-se as disposições em contrário.".

BRASIL. *Leis, etc. Collecção das leis do Imperio do Brazil de 1810.* v. I. Rio de Janeiro: Imprensa Nacional, 1891. p. 228. Disponível em: <http://www.planalto.gov.br/ccivil_03/leis/1851-1900/L3353.htm>. Acesso em: 15 dez. 2008.

(142) "PENHORA. AVALIAÇÃO DE PASSE DE ATLETA DE FUTEBOL. Revela-se improcedente a inconformidade com avaliação do bem objeto da penhora, consistente em 70% do passe do atleta de futebol, que foi efetuado pelo Oficial de Justiça avaliador levando em conta o valor do mercado e a situação do clube no âmbito regional.". BRASIL. Tribunal Regional do Trabalho da 4ª Região. 3ª Turma. Acórdão em recurso ordinário n. 01970.731/1995-8. Relatora: Juíza Nires Maciel de Oliveira. DJRS, 20 abr. 1998. *TRT4.* Disponível em: <http://www.trt4.gov.br/>. Acesso em: 4 jun. 2006.

(143) "O passe de atleta profissional é impenhorável, dada sua natureza intrinsecamente ligada ao ser humano.". BRASIL. Tribunal Regional do Trabalho da 6ª Região. 2ª Turma. Acórdão em recurso ordinário n. 1246/1997. Relator: Juiz Fernando Cabral de Andrade. DJPE, 15 jan. 1998. *TRT6.* Disponível em: <http://www.trt6.gov.br/>. Acesso em: 4 jun. 2006.

escravizar é grave, porque não se limita a constranger nem a coagir a pessoa limitando sua liberdade. Também isto. Escravizar é tornar o ser humano uma coisa, é retirar-lhe a humanidade, a condição de igual e a dignidade. Não só a liberdade de locomoção é atingida e, às vezes, a possibilidade de locomoção resta intacta. Guiar-se por esse sinal pode ser enganador. A redução à condição análoga à de escravo atinge a liberdade do ser humano em sua acepção mais essencial e também mais abrangente: a de poder ser. A essência da liberdade é o livre arbítrio, é poder definir seu destino, tomar decisões, fazer escolhas, optar, negar, recusar. Usar todas as suas faculdades. O escravo perde o domínio sobre si, porque há outro que decide por ele. A negativa de salário e a desnutrição calculadas, no contexto de supressão da liberdade de escolha são sinais desta atitude. Assim como a supressão de órgão humano e a submissão de mulheres para fins de tráfico.(144)

A título de reflexo dessa prática ficou a ideia de que é licitamente moral tratar o atleta como coisa. A esse processo dá-se o nome de coisificação, o qual advém do verbo coisificar(145). É comum ler ou ouvir que determinado atleta foi vendido por um clube a outro, como se um bem ou objeto fosse, inclusive, há quem não consiga abandonar o termo passe, sob o argumento de que não há outra nomenclatura mais adequada para designar o vínculo desportivo gerado entre empregado e empregador. Um exemplo disso pode ser visualizado ao se ler que:

> Não se pode olvidar, contudo, que transações envolvendo a transferência de atletas de um clube para outro configuram, claramente, um ato de comércio. Negocia-se o passe do atleta, quando não interessa mais à entidade, como se negocia um bem de consumo, um veículo, um terreno. Leva o atleta o clube que pagar mais.(146)

Definitivamente, o uso do termo ato de comércio designando o aludido acima, advém da conceituação adotada para o termo comércio, uma vez que, para o mesmo autor, *ipsis verbis*:

---

(144) DODGE, Raquel Elias Ferreira *apud* CAZETTA, Ubiratan. A escravidão ainda resiste. p. 104-136. In: *Possibilidades jurídicas de combate à escravidão contemporânea*. Brasília: Organização Internacional do Trabalho, 2007. p. 111.

(145) *Coisificar v.* 1 *t.d.* tornar parecido com uma coisa; identificar com um ato ou objeto concreto *<c. conceitos> <seres humanos coisificados pela burocracia> 2 t.d.* reduzir o homem e sua consciência a coisa, objeto ou valores materiais. *2.1 t.d.* tratar o ser humano desse modo (...)". HOUAISS, Antônio; VILLAR, Mauro de Sales. *Dicionário Houaiss da Língua Portuguesa*. Rio de Janeiro: Objetiva, 2001. p. 756.

(146) CATEB, Alexandre Bueno. *Desporto profissional e direito de empresa:* de acordo com o Código civil de 2002. São Paulo: Juarez de Oliveira, 2004. p. 99.

A palavra *comércio* nos dá a noção de troca de mercadorias, de compra e revenda. Mas é também a atividade profissional daquele que pratica atos para facilitar o tráfico de mercadorias. Deriva do latim *commerciu(m)*, adição da preposição *cum* ao substantivo *merx*, significando *mercadoria, comestível*, mas também *coisa, pessoa*.(147)

Em 1993, época em que vigorava o instituto do passe, o atleta Joubert Araújo Martins, ou simplesmente, Beto, pertencia ao clube Dom Bosco, de Cuiabá. Eis que ao se destacar na categoria juvenil desta equipe, o Botafogo, do Rio de Janeiro, ofereceu em troca pelo seu passe 50 (cinquenta) pares de chuteira, mas na verdade só adimpliu metade da oferta, o restante foi pago pelo próprio jogador anos depois. Beto então firmou contrato de trabalho com o Botafogo, inclusive, participando, eficientemente, na conquista do título de campeão brasileiro de 1995.(148) Ofertas desse tipo, eram comuns no período da colonização do Brasil pelos portugueses. Estes, ao partirem para a África, capturavam negros cativos, os quais eram trocados por tecidos, arroz, sal, cavalos, trigo, etc.(149)

Vale destacar que enquanto o atleta for tratado como fonte de renda dos clubes, jamais deixará de ter características de escravo, uma vez que continuarão a ser vistos como se bens patrimoniais fossem. Aliás, a Declaração de Versalhes, de 10 de maio de 1944, dispõe claramente ser um dos princípios fundamentais da OIT no item I, a, que o trabalho não é uma mercadoria.(150)

Na prática, pouco pode ser feito com relação à mercantilização da atividade desportiva dos atletas. Entretanto, deve-se buscar, pelo menos, abolir os termos pejorativos e depreciativos em relação à pessoa do jogador de futebol e coibir a prática de crimes tipificados na legislação penal pátria que ocorrem em virtude da exploração de atletas, na grande maioria, jovens.

---

(147) CATEB, Alexandre Bueno. *Desporto profissional e direito de empresa:* de acordo com o Código civil de 2002. São Paulo: Juarez de Oliveira, 2004. p. 23.

(148) SOUTO, Vinícius Barreto. Botafogo desperdiça geração vencedora: após faturar diversos títulos nas bases em metade da década de 90, time alvinegro não consegue lucrar com seus jogadores. 17 ago. 2006. *Pelé.net.* Disponível em: <http://noticias.uol.com.br/pelenet/revista/ult1334u899.jhtm>. Acesso em: 20 nov. 2008.

(149) LUCENA, Rhayssa Gonçalves. *Trabalho escravo contemporâneo.* 2008. 79 f. Trabalho de Conclusão de Curso — Curso de Direito, Universidade Católica de Pernambuco, Recife, 2008. p. 14.

(150) "I A Conferência reafirma os princípios fundamentais sobre os quais repousa a Organização, principalmente os seguintes: a) o trabalho não é uma mercadoria; (...)". ORGANIZAÇÃO INTERNACIONAL DO TRABALHO. Anexo da Constituição da Organização Internacional do Trabalho (OIT). Declaração referente aos fins e objetivos da Organização Internacional do Trabalho (Declaração de Filadélfia), de 10 de maio de 1944. *OIT.* Disponível em: <http://www.oit.org.br/info/download/constituicao_oit.pdf>. Acesso em: 19 dez. 2008.

Citam-se como exemplos de crimes detectáveis no cotidiano esportivo, o de redução à condição análoga à de escravo[151], atentado contra a liberdade de trabalho[152], aliciamento para o fim de emigração[153] e aliciamento de trabalhadores de um local para outro do território nacional[154], previstos, respectivamente, nos arts. 149[155], 197[156], 206[157] e 207[158] do Código Penal.

---

(151) "A conduta típica é expressa pelo verbo *reduzir*, que significa transformar, tornar. O termo *condição análoga à de escravo* define o fato de o sujeito reduzir a vítima a pessoa totalmente submissa à sua vontade, como se escravo fosse. Segundo a nova redação do dispositivo em análise, entende-se por *condição análoga à de escravo*: a) a sujeição da vítima a trabalhos forçados ou a jornada exaustiva; b) a sujeição da vítima a condições degradantes de trabalho; c) a restrição, por qualquer meio, da locomoção da vítima, em razão de dívida contraída com o empregador ou preposto." ANDREUCCI, Ricardo Antonio. *Direito penal do trabalho.* São Paulo: Saraiva, 2006. p. 56.

(152) "A conduta vem expressa pelo verbo *constranger*, que significa obrigar, forçar, coagir, tolher a liberdade. O constrangimento deve, necessariamente, ser exercido mediante *violência ou grave ameaça*, obrigando o sujeito passivo a: a) exercer ou não exercer arte, ofício, profissão ou indústria, ou a trabalhar ou não trabalhar durante certo período ou em determinados dias; b) abrir ou fechar o seu estabelecimento de trabalho, ou a participar de *parede* ou *paralisação de atividade econômica*". ANDREUCCI, Ricardo Antonio. *Direito penal do trabalho.* São Paulo: Saraiva, 2006. p. 166.

(153) "A conduta típica vem expressa pelo verbo *recrutar*, que significa aliciar, angariar, atrair. O recrutamento deve dar-se com o emprego de *fraude*, e deve ter por finalidade levar os trabalhadores para *território estrangeiro*". ANDREUCCI, Ricardo Antonio. *Direito penal do trabalho.* São Paulo: Saraiva, 2006. p. 172.

(154) "A conduta incriminada vem expressa pelo verbo *aliciar*, que significa atrair, seduzir. Nesse tipo penal não se exige a *fraude*. A lei, entretanto, ao empregar o verbo *aliciar* em vez de *recrutar*, empregado no artigo anterior, deixa claro que a sedução de trabalhadores não é permitida, gerando risco para o Estado. Nesse tipo penal, a locomoção dos trabalhadores se opera dentro do território nacional". ANDREUCCI, Ricardo Antonio. *Direito penal do trabalho.* São Paulo: Saraiva, 2006. p. 173.

(155) "Art. 149. Reduzir alguém a condição análoga à de escravo, quer submetendo-o a trabalhos forçados ou a jornada exaustiva, quer sujeitando-o a condições degradantes de trabalho, quer restringindo, por qualquer meio, sua locomoção em razão de dívida contraída com o empregador ou preposto: (Redação dada pela Lei n. 10.803, de 11.12.03). Pena — reclusão, de dois a oito anos, e multa, além da pena correspondente à violência. (Redação dada pela Lei n. 10.803, de 11.12.03); § 1º Nas mesmas penas incorre quem: (Incluído pela Lei n. 10.803, de 11.12.03); I — cerceia o uso de qualquer meio de transporte por parte do trabalhador, com o fim de retê-lo no local de trabalho; (Incluído pela Lei n. 10.803, de 11.12.03); II — mantém vigilância ostensiva no local de trabalho ou se apodera de documentos ou objetos pessoais do trabalhador, com o fim de retê-lo no local de trabalho. (Incluído pela Lei n. 10.803, de 11.12.03); § 2º A pena é aumentada de metade, se o crime é cometido: (Incluído pela Lei n. 10.803, de 11.12.03); I — contra criança ou adolescente; (Incluído pela Lei n. 10.803, de 11.12.03); II — por motivo de preconceito de raça, cor, etnia, religião ou origem. (Incluído pela Lei n. 10.803, de 11.12.03)".

(156) "Art. 197 — Constranger alguém, mediante violência ou grave ameaça: I — a exercer ou não exercer arte, ofício, profissão ou indústria, ou a trabalhar ou não trabalhar durante certo período ou em determinados dias: Pena — detenção, de um mês a um ano, e multa, além da pena correspondente à violência; II — a abrir ou fechar o seu estabelecimento de trabalho, ou a participar de parede ou paralisação de atividade econômica: Pena — detenção, de três meses a um ano, e multa, além da pena correspondente à violência.".

(157) "Art. 206 — Recrutar trabalhadores, mediante fraude, com o fim de levá-los para território estrangeiro. (Redação dada pela Lei n. 8.683, de 1993). Pena — detenção, de 1 (um) a 3 (três) anos e multa. (Redação dada pela Lei n. 8.683, de 1993)".

(158) "Art. 207 — Aliciar trabalhadores, com o fim de levá-los de uma para outra localidade do território nacional: Pena — detenção de um a três anos, e multa. (Redação dada pela Lei n. 9.777,

O esquema criminoso de aliciamento de trabalhadores comuns é bem descrito por Lucena, *in verbis*:

> Por trás do esquema perverso de aliciamento, há sempre a figura do gato, que faz inúmeras promessas com boas condições de trabalho. Em um primeiro momento aparentam ser pessoas agradáveis, oferecedoras de boas oportunidades e garantia de transporte gratuito até o local da prestação de serviços. Uma vez contratados, esses cidadãos são levados, deixando as suas famílias e a sua cidade natal. São transportados por dezenas de quilômetros, atravessando fronteiras estaduais e federais sem saber para onde estão sendo levados e já devendo as despesas de uma longa viagem. Normalmente, o custo da viagem sai por conta do próprio trabalhador.[159]

Não muito diferente da prática de aliciamento de trabalhadores comuns, é o aliciamento de jovens atletas contratados por determinado clube, este quase sempre agindo de boa-fé[160], para um período de testes, cuja contratação é intermediada pelo aliciador.

O objeto tutelado no crime de redução à condição análoga à de escravo é a liberdade, entretanto, nada impede afirmar que além dessa garantia constitucional, outras poderão ser feridas, a exemplo do princípio da legalidade, uma vez que a manutenção forçada do trabalho opera contra normas legais expressas; princípio da igualdade, por haver tratamento diverso do concedido

---

de 29.12.98); § 1º Incorre na mesma pena quem recrutar trabalhadores fora da localidade de execução do trabalho, dentro do território nacional, mediante fraude ou cobrança de qualquer quantia do trabalhador, ou, ainda, não assegurar condições do seu retorno ao local de origem. (Incluído pela Lei n. 9.777, de 29.12.98); § 2º A pena é aumentada de um sexto a um terço se a vítima é menor de dezoito anos, idosa, gestante, indígena ou portadora de deficiência física ou mental. (Incluído pela Lei n. 9.777, de 29.12.98)".

(159) LUCENA, Rhayssa Gonçalves. *Trabalho escravo contemporâneo.* 2008. 79 f. Trabalho de Conclusão de Curso — Curso de Direito, Universidade Católica de Pernambuco, Recife, 2008. p. 34.

(160) Prova de que agiu de boa-fé é o pagamento efetuado pelo clube interessado em testar o jovem atleta, a título de compensação pelas despesas acumuladas durante o período de testes. Esse valor é dado ao intermediador da prática criminosa, isto é, o gato. Ao invés deste repassar a maior parte da quantia ao jovem desportista, simplesmente o abandona, sem deixar notícias. No meio futebolístico, entende-se como gato, o atleta que atua irregularmente numa partida de futebol, por ter adulterado a sua data de nascimento. Na verdade, gato é quem convence o jovem jogador a agir dessa maneira. Tal prática já foi muito noticiada nos estados do Pará e do Maranhão, onde gatos fazem diversas promessas ao adolescente e/ou à sua família, para que aceite ter a idade alterada na certidão de nascimento, a fim de poder levar vantagem em relação a outros atletas, futuramente. A prática vem sendo combatida, principalmente, após vir a público diversos casos de jogadores com idade adulterada em torneios internacionais para atletas com até 17 (dezessete), 20 (vinte) ou 23 (vinte e três) anos de idade.

a outras pessoas; princípio da dignidade da pessoa humana, o qual abrange os demais princípios citados, já que ao se retirar o direito de livre arbítrio do empregado, e por dar a este o mesmo tratamento dado a outros seres e objetos, atenta-se contra sua dignidade, tanto moral, quanto materialmente falando.[161]

Deve-se ter em mente que qualquer modalidade de trabalho escravo é absolutamente proibida no Direito Internacional dos Direitos Humanos, não sendo admitida qualquer flexibilização ou relativização em relação aos princípios ora mencionados.[162]

Sendo assim, a manutenção forçada do trabalho é uma ofensa à garantia constitucional de liberdade do trabalhador, podendo-se afirmar que o instituto do passe ocasionava, não raras vezes, o trabalho forçado ou obrigatório, pois, conforme o art. 2º, item 1, da Convenção n. 29, de 28 de junho de 1930, tal espécie de prática, condenada pelos signatários[163] dessa convenção da OIT, constitui-se em todo trabalho ou serviço exigido de uma pessoa sob a ameaça de sanção e para o qual não se tenha oferecido espontaneamente.[164] Na maioria dos casos, a sanção aplicada pelo clube ao atleta que não aceitava renovar o contrato de trabalho, com significativa redução do montante percebido a título de verbas de natureza salarial, era a de treinar em separado dos demais colegas de profissão sem poder competir.

Como outros exemplos de reflexos deixados pelo extinto instituto do passe, tem-se a utilização do termo dono, detentor ou proprietário para designar aquele clube que adquire os direitos à utilização da atividade desportiva do atleta, impropriamente conhecidos por direitos econômicos ou federativos.

---

(161) BRITO FILHO, José Cláudio Monteiro de. Trabalho com redução do homem à condição análoga à de escravo e dignidade da pessoa humana. *Revista de direito do trabalho.* Curitiba: Genesis, v. 23, n. 137, p. 649-746, maio 2004. p. 678.

(162) PIOVESAN, Flávia. Trabalho escravo e degradante como forma de violação aos direitos humanos. p. 151-165. In: VELLOSO, Gabriel; FAVA, Marcos Neves (coord.). *Trabalho escravo contemporâneo:* o desafio de superar a negação. São Paulo: LTr, 2006. p. 161-162.

(163) O Brasil promulgou a Convenção n. 29, de 1930, através do Decreto n. 41.721, de 25 de junho de 1957, revigorado pelo Decreto n. 95.461, de 11 de dezembro de 1987.

(164) "Art. 2º

1. Para fins desta Convenção, a expressão "trabalho forçado ou obrigatório" compreenderá todo trabalho ou serviço exigido de uma pessoa sob a ameaça de sanção e para o qual não se tenha oferecido espontaneamente.

(...)".

ORGANIZAÇÃO INTERNACIONAL DO TRABALHO. Convenção n. 29, de 28 de junho de 1930. Sobre o Trabalho Forçado ou Obrigatório. Genebra. *OIT.* Disponível em: <http://www.oit.org.br/info/download/conv_29.pdf>. Acesso em: 20 nov. 2008.

Melo Filho destaca que foi através de um laudo arbitral da Court Arbitral for Sport (CAS), de 20 de março de 2006, que foram definidos os conceitos de direitos econômicos e direitos federativos ou de registro, estando assim dispostos:

> O Quadro observa que sob as normas da FIFA, os chamados "**direitos econômicos**" sobre um jogador somente poderiam existir no Direito na condição de que:
>
> a) Tenha um contrato de futebolista profissional válido em vigor, e
>
> b) O jogador sob contrato consinta (previamente ou no momento da transferência) transferir-se para outro clube.
>
> O clube renunciante de seus direitos contratuais sobre o jogador a favor de outro clube — portanto aceitando a transferência do jogador — tem direito a receber uma soma em dinheiro (denominada 'valor do passe') em virtude da respectiva renúncia. Esta transação comercial, envolvendo dois clubes e um jogador de futebol, é descrita na prática como a compra — ou o empréstimo, caso seja realizada temporariamente — dos direitos econômicos sobre o jogador (No jargão do futebol é geralmente descrita como a compra ou o empréstimo do jogador)'.
>
> Os chamados "direitos de registro" (às vezes também conhecidos como "**direitos federativos**") servem como mero motivo administrativo de inscrição de um jogador por um clube com uma determinada associação nacional de futebol.[165]

Entende-se por direitos econômicos, justamente os direitos à utilização da atividade desportiva de determinado atleta, ou simplesmente, direitos desportivos. Tais direitos poderão existir quando um jogador profissional de

(165) "'El Panel nota que bajo las regulamentaciones de la FIFA, los llamados '*derechos económicos*' sobre un jugador podrían existir en derecho sólo la condición de que: a) Que haya un contrato de futbolista profesional válido en vigor, y b) Que el jugador bajo contrato consienta (por adelantado o en el momento de la transferencia) transferirse a otro club. El club renunciante a sus derechos contractuales sobre el jugador a favor de otro club — por lo tanto aceptando la transferencia del jugador — tiene derecho a recibir una suma de dinero (denominada 'valor del pase') en consideración a semejante renuncia. Esta transacción comercial, implicando a dos clubes y un jugador de fútbol, es descrita en la practica como la compra — o el préstamo si se hace sobre una base temporal — de los derechos económicos sobre el jugador (En la jerga del fútbol es generalmente descrita como la compra o el préstamo del jugador)'.". "'Los llamados 'derechos de registro' (a veces también conocidos como '*derechos federativos*') sirven simple motivo administrativo de inscripción de un jugador por un club con una asociación nacional de fútbol dada'.". (Tradução livre pelo autor deste livro). MELO FILHO, Álvaro. Reflexões em torno dos Direitos Federativos e Econômicos. p. 35-41. *Derecho deportivo en línea*, Boletín n. 10, set. 2007 — mar. 2008. Disponível em: <http://nuke.dd-el.com/Portals/0/reflexoes%20direitos%20 federativos.pdf>. Acesso em: 30 nov. 2008. p. 35-36.

futebol tiver um contrato de trabalho válido em vigor e, se determinado clube necessitar negociar os direitos desportivos que tem sobre seu empregado, deverá ser com a anuência deste, antes ou no ato da negociação. O clube que cede a atividade desportiva de seu atleta para outro tem direito a receber uma quantia em dinheiro, em virtude dessa cessão, a qual pode ser realizada em definitivo ou temporariamente.

Com relação aos direitos federativos, estes surgiriam com a inscrição do atleta na respectiva entidade federativa, na qual seu clube é filiado, isto é, após essa etapa, não se poderia mais falar de direitos, e sim de vínculo, pois o que se origina do registro do empregado nessa entidade é o vínculo desportivo entre o atleta e o clube.

Quanto à suposta existência de direitos federativos, de igual opinião é *Zainaghi*, ao afirmar que:

> Pelo que estamos ouvindo e vendo, a expressão 'direitos federativos' seria sinônimo de vínculo desportivo, o qual só existe durante a vigência do contrato de trabalho mantido entre clube e atleta.
>
> (...)
>
> De qualquer maneira, poderão existir contratos de natureza civil, onde um clube e uma empresa ou até mesmo uma pessoa física acordem que assumirão a multa a ser paga pelo atleta no caso de uma rescisão, mas jamais poderão declarar-se detentores dos 'direitos federativos' de um atleta, conforme explanação supra, e, portanto, não detêm a força de trabalho de um atleta.[166]

Em relação à expressão direitos econômicos, pode-se afirmar, com facilidade, que o emprego do termo econômico é inapropriado por ter uma definição amplíssima[167] [168], e por transparecer um forte caráter de mercantilização

---

(166) ZAINAGHI, Domingos Sávio. *Expressão incorreta.* Não existem direitos federativos entre atleta e clube. 31 jan. 2005. Disponível em: <http://www.iidd.com.br/home/view.asp?paNumero=4&paCategoria=2>. Acesso em: 19 ago. 2008.

(167) "*economia s.f. 1 ant.* gerenciamento de uma casa, esp. das despesas domésticas *2* controle ou moderação das despesas; poupança *3* Econ ciência que estuda os fenômenos relacionados com a obtenção e a utilização dos recursos materiais necessários ao bem-estar *4* conjunto de disciplinas constituintes do curso de nível superior que forma economistas *5* aproveitamento racional e eficiente de recursos materiais *6 fig.* dispêndio exato de esforço, linguagem, movimento etc. *7* arranjo ou modo de funcionar dos diversos elementos de um todo; organização <a e. de um conto> (...)". "*econômico adj. 1* respeitante a economia *2* caracterizado pelo uso cauteloso, eficiente e ponderado dos recursos materiais *3* que controla gastos, que evita desperdícios *4* que gera economia, que reduz gastos *5* que custa pouco; barato *6* que obtém resultados com o mínimo de perdas, erros, dispêndios, tempo (...)". HOUAISS, Antônio; VILLAR, Mauro de Sales. *Dicionário Houaiss da Língua Portuguesa.* Rio de Janeiro: Objetiva, 2001. p. 1097.

(168) "*ECONOMIA*. 1. *Filosofia do direito.* Realização de um fim pelos meios mais simples. 2. *Economia política.* a) Poupança; dinheiro economizado ou acumulado por particular ou por

dos direitos à utilização da atividade desportiva dos atletas. Não deveria ser, portanto, a mais indicada para designar o que se tem buscado definir.

A prática atual das negociações dos direitos à utilização da atividade desportiva dos atletas tem sido deturpada, pela ideia da existência de direitos econômicos, os quais poderiam ser fracionados em percentagens entre empresários e/ou grupos de investimento.

Isso tem desviado a ideia inicial dos direitos desportivos que é a de pertencer apenas ao clube adquirente do direito de utilizar a atividade desportiva de determinado atleta. Fracionar em percentagens este direito, pode ocasionar imoralidades em competições desportivas oficiais. Um exemplo disso é quando dois clubes que contam, no seu quadro de empregados, com atletas adquiridos pelo mesmo grupo de investimento, e apenas um desses times tem interesse direto em derrotar o outro, uma vez que ainda está na briga por melhores posições na classificação final de um campeonato qualquer. Evidentemente que a outra agremiação desportiva, a qual não teria mais interesse no resultado do jogo, poderia facilitar para que o seu oponente o vencesse, a pedido do grupo de investimento, em troca de uma compensação financeira ou outra vantagem qualquer.

Além disso, a FIFA veda que terceiros participem da contratação entre clubes e atletas, conforme disposto no art. 18bis do Regulamento do Status e da Transferência de Jogadores da FIFA, de 2004:

> Art. 18bis Influência de terceiros em clubes
>
> 1. Nenhum clube poderá firmar um contrato que admita qualquer outra parte neste contrato ou terceiros adquirir a capacidade de influenciar em matérias de emprego ou relacionadas à transferência, na sua independência, nas suas políticas ou no desempenho das suas equipes.
>
> 2. O Comitê Disciplinar da FIFA pode impor medidas disciplinares a clubes que não observem as obrigações estabelecidas neste artigo.[169]

---

qualquer administração privada ou pública; b) ciência que trata do estudo das leis que regem a produção, distribuição e consumo de bens; c) boa administração de bens pelo estabelecimento público ou particular, em razão de perfeita execução de atos relativos ao patrimônio, a negócios ou serviços, que alcancem os objetivos colimados, possibilitando uma reserva de riquezas.". "*ECONÔMICO. Economia política.* 1. Relativo à economia. 2. Aquilo que está consentâneo aos preceitos da economia. 3. Aquele que poupa ou economiza. 4. O que diz respeito à administração de uma entidade privada ou pública. 5. Diz-se do ano concernente à gerência administrativa. 6. O que tem emprego industrial ou prático". DINIZ, Maria Helena. *Dicionário jurídico.* v. 2. São Paulo: Saraiva, 1998. p. 257-259.

(169) Traduzido livremente pelo autor deste livro: "Article 18bis Third-party influence on clubs 1. No club shall enter into a contract which enables any other party to that contract or any third party to acquire the ability to influence in employment and transfer-related matters its independence, its policies or the performance of its teams. 2. The FIFA Disciplinary Committee may impose disciplinary measures on clubs that do not observe the obligations set out in this article.". FÉDÉRATION INTERNATIONALE DE FOOTBALL ASSOCIATION. *Regulations on the status and*

A FIFA apenas permite a intervenção de agentes licenciados(170), para fins de gerenciamento ou representação dos interesses de qualquer jogador ou clube que recorra aos seus serviços para negociar e/ou terminar contratos em seu nome.

Vale lembrar que por ser o Brasil filiado à FIFA, sujeitando-se às disposições desta, e por força do que prevê o art. 1º, § 1º, da Lei Pelé(171), as normas dessa entidade internacional de administração do futebol são aplicáveis ao ordenamento jurídico-desportivo brasileiro.

Assim sendo, direitos econômicos e federativos não são os mais indicados, tecnicamente, para serem utilizados como se adequados fossem, no âmbito do Direito Desportivo. Sugere-se que sejam adotados os termos direitos desportivos e vínculo desportivo, respectivamente, com as suas definições apropriadas.

3.2. JORNADA DE TRABALHO

Os arts. 34 e 35 da Lei Pelé dispõem sobre os deveres do clube e do atleta, inclusive, quanto a sua jornada de trabalho, da seguinte forma:

> Art. 34. São deveres da entidade de prática desportiva empregadora, em especial: (Redação dada pela Lei n. 9.981, de 2000)
>
> (...)

---

transfer of players. Zurich, 18 December 2004. FIFA Executive Committee. Disponível em: <http://www.fifa.com/mm/document/affederation/administration/regulations_on_the_status_and_transfer_of_players_en_33410.pdf>. Acesso em: 6 jan. 2009.

(170) A seleção para se tornar um Agente licenciado pela FIFA é realizada em duas oportunidades, uma em março e outra em setembro. Por solicitação da sua federação nacional, o candidato sendo aprovado ainda tem que firmar um contrato de seguro de responsabilidade civil com uma companhia de seguros do seu país, devendo então enviar a apólice de seguro à federação nacional responsável, para poder exercer as funções. O intuito é o de poder haver uma garantia indenizatória para o caso de algum atleta ou clube ter sido efetivamente lesado por um Agente FIFA. Para maiores detalhes, veja-se FÉDÉRATION INTERNATIONALE DE FOOTBALL ASSOCIATION. *Regulations players' agents.* Zurich, 29 October 2007. FIFA Executive Committee. Disponível em: <http://www.fifa.com/mm/document/affederation/administration/playersagents_en_32511.pdf>. Acesso em: 6 jan. 2009.

(171) "Art. 1º O desporto brasileiro abrange práticas formais e não formais e obedece às normas gerais desta Lei, inspirado nos fundamentos constitucionais do Estado Democrático de Direito.

§ 1º A prática desportiva formal é regulada por normas nacionais e internacionais e pelas regras de prática desportiva de cada modalidade, aceitas pelas respectivas entidades nacionais de administração do desporto.

(...)".

II — proporcionar aos atletas profissionais as condições necessárias à participação nas competições desportivas, treinos e outras atividades preparatórias ou instrumentais; (Incluído pela Lei n. 9.981, de 2000)

III — submeter os atletas profissionais aos exames médicos e clínicos necessários à prática desportiva. (Incluído pela Lei n. 9.981, de 2000)

Art. 35. São deveres do atleta profissional, em especial: (Redação dada pela Lei n. 9.981, de 2000)

I — participar dos jogos, treinos, estágios e outras sessões preparatórias de competições com a aplicação e dedicação correspondente às suas condições psicofísicas e técnicas; (Incluído pela Lei n. 9.981, de 2000)

II — preservar as condições físicas que lhes permitam participar das competições desportivas, submetendo-se aos exames médicos e tratamentos, clínicos necessários à prática desportiva; (Incluído pela Lei n. 9.981, de 2000)

III — exercitar a atividade desportiva profissional de acordo com as regras da respectiva modalidade desportiva e as normas que regem a disciplina e a ética desportivas. (Incluído pela Lei n. 9.981, de 2000)

No entanto, é lícito ao atleta, com base no art. 32 da referida norma, que estando os salários atrasados, no todo ou em parte, por período igual ou superior a 2 (dois) meses, se recusar a competir e/ou treinar pelo clube[172]. Igual convicção tem *Zainaghi*. Entretanto, este, citando *Melo Filho* e *Machado*, lembra que há quem entenda que, por apenas utilizar o verbo competir, não estaria compreendida no contexto dessa norma a atividade de treinamento.[173]

Retomando o afirmado, poderá o atleta se recusar a competir por seu clube. Ora, se é lícita a atitude do empregado que se recusa a disputar uma partida pelo seu empregador, por qual motivo não poderia também se recusar a treinar, se o treinamento visa exatamente à preparação para atuar em competições desportivas? Cabe aqui destacar o seguinte princípio hermenêutico:

In eo quod plus est semper inest et minus: "Quem pode o mais, pode o menos". (Literalmente: "Aquele a quem se permite o mais, não deve-se negar o menos". "No âmbito do mais sempre se compreende também o menos").[174]

---

(172) "Art. 32. É lícito ao atleta profissional recusar competir por entidade de prática desportiva quando seus salários, no todo ou em parte, estiverem atrasados em dois ou mais meses".

(173) MELO FILHO, Álvaro; MACHADO, Jayme Eduardo *apud* ZAINAGHI, Domingos Sávio. *Nova legislação desportiva:* aspectos trabalhistas. 2. ed. São Paulo: LTr, 2004. p. 32-33.

(174) MAXIMILIANO, Carlos. *Hermenêutica e aplicação do direito.* 15. ed. Rio de Janeiro: Forense, 1995. p. 245.

Portanto, pode o atleta, com base no descumprimento contratual do seu clube, conforme o art. 32 da Lei Pelé, recusar-se tanto a competir, quanto a treinar pela entidade de prática desportiva a qual tem contrato firmado e vigente.

No que diz respeito à jornada de trabalho do atleta profissional de futebol, para *Zainaghi*[(175)] e *Martins*[(176)], por não haver disposição alguma em lei específica do ramo desportivo, atualmente, tem por aplicação análoga, o previsto na CF/1988 que limita a jornada de trabalho a 8 (oito) horas diárias e 44 (quarenta e quatro) horas semanais, conforme o art. 7º, XIII[(177)].

Acontece que, ao contrário desses autores, em face das revogações impostas pela Lei Pelé, não mais se aplicando o disposto na Lei n. 6.354/1976, e ignorando o disposto na CF/1988, *Barros* afirma o contrário ao aduzir que:

> Dispunha o art. 6º da Lei n. 6.354, de 1976, que o horário normal de trabalho do atleta seria organizado de forma a bem servir o seu adestramento e exibição, não podendo exceder, porém, 48 horas semanais, hoje, 44 horas semanais, em face da alteração constitucional, tempo em que o empregador poderia exigir que o empregado permanecesse à sua disposição. Lembre-se, entretanto, que esse dispositivo vigorou apenas até 25.3.2001, quando foi revogado pelos art. 93 e 36 da Lei n. 9.615/98. Em consequência, e dadas as peculiaridades que envolvem esta função, entendo que as normas a respeito de limitação de horas semanais, a partir de 26 de março de 2001, não mais serão aplicadas ao profissional do futebol.[(178)]

Contudo, o que se sabe, e é o mais aceito pela doutrina e jurisprudência, é que não se trata de regulamentação antes existente, porém, agora revogada por outra lei hierarquicamente igual. Na verdade, trata-se de um direito

---

(175) ZAINAGHI, Domingos Sávio. *Nova legislação desportiva:* aspectos trabalhistas. 2. ed. São Paulo: LTr, 2004. p. 24.

(176) MARTINS, Sérgio Pinto. O atleta profissional de futebol e os seus direitos trabalhistas. *Revista de direito do trabalho.* São Paulo: Revista dos Tribunais, ano 26, n. 98, p. 142-149, abr./jun. 2000. p. 146.

(177) "Art. 7º São direitos dos trabalhadores urbanos e rurais, além de outros que visem à melhoria de sua condição social:

(...)

XIII — duração do trabalho normal não superior a oito horas diárias e quarenta e quatro semanais, facultada a compensação de horários e a redução da jornada, mediante acordo ou convenção coletiva de trabalho; (vide Decreto-Lei n. 5.452, de 1943)

(...)".

(178) BARROS, Alice Monteiro de. *Contratos e regulamentações especiais de trabalho:* peculiaridades, aspectos controvertidos e tendências. 2. ed. São Paulo: LTr, 2002. p. 87-88.

garantido pela CF/1988, pelo qual o empregado não deve laborar por período superior a 8 (oito) horas diárias e a 44 (quarenta e quatro) horas semanais. É a saúde do trabalhador que estaria sendo prejudicada, caso assim não se entendesse.

Portanto, por já haver previsão constitucional, desnecessária seria a previsão em lei ordinária, motivo pelo qual o legislador revogou o art. 6º da Lei n. 6.354/1976[179].

O jogador de futebol faz jus também ao repouso semanal remunerado (art. 7º, XV, da Carta Magna[180]). Porém, ao invés de ser aos domingos, por normalmente haver partidas a serem realizadas nestes dias, regra geral, o dia de repouso recai nas segundas-feiras, ou noutro dia da semana.

Para o atleta profissional de futebol, em vista das especificidades da atividade por este desempenhada, tal jornada de trabalho sob aquele limite constitucional, só seria possível, face ao entendimento no que tange ao período de concentração.

Está previsto na Lei n. 6.354/1976 em seu art. 7º, o que seria concentração e suas restrições, estando disposto da seguinte maneira:

> Art. 7º O atleta será obrigado a concentrar-se, se convier ao empregador, por prazo não superior a 3 (três) dias por semana, desde que esteja programada qualquer competição amistosa ou oficial e ficar à disposição do empregador quando da realização de competição fora da localidade onde tenha sua sede.
>
> Parágrafo único. Excepcionalmente, o prazo de concentração poderá ser ampliado quando o atleta estiver à disposição de Federação ou Confederação.

Portanto, a concentração compreende o período que antecede as partidas de competições amistosas ou oficiais, não podendo ser superior a 3 (três) dias por semana, quando as partidas a serem realizadas forem na própria localidade do clube[181]. Sendo realizadas fora da localidade, poderá

---

(179) "Art. 6º O horário normal de trabalho será organizado de maneira a bem servir ao adestramento e à exibição do atleta, não excedendo, porém, de 48 (quarenta e oito) horas semanais, tempo em que o empregador poderá exigir fique o atleta à sua disposição.".

(180) "Art. 7º São direitos dos trabalhadores urbanos e rurais, além de outros que visem à melhoria de sua condição social:

(...)

XV — repouso semanal remunerado, preferencialmente aos domingos;

(...)".

(181) "HORAS EXTRAS — JOGADOR DE FUTEBOL — PERÍODO DE CONCENTRAÇÃO. A concentração é obrigação contratual e legalmente admitida, não integrando a jornada de trabalho, para efeito de pagamento de horas extras, desde que não exceda de 3 dias por semana. Recurso

ser por período superior ao retromencionado, ocasião em que o atleta ficará à disposição do empregador.[182] Entende-se como concentrado, o atleta que foi relacionado para uma determinada partida. Nos dias em que antecedem a uma partida, o treinador da equipe é quem faz, geralmente, a preleção dos relacionados para o próximo jogo do clube. Assim sendo, um atleta que foi escalado para jogar, mas permanece toda a partida no banco de reservas, considera-se que esteve à disposição do empregador, tendo esse tempo computado na jornada de trabalho.

Vale ressaltar ainda que o acima citado parágrafo único, do art. 7º, prevê, de forma excepcional, que o período máximo de 3 (três) dias de concentração para os casos de atletas à disposição, por exemplo, das seleções estaduais ou da seleção nacional, poderá ser ultrapassado.

Sendo assim, para efeito de jornada de trabalho apenas se computa as horas durante as partidas e os treinos realizados pelo atleta perante o seu clube. A concentração, regra geral, não é computada na jornada de trabalho, visto que ela visa, principalmente, controlar o físico e a alimentação; e evitar o *doping* involuntário do atleta, pela ingestão de drogas, sem a devida supervisão dos funcionários competentes do clube. É um meio que o empregador tem de preservar a saúde de seus trabalhadores.

Entretanto, será computado na jornada de trabalho, o direito constitucional à licença paternidade com 5 (cinco) dias consecutivos, § 1º, do art. 10, do Ato das Disposições Constitucionais Transitórias (ADCT)[183], por se tratar de causa de interrupção do contrato de trabalho.

Quanto ao intervalo intrajornada, *Zainaghi* afirma que são aplicados os arts. 71 e 72[184], normas gerais da CLT, os quais prevêem que:

> Art. 71 — Em qualquer trabalho contínuo, cuja duração exceda de 6 (seis) horas, é obrigatória a concessão de um intervalo para repouso ou alimentação, o qual

---

de revista a que nega provimento.". BRASIL. Tribunal Superior do Trabalho. 4ª Turma. Acórdão em recurso de revista n. 405769/1997-SP. Relator: Ministro Antônio José de Barros Levenhagen. DJ, 5 maio 2000. *TST.* Disponível em: <http://www.tst.gov.br/>. Acesso em: 4 jun. 2006.

(182) ZAINAGHI, Domingos Sávio. *Nova legislação desportiva:* aspectos trabalhistas. 2. ed. São Paulo: LTr, 2004. p. 27.

(183) "Art. 10. Até que seja promulgada a lei complementar a que se refere o art. 7º, I, da Constituição:

(...)

§ 1º — Até que a lei venha a disciplinar o disposto no art. 7º, XIX, da Constituição, o prazo da licença-paternidade a que se refere o inciso é de cinco dias.

(...)".

(184) ZAINAGHI, Domingos Sávio. *Nova legislação desportiva:* aspectos trabalhistas. 2. ed. São Paulo: LTr, 2004. p. 25-26.

será, no mínimo, de 1 (uma) hora e, salvo acordo escrito ou contrato coletivo em contrário, não poderá exceder de 2 (duas) horas.

§ 1º — Não excedendo de 6 (seis) horas o trabalho, será, entretanto, obrigatório um intervalo de 15 (quinze) minutos quando a duração ultrapassar 4 (quatro) horas.

§ 2º — Os intervalos de descanso não serão computados na duração do trabalho.

§ 3º O limite mínimo de uma hora para repouso ou refeição poderá ser reduzido por ato do Ministro do Trabalho, Indústria e Comércio, quando ouvido o Serviço de Alimentação de Previdência Social, se verificar que o estabelecimento atende integralmente às exigências concernentes à organização dos refeitórios, e quando os respectivos empregados não estiverem sob regime de trabalho prorrogado a horas suplementares.

§ 4º — Quando o intervalo para repouso e alimentação, previsto neste artigo, não for concedido pelo empregador, este ficará obrigado a remunerar o período correspondente com um acréscimo de no mínimo 50% (cinquenta por cento) sobre o valor da remuneração da hora normal de trabalho. (Incluído pela Lei n. 8.923, de 27.7.1994)

Art. 72 — Nos serviços permanentes de mecanografia (datilografia, escrituração ou cálculo), a cada período de 90 (noventa) minutos de trabalho consecutivo corresponderá um repouso de 10 (dez) minutos não deduzidos da duração normal de trabalho.

Contudo, um detalhe se extrai da leitura desses artigos, uma vez que com relação ao período de descanso durante uma partida, o qual ocorre no intervalo do primeiro para o segundo tempo, de 15 (quinze) minutos(185), *Zainaghi* entende que o § 2º, do art. 71, da CLT, não tem aplicação, já que se trata de intervalo típico da prática desportiva, assemelhando-se ao intervalo previsto no art. 72, que não é deduzido da duração normal do trabalho, ou seja, é computado na jornada de trabalho.(186)

Sendo assim, para os intervalos entre os períodos de treinamento, se realizados pela manhã e à tarde, ou à tarde e à noite, ou ainda pela manhã

---

(185) "Art. 19 — Compete ao árbitro escalado para a partida ou membro do grupo de arbitragem por ele designado:

(...)

c) providenciar para que, aos 15 minutos de intervalo, os atletas de ambas as equipes se apresentem para o segundo tempo da partida.".

CONFEDERAÇÃO BRASILEIRA DE FUTEBOL. *Regulamento Geral das Competições, de 19 de dezembro de 2008.* Disponível em: <http://www.cbf.com.br/destaques/rgc09.pdf>. Acesso em: 6 jan. 2009.

(186) ZAINAGHI, Domingos Sávio. *Nova legislação desportiva:* aspectos trabalhistas. 2. ed. São Paulo: LTr, 2004. p. 25-26.

e à noite, totalizando no mínimo 6 (seis) horas, aplica-se o disposto no art. 71 da CLT, cabendo a penalidade de remunerar o período correspondente com um acréscimo de no mínimo 50% (cinquenta por cento) sobre o valor da remuneração da hora normal de trabalho, conforme disposição do § 4º desse artigo, quando o intervalo para repouso e alimentação não for concedido pelo empregador. Por outro lado, utiliza-se o disposto no art. 72 da CLT, para os casos de intervalos para descanso de curta duração, isto é, de alguns minutos, entre sessões físicas e técnicas durante os treinamentos e entre os dois tempos de uma partida de futebol.

Já no que tange ao intervalo interjornada, para *Zainaghi*, "não existindo norma especial, *v.g.*, regulamentos de competições ou da própria modalidade desportiva, entre uma jornada e outra, inclusive entre partidas, o intervalo será aquele previsto no art. 66 da CLT: *Art. 66. Entre 2 (duas) jornadas de trabalho haverá um período mínimo de 11 (onze) horas consecutivas para descanso.*"[(187)]

Todavia, dever-se-ia entender que 11 (onze) horas é um período muito curto para a recuperação física e psicológica de um atleta. Sendo assim, a fim de resguardar a saúde do atleta, a CBF tem repetido no Regulamento Geral das Competições[(188)], a edição do último data de 19 de dezembro de 2008, uma previsão protetiva aos atletas, contida no art. 85, a qual dispõe que nenhum clube ou atleta profissional poderá disputar partidas sem o intervalo mínimo de 66 (sessenta e seis) horas, regra geral, ou de 44 (quarenta e quatro horas), para os casos de partidas entre clubes de uma mesma cidade ou que distem entre si menos de 150 km (cento e cinquenta quilômetros). Nos casos de nova disputa de partidas suspensas e de partidas de desempate em campeonatos oficiais ou, em casos excepcionais, a Diretoria de Competições da CBF poderá, de forma justificada, autorizar a realização das partidas e a participação de jogadores sem a observância dos intervalos mínimos fixados na norma.[(189)]

---

(187) ZAINAGHI, Domingos Sávio. *Nova legislação desportiva:* aspectos trabalhistas. 2. ed. São Paulo: LTr, 2004. p. 26.

(188) Trata-se de norma administrativa da CBF para as competições cuja organização é da sua competência.

(189) "Art. 85 — Nenhum clube e nenhum atleta profissional poderá disputar partidas sem o intervalo mínimo de 66 horas.

§ 1º — O disposto no presente artigo não se aplica aos casos de nova disputa de partidas suspensas e de partidas de desempate em certames oficiais.

§ 2º — No caso de partidas entre clubes de uma mesma cidade ou que distem entre si menos de 150km, o intervalo entre jogos poderá ser de 44 horas.

§ 3º — Em casos excepcionais a DCO, de forma justificada, poderá autorizar a realização das partidas e a participação de jogadores sem a observância dos intervalos mínimos fixados no presente artigo.

Por fim, explica-se que o atleta não pode se recusar a participar de excursões esportivas, em se tratando de competições dentro ou fora do País, desde que não seja superior a 70 (setenta) dias, nem a permanecer em estado de repouso durante este período, salvo por motivo de saúde ou de comprovada relevância familiar, art. 8º, *caput* e parágrafo único, da Lei n. 6.354/1976[(190)].

3.3. FÉRIAS

Quanto a esse tema, o atleta profissional de futebol tem direito a férias anuais remuneradas de 30 (trinta) dias[(191)], como previsto no art. 25 da Lei n. 6.354/1976, devendo preencher um requisito, que é o de coincidir com o recesso das atividades do futebol, o que geralmente ocorre entre o mês de dezembro de um ano e o mês de janeiro do ano seguinte.[(192)] Nesse dispositivo legal, em seu parágrafo único, há uma vedação quanto ao fato de que durante os 10 (dez) dias subsequentes ao término da temporada, não pode o atleta participar de nenhuma competição com ingressos pagos.[(193)]

O intuito dessa previsão legal é o de logicamente conceder um tempo para que o atleta readquira o condicionamento físico necessário, a fim de poder disputar os torneios da espécie em comento.

Por fim, sabendo que a CLT é aplicável ao contrato de trabalho desportivo, no que tange ao período aquisitivo e concessivo de férias, férias coletivas

---

§ 4º — Para partidas em categorias não profissionais, exceto em competições interestaduais, a autorização a que se refere o § 3º deste artigo, deverá ser dada pela própria federação estadual na qual estejam filiados os clubes interessados.".

CONFEDERAÇÃO BRASILEIRA DE FUTEBOL. *Regulamento Geral das Competições, de 19 de dezembro de 2008.* Disponível em: <http://www.cbf.com.br/destaques/rgc09.pdf>. Acesso em: 6 jan. 2009.

(190) "Art. 8º O atleta não poderá recusar-se a tomar parte em competições dentro ou fora do País, nem a permanecer em estação de repouso, por conta e risco do empregador, nos termos do que for convencionado no contrato, salvo por motivo de saúde ou de comprovada relevância familiar.

Parágrafo único. O prazo das excursões ao exterior não poderá, em hipótese alguma, ser superior a 70 (setenta) dias.".

(191) Pelo silêncio da lei em não discriminar se seriam contados somente os dias úteis, pressupõe-se ser em dias corridos, conforme BARROS, Alice Monteiro de. *Contratos e regulamentações especiais de trabalho:* peculiaridades, aspectos controvertidos e tendências. 2. ed. São Paulo: LTr, 2002. p. 90.

(192) ZAINAGHI, Domingos Sávio. *Nova legislação desportiva:* aspectos trabalhistas. 2. ed. São Paulo: LTr, 2004. p. 62.

(193) "Art. 25 O atleta terá direito a um período de férias anuais remuneradas de 30 (trinta) dias, que coincidirá com o recesso obrigatório das atividades de futebol.

Parágrafo único. Durante os 10 (dez) dias seguintes ao recesso é proibida a participação do atleta em qualquer competição com ingressos pagos.".

e outras especificidades, deve-se atentar para as disposições previstas nos arts. 134 e seguintes[(194)], exceto as que forem incompatíveis com o art. 25

---

(194) "Art. 134 — As férias serão concedidas por ato do empregador, em um só período, nos 12 (doze) meses subsequentes à data em que o empregado tiver adquirido o direito. (Redação dada pelo Decreto-lei n. 1.535, de 13.4.77)

§ 1º — Somente em casos excepcionais serão as férias concedidas em 2 (dois) períodos, um dos quais não poderá ser inferior a 10 (dez) dias corridos. (Incluído pelo Decreto-lei n. 1.535, de 13.4.77)

§ 2º — Aos menores de 18 (dezoito) anos e aos maiores de 50 (cinquenta) anos de idade, as férias serão sempre concedidas de uma só vez. (Incluído pelo Decreto-lei n. 1.535, de 13.4.77)

Art. 135 — A concessão das férias será participada, por escrito, ao empregado, com antecedência de, no mínimo, 30 (trinta) dias. Dessa participação o interessado dará recibo. (Redação dada pela Lei n. 7.414, de 9.12.85)

§ 1º — O empregado não poderá entrar no gozo das férias sem que apresente ao empregador sua Carteira de Trabalho e Previdência Social, para que nela seja anotada a respectiva concessão. (Incluído pelo Decreto-lei n. 1.535, de 13.4.77)

§ 2º — A concessão das férias será, igualmente, anotada no livro ou nas fichas de registro dos empregados. (Incluído pelo Decreto-lei n. 1.535, de 13.4.77)

Art. 137 — Sempre que as férias forem concedidas após o prazo de que trata o art. 134, o empregador pagará em dobro a respectiva remuneração. (Redação dada pelo Decreto-lei n. 1.535, de 13.4.77)

§ 1º — Vencido o mencionado prazo sem que o empregador tenha concedido as férias, o empregado poderá ajuizar reclamação pedindo a fixação, por sentença, da época de gozo das mesmas. (Incluído pelo Decreto-lei n. 1.535, de 13.4.77)

§ 2º — A sentença cominará pena diária de 5% (cinco por cento) do salário mínimo da região, devida ao empregado até que seja cumprida. (Incluído pelo Decreto-lei n. 1.535, de 13.4.77)

§ 3º — Cópia da decisão judicial transitada em julgado será remetida ao órgão local do Ministério do Trabalho, para fins de aplicação da multa de caráter administrativo. (Incluído pelo Decreto-lei n. 1.535, de 13.4.77)

Art. 138 — Durante as férias, o empregado não poderá prestar serviços a outro empregador, salvo se estiver obrigado a fazê-lo em virtude de contrato de trabalho regularmente mantido com aquele. (Redação dada pelo Decreto-lei n. 1.535, de 13.4.77)

Art. 139 — Poderão ser concedidas férias coletivas a todos os empregados de uma empresa ou de determinados estabelecimentos ou setores da empresa. (Redação dada pelo Decreto-lei n. 1.535, de 13.4.77)

(...)

§ 2º — Para os fins previstos neste artigo, o empregador comunicará ao órgão local do Ministério do Trabalho, com a antecedência mínima de 15 (quinze) dias, as datas de início e fim das férias, precisando quais os estabelecimentos ou setores abrangidos pela medida. (Redação dada pelo Decreto-lei n. 1.535, de 13.4. 77)

§ 3º — Em igual prazo, o empregador enviará cópia da aludida comunicação aos sindicatos representativos da respectiva categoria profissional, e providenciará a afixação de aviso nos locais de trabalho. (Incluído pelo Decreto-lei n. 1.535, de 13.4.77)

Art. 140 — Os empregados contratados há menos de 12 (doze) meses gozarão, na oportunidade, férias proporcionais, iniciando-se, então, novo período aquisitivo. (Redação dada pelo Decreto-lei n. 1.535, de 13.4.77)

da Lei n. 6.354/1976, a exemplo das disposições do art. 136 e do § 1º, do art. 139[(195)].

3.4. REMUNERAÇÃO

Primeiramente, cabe ressaltar a distinção entre os termos remuneração e salário, principalmente, para efeito de indenização por descumprimento, rompimento ou rescisão unilateral do contrato de trabalho por uma das partes.

Em poucas palavras, *Nascimento* dá uma ideia da evolução do conceito de salário, dizendo que:

> Com o desenvolvimento da sociedade empresarial, apareceram novas formas. Ampliou-se bastante o âmbito do salário. As causas foram variadas. Os empregadores, por liberalidade, passaram a gratificar os empregados. A necessidade de incentivar o aumento da produtividade levou a Economia a criar várias técnicas para que o trabalhador se sentisse induzido a trabalhar mais e aumentar a produção, o que gerou os prêmios. Para que os trabalhadores vencedores pudessem incrementar as vendas, surgiram as comissões. As leis e as negociações coletivas,

---

Art. 141 — Quando o número de empregados contemplados com as férias coletivas for superior a 300 (trezentos), a empresa poderá promover, mediante carimbo, anotações de que trata o art. 135, § 1º. (Redação dada pelo Decreto-lei n. 1.535, de 13.4.77)

§ 1º — O carimbo, cujo modelo será aprovado pelo Ministério do Trabalho, dispensará a referência ao período aquisitivo a que correspondem, para cada empregado, as férias concedidas. (Incluído pelo Decreto-lei n. 1.535, de 13.4.77)

§ 2º — Adotado o procedimento indicado neste artigo, caberá à empresa fornecer ao empregado cópia visada do recibo correspondente à quitação mencionada no parágrafo único do art. 145. (Incluído pelo Decreto-lei n. 1.535, de 13.4.77)

§ 3º — Quando da cessação do contrato de trabalho, o empregador anotará na Carteira de Trabalho e Previdência Social as datas dos períodos aquisitivos correspondentes às férias coletivas gozadas pelo empregado. (Incluído pelo Decreto-lei n. 1.535, de 13.4.77)".

(195) "Art. 136 — A época da concessão das férias será a que melhor consulte os interesses do empregador. (Redação dada pelo Decreto-lei n. 1.535, de 13.4.77)

§ 1º — Os membros de uma família, que trabalharem no mesmo estabelecimento ou empresa, terão direito a gozar férias no mesmo período, se assim o desejarem e se disto não resultar prejuízo para o serviço. (Redação dada pelo Decreto-lei n. 1.535, de 13.4.77)

§ 2º — O empregado estudante, menor de 18 (dezoito) anos, terá direito a fazer coincidir suas férias com as férias escolares. (Redação dada pelo Decreto-lei n. 1.535, de 13.4.77)

Art. 139 — Poderão ser concedidas férias coletivas a todos os empregados de uma empresa ou de determinados estabelecimentos ou setores da empresa. (Redação dada pelo Decreto-lei n. 1.535, de 13.4.77)

§ 1º — As férias poderão ser gozadas em 2 (dois) períodos anuais desde que nenhum deles seja inferior a 10 (dez) dias corridos. (Redação dada pelo Decreto-lei n. 1.535, de 13.4.77)

(...)".

além da iniciativa patronal, estabeleceram aumentos salariais para o trabalho exercido em condições mais penosas para o trabalhador, surgindo, assim, os adicionais de horas extras, noturnas, de periculosidade, de insalubridade etc. Em épocas de crises, o Estado e, às vezes, alguns empregadores, resolveram dar adiantamentos dos reajustes gerais de salários sob a forma de abonos. Para aqueles que pouco ou nada ganham, as gorjetas foram atraídas para a órbita salarial. E assim sucessivamente.(196)

Conclui o assunto, afirmando que se atomizou o salário, pois ao diversificarem os seus aspectos, passou a ser uma figura com várias formas, e em virtude de ter havido tantas variações, estas escaparam de uma lógica intrínseca. Em razão disso, a teoria jurídica criou a figura da remuneração, a fim de atribuir os efeitos salariais aos inúmeros tipos de pagamentos, independentemente, do seu nome ou causa.(197)

Entende-se por remuneração, para efeitos legais, o disposto no art. 457, §§ 1º, 2º e 3º, da CLT(198).

Constitucionalmente, a remuneração não poderá ser inferior ao salário mínimo, fixado em lei, nacionalmente unificado, e com reajustes periódicos que lhe preservem o poder aquisitivo, conforme disposto no art. 7º, IV, da CF/1988.(199)

---

(196) NASCIMENTO, Amauri Mascaro. *Teoria jurídica do salário.* São Paulo: LTr, 1994. p. 108-109.

(197) *Ibidem*, p. 109.

(198) "Art. 457. Compreendem-se na remuneração do empregado, para todos os efeitos legais, além do salário devido e pago diretamente pelo empregador, como contraprestação do serviço, as gorjetas que receber. (Redação dada pela Lei n. 1.999, de 1.10.53)

§ 1º — Integram o salário não só a importância fixa estipulada, como também as comissões, percentagens, gratificações ajustadas, diárias para viagens e abonos pagos pelo empregador. (Redação dada pela Lei n. 1.999, de 1.10.53)

§ 2º — Não se incluem nos salários as ajudas de custo, assim como as diárias para viagem que não excedam de 50% (cinquenta por cento) do salário percebido pelo empregado. (Redação dada pela Lei n. 1.999, de 1.10.53)

§ 3º — Considera-se gorjeta não só a importância espontaneamente dada pelo cliente ao empregado, como também aquela que for cobrada pela empresa ao cliente, como adicional nas contas, a qualquer título, e destinada a distribuição aos empregados. (Redação dada pelo Decreto-lei n. 229, de 28.2.67)".

(199) "Art. 7º São direitos dos trabalhadores urbanos e rurais, além de outros que visem à melhoria de sua condição social:

(...)

IV — salário mínimo, fixado em lei, nacionalmente unificado, capaz de atender a suas necessidades vitais básicas e às de sua família com moradia, alimentação, educação, saúde, lazer, vestuário, higiene, transporte e previdência social, com reajustes periódicos que lhe preservem o poder aquisitivo, sendo vedada sua vinculação para qualquer fim;".

Portanto, remuneração corresponde a todas as verbas pagas ao atleta diretamente pelo clube enquanto empregado deste no desempenho das atividades desportivas, ou seja, os ganhos de natureza salarial, mais as gorjetas, que são pagas por terceiros e apenas repassadas pelo empregador aos jogadores de futebol.

No Direito Desportivo, não há propriamente a figura da gorjeta, entretanto, para fins legais, equipara-se a esta o valor pago a título de direito de arena. Contudo, trata-se de um tema ainda polêmico.

3.4.1. Ganhos de Natureza Salarial

São ganhos de natureza salarial pagos pelo clube ao atleta: a) as contraprestações mensais; b) o abono de férias; c) os bichos; d) a gratificação natalina; e) as luvas e o direito de imagem, quando fundados em fraude à legislação trabalhista; e f) as demais verbas inclusas no contrato de trabalho.(200)

3.4.1.1. Contraprestações Mensais: Parcela Fixa, Adicional Noturno e Direito de Imagem

No que tange às contraprestações mensais, também conhecidas por *sueldos mensuais*(201), estas são compostas pela importância fixa estipulada e por outras verbas pagas mensalmente, a exemplo do adicional noturno e do direito de imagem que, em casos excepcionais, são devidos ao futebolista, como parte integrante do salário.

Entende-se por importância fixa estipulada, a parcela salarial invariável a que o atleta tem direito todo mês.

Quanto à percepção do adicional por trabalho desempenhado no horário noturno, pelas naturezas intrínsecas de como, onde e quando é praticada a modalidade esportiva do futebol, não seria possível interpretar as disposições celetizada e constitucional, na sua literalidade, como sendo aplicável aos jogadores de futebol.

Trabalho noturno urbano, para o Direito do Trabalho, é o realizado no período que compreende entre as 22 (vinte e duas) horas de um dia e as 5

---

(200) "Art. 457. Compreendem-se na remuneração do empregado, para todos os efeitos legais, além do salário devido e pago diretamente pelo empregador, como contraprestação do serviço, as gorjetas que receber. (Redação dada pela Lei n. 1.999, de 1.10.53)

§ 1º — Integram o salário não só a importância fixa estipulada, como também as comissões, percentagens, gratificações ajustadas, diárias para viagens e abonos pagos pelo empregador. (Redação dada pela Lei n. 1.999, de 1.10.53)

(...)".

(201) CABANELLAS DE TORRES, Guillermo; ESCALANTE, José N. Gómez. *Compendio de derecho laboral.* Tomo I, 4. ed. Buenos Aires: Heliasta, 2001. p. 990.

(cinco) horas do dia seguinte, sendo a hora de trabalho constituída de 52 (cinquenta e dois) minutos e 30 (trinta) segundos, valendo salientar, ainda, que o adicional noturno, para as empresas que não têm habitualidade de labor nesse horário ou em horário misto, será calculado conforme o art. 73, §§ 1º, 2º, 3º, 4º e 5º, da CLT.[(202)]

Os treinos, normalmente, ocorrem durante a semana e no período da manhã e/ou no da tarde, compreendendo das 8h00 às 11h30min e/ou das 14h00 às 17h30min.

Por outro lado, as partidas que são televisionadas, por exemplo, do Campeonato Brasileiro ocorrem, regra geral, se realizadas nas quartas e quintas-feiras (Série A) ou nas terças e sextas-feiras (Série B), no período da noite começando por volta das 19h30min, 20h30min ou 21h45min. E quando realizadas aos sábados (Séries A e B) ou aos domingos (Série A), inicia-se por volta das 16h00, 18h10min ou 20h30.

Para efeito de cálculo e a fim de sanar uma curiosidade, uma partida de futebol tem uma duração, em média, de 1 (uma) hora e 50 (cinquenta) minutos a 2 (duas) horas. Cada partida é constituída de dois tempos de 45 (quarenta e cinco) minutos, mais os acréscimos a critério do árbitro principal, valendo lembrar ainda dos 15 (quinze) minutos de intervalo de um tempo para o outro.

Sendo assim, na pior das hipóteses, uma partida que começa no horário das 21h45min, irá ultrapassar o período compreendido do adicional noturno, em no máximo 2 (duas) horas.

---

(202) "Art. 73 — Salvo nos casos de revezamento semanal ou quinzenal, o trabalho noturno terá remuneração superior à do diurno e, para esse efeito, sua remuneração terá um acréscimo de 20% (vinte por cento), pelo menos, sobre a hora diurna. (Redação dada pelo Decreto-lei n. 9.666, 28.8.46)

§ 1º — A hora do trabalho noturno será computada como de 52 (cinquenta e dois) minutos e 30 (trinta) segundos. (Redação dada pelo Decreto-lei n. 9.666, 28.8.46)

§ 2º — Considera-se noturno, para os efeitos deste artigo, o trabalho executado entre as 22 (vinte e duas) horas de um dia e as 5 (cinco) horas do dia seguinte. (Redação dada pelo Decreto-lei n. 9.666, 28.8.46)

§ 3º — O acréscimo a que se refere o presente artigo, em se tratando de empresas que não mantêm, pela natureza de suas atividades, trabalho noturno habitual, será feito tendo em vista os quantitativos pagos por trabalhos diurnos de natureza semelhante. Em relação às empresas cujo trabalho noturno decorra da natureza de suas atividades, o aumento será calculado sobre o salário mínimo geral vigente na região, não sendo devido quando exceder desse limite, já acrescido da percentagem. (Redação dada pelo Decreto-lei n. 9.666, 28.8.46)

§ 4º — Nos horários mistos, assim entendidos os que abrangem períodos diurnos e noturnos, aplica-se às horas de trabalho noturno o disposto neste artigo e seus parágrafos. (Redação dada pelo Decreto-lei n. 9.666, 28.8.46)

§ 5º — Às prorrogações do trabalho noturno aplica-se o disposto neste Capítulo. (Incluído pelo Decreto-lei n. 9.666, 28.8.1946)".

Resta clara a intenção dos organizadores de competições esportivas, *in casu*, a Confederação Brasileira de Futebol junto às emissoras de televisão, de colocar partidas durante a semana no horário da noite. Torna-se mais cômodo para o telespectador ou ao torcedor que vai ao estádio assistir ao seu clube jogar, colocando-se as partidas nesses horários, visto que muitos já saíram ou estão deixando os seus respectivos locais de trabalho.

Não é o clube que impõe o trabalho noturno ao atleta, mas sim as condições inerentes à profissão, inclusive, cabendo à emissora de televisão estabelecer o horário das partidas para bem atender a sua grade de programação.(203) As vantagens são múltiplas ao atleta profissional que disputa uma partida exibida na televisão aberta, a exemplo do horário das quartas-feiras.(204) É a sua imagem que está sendo divulgada para o mundo. Além disso, é dessa forma que patrocinadores, torcedores e apaixonados pelo futebol têm a possibilidade de assistir à atuação de determinado futebolista. Da mesma forma, tem benefícios por jogar à noite. É mais salutar para um profissional atuar nesse período, a ter de enfrentar os seus adversários em horários matutinos ou vespertinos. O desgaste seria maior. E há também que se ressaltar que o jogador profissional de futebol tem direito à percepção do direito de arena, o qual se trata de uma parcela remuneratória, garantida constitucionalmente, por estar exibindo a sua imagem no espetáculo, conforme o art. 5º, XXVIII, a, da CF/1988(205).

Assim sendo, o legislador constituinte garantiu uma proteção ao desportista profissional que atua em partidas televisionadas. O horário em que o espetáculo será exibido, não modifica o direito a ter essa garantia fundamental protegida. Aquele apenas reservou ao legislador infraconstitucional que assegurasse essa garantia. E a Lei Pelé, no art. 42, § 1º, estabeleceu que:

> Art. 42. Às entidades de prática desportiva pertence o direito de negociar, autorizar e proibir a fixação, a transmissão ou retransmissão de imagem de espetáculo ou eventos desportivos de que participem.

---

(203) DUARTE, Paulo Henrique Bracks. *O contrato de trabalho do atleta profissional de futebol*. 2004. 64 f. Trabalho de Conclusão de Curso — Curso de Direito, Faculdade de Direito Milton Campos, Nova Lima, 2004. p. 29.

(204) Trata-se de uma tradição das emissoras de televisão abertas exibirem, às quartas-feiras, algumas partidas dos campeonatos estaduais ou nacionais, imediatamente após o horário nobre, o qual está compreendido entre as 19h00 e 22h00.

(205) "Art. 5º Todos são iguais perante a lei, sem distinção de qualquer natureza, garantindo-se aos brasileiros e aos estrangeiros residentes no País a inviolabilidade do direito à vida, à liberdade, à igualdade, à segurança e à propriedade, nos termos seguintes:

(...)

XXVIII — são assegurados, nos termos da lei:

a) a proteção às participações individuais em obras coletivas e à reprodução da imagem e voz humanas, inclusive nas atividades desportivas;

(...)".

§ 1º Salvo convenção em contrário, vinte por cento do preço total da autorização, como mínimo, será distribuído, em partes iguais, aos atletas profissionais participantes do espetáculo ou evento.

(...)

Contudo, por igualmente haver previsão constitucional da remuneração do trabalho noturno superior à do diurno, como um direito social dos trabalhadores urbanos, previsto no Art. 7º, IX, da CF/1988[206], há doutrinadores que entendem ser devido o adicional noturno, tal qual *Barros*[207] e *Martins*[208].

Há de se convir que o legislador constituinte não levou em consideração as peculiaridades da atividade do atleta desportista ao redigir a referida garantia do adicional noturno. Trata-se de uma das garantias mínimas incluídas na Constituição Federal de 1988 aos trabalhadores em geral.

Se um atleta profissional de futebol tem direito à percepção do direito de arena pela sua exibição televisionada ou do pagamento do bicho em partidas realizadas em qualquer horário, bastante seria para remunerá-lo nas atuações que ocorrem durante o período previsto para o adicional noturno.

Entretanto, destacam-se duas ressalvas: a) a primeira delas é no que tange às partidas de futebol não televisionadas, mas agendadas para o período referente à percepção do adicional noturno. Ora, é evidente que os benefícios principais nesse caso seriam restritos e/ou condicionados, o que não justificaria colocar partidas nesse horário. Nesse caso, não haveria a possibilidade de se ter uma remuneração diferenciada para o atleta profissional, exceto se a partida em questão foi adquirida por uma emissora de televisão e esta optou por não transmiti-la, ou se o clube paga algo a título de bicho. Portanto, como garantia mínima do empregado, aos que não receberem a retribuição do direito de arena ou do bicho, será devido o adicional noturno; b) a segunda é em relação à realidade fática. Caso torne-se um hábito colocar diversas partidas entre as 22h00 e 5h00, o acontecimento social para a aplicação da norma será outro, ensejando uma revisão desse posicionamento por parte de quem for aplicar o direito. Isto é, deixaria de ser uma exceção para se tornar um costume. Atualmente, são poucas as partidas exibidas,

---

(206) "Art. 7º São direitos dos trabalhadores urbanos e rurais, além de outros que visem à melhoria de sua condição social:

(...)

IX — remuneração do trabalho noturno superior à do diurno;

(...)".

(207) BARROS, Alice Monteiro de. *Contratos e regulamentações especiais de trabalho:* peculiaridades, aspectos controvertidos e tendências. 2. ed. São Paulo: LTr, 2002. p. 88.

(208) MARTINS, Sérgio Pinto. O atleta profissional de futebol e os seus direitos trabalhistas. *Revista de direito do trabalho.* São Paulo: Revista dos Tribunais, ano 26, n. 98, abr./jun., 2000. p. 146.

as quais ultrapassam o horário nobre da televisão. Nesta hipótese, se essa realidade mudasse, a aplicação do direito deveria ser revista, uma vez que a "extensão no espaço e no tempo é que oferece os melhores subsídios para a solução jurídica acertada.", conforme lição de *Catharino*.[(209)]

Sendo assim, cabe ao aplicador do direito, agindo com bom senso, flexibilizar o entendimento da norma constitucional da remuneração diferenciada do horário noturno à do diurno, nas situações em que forem possíveis.

Por outro lado, seguindo o mesmo entendimento de *Zainaghi*[(210)], de não ser devida a remuneração diferenciada do horário noturno superior à do diurno ao jogador profissional de futebol, por exemplo, há precedente nesse sentido durante o período da concentração.[(211)]

Majoritariamente, o entendimento doutrinário e jurisprudencial é de que o atleta não faz jus ao adicional noturno para desempenhar as suas atividades em uma partida de futebol, pelo menos, naquelas concluídas após as 22h00, mas iniciadas aproximadamente nesse horário.

---

(209) CATHARINO, José Martins. *Tratado jurídico do salário.* São Paulo: LTr, 1994. p. 479.

(210) ZAINAGHI, Domingos Sávio. *Nova legislação desportiva:* aspectos trabalhistas. 2. ed. São Paulo: LTr, 2004. p. 59-61.

(211) "ATLETA PROFISSIONAL DE FUTEBOL. HORAS EXTRAS. A concentração para os jogos de futebol constitui uma característica especial do contrato de trabalho do atleta profissional, cuja atividade, por suas peculiaridades, exige controles de alimentação, sono e dispêndio de energia, visando ao melhor desempenho no momento de atuação. A concentração é legalmente admitida, no limite de 3 dias por semana (art. 7º, da Lei n. 6.354/1976), não ensejando o pagamento de horas extras. (...) 3.4. Horas extras e adicional noturno Assevera o recorrente que o tempo, em que o atleta profissional se encontra em concentração, caracteriza-se como à disposição do empregador, razão por que entende fazer jus ao pagamento de horas extras e do adicional noturno. Todavia, não prospera o inconformismo do autor. A concentração constitui uma característica especial do contrato de trabalho do atleta de futebol, cuja profissão, por suas peculiaridades, exige controles de alimentação, sono e dispêndio de energia, visando ao melhor desempenho no momento de atuação. A concentração é legalmente admitida, no limite de 3 dias por semana (art. 7º. da Lei n. 6.354/1976), não ensejando o pagamento de horas extras e de adicional noturno. Ademais, não se desincumbiu o autor do ônus que lhe competia no sentido de provar que tenha estado em concentração por período superior ao autorizado por lei (arts. 818 da CLT e 333, inc. I, do CPC) e que tenha cumprido horários de trabalho superiores a 44 horas semanais até 25.03.2001, data até quando, segundo os arts. 93 e 96 da Lei n. 9.615/98, vigoraram as normas de limitação de horas semanais. Desprovejo. FUNDAMENTOS PELOS QUAIS, ACORDAM os Juízes do Tribunal Regional do Trabalho da Terceira Região, pela sua Terceira Turma, à unanimidade, em não conhecer das contrarrazões do reclamado, por intempestivas, e em conhecer, porém, do recurso do reclamante; no mérito, sem divergência, em dar-lhe provimento parcial para deferir, nos termos da fundamentação, a indenização nos meses em que não foi comprovado o pagamento da remuneração ajustada, fazendo jus o autor, ainda, às diferenças entre o valor ajustado e o recebido naqueles meses em que o pagamento tenha sido efetuado a menor, conforme se apurar na fase de liquidação; em acrescer à condenação o valor de R$1.500,00, com custas de R$30,00, pelo reclamado.". BRASIL. Tribunal Regional do Trabalho da 3ª Região. 3ª Turma. Acórdão em recurso ordinário n. 12.807/2002. Relator: Juiz João Bosco Pinto Lara. DJ, 6 nov. 2002. *TRT3.* Disponível em: <http://www.trt.gov.br/>. Acesso em: 4 jun. 2006.

Entretanto, em casos excepcionalíssimos, existem hipóteses que permitiriam ser devido o adicional noturno, conforme visto. Além daquelas duas hipóteses em relação às partidas de futebol, é possível o empregador estabelecer que as atividades de treinamento dos seus atletas ocorram no horário das 22h00 às 5h00, configurando-se numa prática abusiva, uma vez que há outros horários disponíveis durante o dia para realizar tal atividade desportiva. Nesse caso, o referido adicional, indiscutivelmente, é devido ao atleta.

Por derradeiro, umas das verbas, de entendimento controverso quanto a ter natureza salarial ou não, é a percebida pelo atleta ante a suposta exposição da sua imagem.

No entender do professor *Zainaghi*[(212)], tem natureza salarial a verba recebida pelo atleta em decorrência da licença do seu direito de imagem, pois, "para o jogador de futebol as luvas, os bichos, as gratificações e o 'direito de imagem', constituem-se em salário".

Deve-se atentar para o fato de que só se constituirá em salário a verba intitulada direito de imagem, caso esta não se apresente na forma em que deveria ser proposta originalmente, isto é, com natureza civil, mas que por sofrer um desvio de finalidade, passa a ser reconhecida a natureza trabalhista. Contudo, não é o simples motivo de o pagamento da verba a título de direito de imagem ser realizada pelo empregador que irá descaracterizar a natureza indenizatória da quantia.

Tornou-se prática no meio desportivo, alguns clubes e atletas renomados celebrarem, entre si, contrato de imagem à parte do contrato de trabalho. Como é o caso, principalmente, de vários atletas brasileiros, atuantes no futebol europeu, os quais firmam o citado contrato de natureza civil junto aos seus patrocinadores.

Dito contrato de imagem, que a doutrina prefere chamar por contrato de licença de uso de imagem[(213)] [(214)], quando celebrado entre atleta e qualquer pessoa física ou jurídica, em regra, tem natureza civil.

Contudo, a polêmica recai quando o contrato de licença de uso de imagem é firmado entre o atleta e o seu empregador. Teria ou não natureza trabalhista? É o que será visto a seguir.

---

(212) ZAINAGHI, Domingos Sávio. *Nova legislação desportiva:* aspectos trabalhistas. 2. ed. São Paulo: LTr, 2004. p. 30.

(213) EZABELLA, Felipe Legrazie. *Direito desportivo e a imagem do atleta.* São Paulo: IOB Thomson, 2006. p. 108.

(214) SOARES, Jorge Miguel Acosta. *Direito de imagem e direito de arena no contrato do atleta profissional.* São Paulo: LTr, 2008. p. 82.

O direito de licença de uso de imagem está consubstanciado no art. 5º, incisos V, X e XXVIII, a[(215)], da CF/1988; e no art. 90, incisos I, II, III, IV e V, e §§ 1º e 2º, da Nova Lei de Direitos Autorais[(216)] (Lei n. 9.610, de 19 de fevereiro de 1998).

Os dispositivos constitucionais visam a dar segurança, impondo restrições à propagação da imagem do atleta por parte dos clubes, dos patrocinadores ou quem quer que seja, não importando se é por meio da venda de produtos contendo a imagem do empregado, ou ainda, divulgando-a em sites ou por outros meios de divulgação, cuja propriedade é do próprio jogador. A exposição da imagem, com fins comerciais, só poderia ocorrer mediante a autorização deste, conforme o art. 20 do Código Civil vigente, Lei n. 10.406, de 10 de janeiro de 2002[(217)].

---

(215) "Art. 5º Todos são iguais perante a lei, sem distinção de qualquer natureza, garantindo-se aos brasileiros e aos estrangeiros residentes no País a inviolabilidade do direito à vida, à liberdade, à igualdade, à segurança e à propriedade, nos termos seguintes:

(...)

V — é assegurado o direito de resposta, proporcional ao agravo, além da indenização por dano material, moral ou à imagem;

(...)

X — são invioláveis a intimidade, a vida privada, a honra e a imagem das pessoas, assegurado o direito à indenização pelo dano material ou moral decorrente de sua violação;

(...)

XXVIII — são assegurados, nos termos da lei:

a) a proteção às participações individuais em obras coletivas e à produção da imagem e voz humanas, inclusive nas atividades desportivas;

(...)".

(216) "Art. 90. Tem o artista intérprete ou executante o direito exclusivo de, a título oneroso ou gratuito, autorizar ou proibir:

I — a fixação de suas interpretações ou execuções;

II — a reprodução, a execução pública e a locação das suas interpretações ou execuções fixadas;

III — a radiodifusão das suas interpretações ou execuções, fixadas ou não;

IV — a colocação à disposição do público de suas interpretações ou execuções, de maneira que qualquer pessoa a elas possa ter acesso, no tempo e no lugar que individualmente escolherem;

V — qualquer outra modalidade de utilização de suas interpretações ou execuções.

§ 1º Quando na interpretação ou na execução participarem vários artistas, seus direitos serão exercidos pelo diretor do conjunto.

§ 2º A proteção aos artistas intérpretes ou executantes estende-se à reprodução da voz e imagem, quando associadas às suas atuações.".

(217) "Art. 20. Salvo se autorizadas, ou se necessárias à administração da justiça ou à manutenção da ordem pública, a divulgação de escritos, a transmissão da palavra, ou a publicação, a exposição ou a utilização da imagem de uma pessoa poderão ser proibidas, a seu requerimento e sem prejuízo da indenização que couber, se lhe atingirem a honra, a boa fama ou a respeitabilidade, ou se se destinarem a fins comerciais.".

Quanto ao direito de imagem, complementando a matéria, assim entendem *Bastos* e *Martins*, *ipsis litteris*:

> Pode-se ainda acrescentar uma outra modalidade desse direito, consistente em não ser a sua imagem distorcida por um processo malévolo de montagem.
>
> O problema delicado que tal direito suscita é que muitas pessoas vivem da sua imagem e consequentemente estão, por decorrência da sua própria profissão, colocadas em um nível de exposição pública que não é próprio das pessoas comuns.
>
> É curial, portanto, que essas pessoas que profissionalmente estão ligadas ao público, a exemplo dos políticos, não possam reclamar um direito de imagem com a mesma extensão daquele conferido aos particulares não comprometidos com a publicidade. Isso não quer dizer que essas pessoas estejam sujeitas a ser filmadas ou fotografadas sem o seu consentimento em lugares não públicos, portanto privados, e flagradas em situações não das mais adequadas para o seu aparecimento.
>
> (...)
>
> Há que se fazer referência àquelas situações em que o indivíduo se encontra em restaurantes, casas noturnas, bares, hotéis e motéis, em que o público e o particular se entrelaçam de maneira quase que inextrincável. É lógico que os lugares citados são públicos, na medida em que são de acesso livre a todos. Portanto, quem os frequenta está *a priori* abrindo mão do seu direito de privacidade. Isso não quer dizer contudo que esteja querendo chamar para si os holofotes da publicidade.
>
> Destarte, temos para nós que fere o direito à intimidade e à imagem o entrevistarem-se pessoas nesses locais, levando-as para o ar por meio da televisão, do rádio ou da imprensa escrita. É um direito, pois, que existe de as pessoas frequentarem certos lugares com os riscos normais de serem vistas e reconhecidas por aqueles que os frequentam. Não é razão o fato de lá se encontrarem para se tornar involuntariamente objeto de publicidade.(218)

Nesse viés, clubes e atletas costumam firmar um contrato de licença de uso da imagem à parte do contrato de trabalho, condicionando este à extinção do primeiro, isto é, enquanto o segundo se mantiver vigente.

---

(218) BASTOS, Celso Ribeiro; MARTINS, Ives Gandra da Silva. *Comentários à Constituição do Brasil:* promulgada em 5 de outubro de 1988. v. 2, 3. ed. rev. e atual. São Paulo: Saraiva, 2004. p. 69-72.

Além disso, regra geral, as convenções de ambos os contratos são realizadas com prazos de duração idênticos, cujos valores das parcelas mensais a serem adimplidas a título de salário são claramente inferiores em relação àquelas a título de direito de imagem, e pouca ou nenhuma publicidade da imagem do jogador vinculada à do clube é aproveitada. Deve-se salientar que esse não aproveitamento parcial ou total não define a fraude, mas sugere fortes indícios da presença desta.(219)

Sobre essa prática fraudulenta, *Soares* afirma que:

> Nos últimos anos assistiu-se a um aumento dos casos de jogadores de futebol que, ao serem contratados pelos clubes, assinam paralelamente ao contrato de trabalho um "contrato de cessão de Direito de Imagem", ou, como ficou mais comum no jargão da categoria, um "contrato de imagem". Em geral, esse contrato é assinado entre a agremiação desportiva empregadora e uma pessoa jurídica, de propriedade do atleta, aberta para essa finalidade, que cede os direitos de imagem deste, durante o tempo que vigorar o contrato de trabalho. O paralelismo e a imbricação entre os dois instrumentos — contrato de trabalho e 'contrato de imagem' — são inegáveis.
>
> (...)
>
> O desequilíbrio e a desproporção entre a obrigação do clube e a do atleta evidenciam o caráter fraudulento da contratação. Por meio deste suposto 'contrato de imagem' a maior parte da remuneração dos atletas é paga como se fosse apenas uma obrigação civil, em tentativa de descaracterizar sua natureza trabalhista. A atividade profissional do jogador dentro do gramado, que o notabiliza, dá-lhe fama e prestígio, percebe um pagamento muitas vezes inferior ao pagamento da sua imagem.
>
> Além da ausência de qualquer obrigação para o atleta, entre os pagamentos de seu contrato de trabalho e o 'contrato de imagem', há um terceiro elemento que evidencia o caráter fraudulento dessa contratação, a não utilização da imagem do atleta por parte do clube que recebe a licença para seu uso. Todas as vezes que as agremiações desportivas foram demandadas em juízo, sobre o 'contrato de imagem' assinado em paralelo com o contrato de trabalho, não conseguiram provar a utilização dessa imagem contratada em qualquer campanha, publicidade ou assemelhado. Os clubes contratam, pagam, mas não utilizam a imagem do jogador para qualquer fim.(220)

---

(219) SOARES, Jorge Miguel Acosta. *Direito de imagem e direito de arena no contrato do atleta profissional.* São Paulo: LTr, 2008. p. 87-88.

(220) *Ibidem*, p. 81-87.

Todavia, enquanto em vigor os contratos de trabalho e o de imagem, nem o clube, nem tampouco o empregado insurge-se contra o fato de ter pactuado o dito contrato de natureza civil, com nítidas feições de um contrato de natureza trabalhista. Somente quando da rescisão do contrato laboral, é que o atleta pleiteia junto à Justiça do Trabalho, e não à Justiça Comum, por meio de ação própria, a integração da verba percebida, mascaradamente, a título de direito de imagem, ao cálculo do montante das verbas rescisórias.(221)

Conclui-se que, de acordo com o art. 9º, da CLT(222), e em nome do princípio da primazia da realidade(223), tais contratos simulados, desde que celebrados em fraude à lei, são nulos, se o propósito foi o de desvirtuar a aplicação da legislação trabalhista, subsistindo apenas o que se dissimulou, desde que seja válido na substância e na forma, conforme o art. 167, § 1º, II, do Código Civil.(224)

A intenção dos clubes que buscam esse tipo de contratação ilícita é muito bem descrita por *Soares*, quando este assevera que:

> Os clubes tentaram reduzir seus custos, mas a folha salarial tornou-se um problema insolúvel, visto que os parâmetros das contratações

(221) "Atleta profissional. Contrato de licença de uso de imagem. Competência da Justiça Especializada que abrange as ações oriundas da relação de trabalho e outras controvérsias dela decorrentes. O disposto no art. 42 da Lei n. 9.615/98 não tem o condão de descaracterizar a natureza salarial de verba paga em decorrência de ajuste de exploração da imagem do empregado, desvinculando-o do contrato de trabalho. Aplicáveis os princípios de proteção ao hipossuficiente, eis que prevalentes sobre o pacto meramente acessório do contrato de trabalho, imperando a regra geral de que vantagens econômicas habitualmente adicionadas ao contrato integram-no e qualificam-se como salariais.". BRASIL. Tribunal Regional do Trabalho da 2ª Região. 7ª Turma. Acórdão em recurso ordinário n. 1.030/2003. Relator: Desembargador Luiz Antônio M. Vidigal, Revisor: Desembargador Luiz Carlos Norberto. DOESP, 24 mar. 2006. *TRT2*. Disponível em: <http://www.trt2.gov.br/>. Acesso em: 4 jun. 2006.

(222) "Art. 9º — Serão nulos de pleno direito os atos praticados com o objetivo de desvirtuar, impedir ou fraudar a aplicação dos preceitos contidos na presente Consolidação."

(223) Para Plá Rodriguez, citando De La Cueva, a aplicação do princípio da primazia da realidade ao contrato de trabalho deve atender a ideias afins, porém, distinguíveis. Cita-se, primeiramente, que, para pretender a proteção do Direito do Trabalho, não basta alegar a existência do contrato, deve-se demonstrar a efetiva prestação de serviço; outra ideia é no sentido de que, em matéria trabalhista, há de se exaltar sempre a verdade dos fatos sobre os acordos formais. DE LA CUEVA, Mario *apud* PLÁ RODRIGUEZ, Américo. *Princípios de direito do trabalho.* Tradução de Wagner D. Giglio. 3. ed. atual. São Paulo: LTr, 2000. p. 341.

(224) "Art. 167. É nulo o negócio jurídico simulado, mas subsistirá o que se dissimulou, se válido for na substância e na forma.

§ 1º Haverá simulação nos negócios jurídicos quando:

(...)

II — contiverem declaração, confissão, condição ou cláusula não verdadeira;

(...)".

eram dados pela realidade do exterior. Uma das soluções adotadas foi reproduzir aqui o instituto da licença do uso de imagem dos jogadores, sem contudo atentar que a realidade brasileira era completamente diferente daquela vivida pelos clubes europeus. Tentando reduzir os gastos começou-se a utilizar o 'contrato de imagem', instrumento que em nada guarda semelhança com a licença que é feita no exterior. Os jogadores, no momento da contratação, passaram a assinar outro documento, o 'contrato de imagem', quase como um acessório do contrato de trabalho. Sua finalidade essencial, desde que começou a ser largamente utilizado, foi dividir a remuneração do jogador em duas partes que, supostamente, teriam naturezas distintas. Assim, passaram a conviver, lado a lado, o contrato de trabalho, com sua natureza salarial, e o 'contrato de imagem', cuja natureza aparentemente seria cível. O primeiro entre o clube e o atleta, em que este recebe uma pequena parte da remuneração, e sobre a qual recaem todos os encargos trabalhistas e fiscais. O segundo, assinado geralmente entre a agremiação e uma pessoa jurídica especialmente aberta para esse fim, cujos pagamentos são isentos de tributos e reflexos trabalhistas, lançados apenas como despesas.(225)

Nesse sentido, com relação à ocorrência de fraudes no ordenamento jurídico vigente, a exemplo das ocorridas no meio desportivo, assim assevera *Süssekind*:

Em toda comunidade, durante a história da civilização, apareceram, como surgirão sempre, pessoas que procuram fraudar o sistema jurídico em vigor, seja pelo uso malicioso e abusivo do direito de que são titulares, seja pela simulação de atos jurídicos, tendente a desvirtuar ou impedir a aplicação da lei pertinente, seja, enfim, por qualquer outra forma que a má-fé dos homens é capaz de arquitetar. Por isto mesmo, inúmeros são os atos praticados por alguns empregadores inescrupulosos visando a impedir a aplicação dos preceitos de ordem pública consagrados pelas leis de proteção ao trabalho. E, em alguns casos, os próprios trabalhadores, premidos pela coação econômica ou pelo poder hierárquico do respectivo empregador, ou, ainda, pelo desconhecimento da legislação aplicável, participam do ajuste estipulado em fraude à lei.(226)

Vale ressaltar ainda que não se pretende afirmar ser impossível o atleta perceber quaisquer indenizações a título de direito de imagem. Pode, porém,

(225) SOARES, Jorge Miguel Acosta. *Direito de imagem e direito de arena no contrato do atleta profissional.* São Paulo: LTr, 2008. p. 85.

(226) SÜSSEKIND, Arnaldo *et al. Instituições de direito do trabalho.* v. I, 15. ed. atual. por Arnaldo Süssekind e João de Lima Teixeira Filho. São Paulo: LTr, 1995. p. 223.

desde que a convenção entre as partes não esteja fundada em fraude às leis trabalhistas, nem também, inclusive, às tributárias e previdenciárias[(227)]. Realizada dessa maneira, não haveria óbice legal algum, por se tratar de uma garantia constitucional inerente à pessoa.

Nesse viés, e a respeito da boa utilização da licença do uso da imagem do atleta pelo seu clube, *Silva* conclui que, em virtude da importância da mídia para o futebol, caberia às entidades de prática desportiva, através de administrações competentes e estratégias de *marketing*, saber aproveitar melhor a imagem de seus atletas, a exemplo do que ocorre, atualmente, nos grandes e médios clubes europeus.[(228)]

Sendo assim, cabe ao órgão julgador competente analisar cada caso, acuradamente, a fim de gerar o seu convencimento, determinando qual a natureza de cada contrato, ou seja, se de natureza civil ou, em caso de fraude, de natureza trabalhista, incorporando a parcela do direito de imagem ao salário.

3.4.1.2. Abono de Férias

Entende-se por abono de férias, o direito que o empregado tem de requerer a conversão de 1/3 (um terço) correspondente ao período de férias em abono pecuniário, incidente no valor da remuneração que lhe seria devida nos dias correspondentes, desde que essa conversão tenha sido solicitada até 15 (quinze) dias antes do término do período aquisitivo. Em caso de concessão de férias coletivas, essa conversão só poderá ser realizada se através de acordo coletivo entre o clube e o sindicato representativo da respectiva categoria profissional, independentemente de requerimento individual para ser concedido o abono, conforme o *caput* e os §§ 1º e 2º, do art. 143, da CLT.[(229)]

---

(227) Soares, no intuito de esclarecer como se daria essa prática ilegal, elabora um cálculo demonstrativo baseado em uma hipótese de criação sua. Para maiores detalhes, veja-se SOARES, Jorge Miguel Acosta. *Direito de imagem e direito de arena no contrato do atleta profissional.* São Paulo: LTr, 2008. p. 88-90.

(228) SILVA, Helder Sá. *A natureza jurídica do contrato de cessão de uso da imagem do jogador profissional de futebol.* 2008. 24 f. Trabalho de Conclusão de Curso — Curso de Direito, Centro Universitário Jorge Amado, Salvador, 2008. p. 22.

(229) "Art. 143 — É facultado ao empregado converter 1/3 (um terço) do período de férias a que tiver direito em abono pecuniário, no valor da remuneração que lhe seria devida nos dias correspondentes. (Redação dada pelo Decreto-lei n. 1.535, de 13.4.77)

§ 1º — O abono de férias deverá ser requerido até 15 (quinze) dias antes do término do período aquisitivo. (Incluído pelo Decreto-lei n. 1.535, de 13.4.77)

§ 2º — Tratando-se de férias coletivas, a conversão a que se refere este artigo deverá ser objeto de acordo coletivo entre o empregador e o sindicato representativo da respectiva categoria profissional, independendo de requerimento individual a concessão do abono. (Incluído pelo Decreto-lei n. 1.535, de 13.4.77)

(...)".

A Lei Pelé explicitamente se refere ao abono de férias como parte integrante do salário nas hipóteses do clube que atrasa as parcelas de natureza salarial ou o recolhimento do FGTS e das contribuições previdenciárias do atleta, conforme as disposições previstas no *caput* e §§ 1º e 2º, do art. 31[230], por se tratar de uma punição, para efeitos de cálculo da multa rescisória.

3.4.1.3. Bichos

Quanto aos bichos pagos aos atletas, para Barros, essa terminologia tem origem "com as primeiras apostas sobre o futebol profissional quando este iniciava e guarda uma correlação com o chamado jogo do bicho".[231]

Nesse mesmo sentido, *Silva* citando *Catharino*, explica que tal nomenclatura surgiu:

> nos primórdios do profissionalismo esportivo, guardando a relação, que o nome sugere, com o jogo do bicho. Ocorre que os atletas ainda amadores recebiam dinheiro com a vitória e para justificar a quantia que recebiam, diziam que a mesma advinha da prática desse popular jogo de azar; como o nome tornou-se popular, passou a fazer parte do cenário desportivo.[232]

No que tange à natureza jurídica dessa verba, ao se estudar a lição de *Catharino*, pode-se afirmar que se trata de uma gratificação, uma vez que:

> A palavra *gratificação* guarda ainda hoje o significado latino de *prêmio ou recompensa*. Quem gratifica pratica ato espontâneo porque emanado de sua livre vontade. Ora, assim sendo, é claro que as *gratificações verdadeiras* não integram o salário do empregado, como obrigação prin-

---

(230) "Art. 31. A entidade de prática desportiva empregadora que estiver com pagamento de salário de atleta profissional em atraso, no todo ou em parte, por período igual ou superior a três meses, terá o contrato de trabalho daquele atleta rescindido, ficando o atleta livre para se transferir para qualquer outra agremiação de mesma modalidade, nacional ou internacional, e exigir a multa rescisória e os haveres devidos.

§ 1º São entendidos como salário, para efeitos do previsto no *caput*, o abono de férias, o décimo terceiro salário, as gratificações, os prêmios e demais verbas inclusas no contrato de trabalho.

§ 2º A mora contumaz será considerada também pelo não recolhimento do FGTS e das contribuições previdenciárias.

(...)".

(231) BARROS, Alice Monteiro de. *Contratos e regulamentações especiais de trabalho:* peculiaridades, aspectos controvertidos e tendências. 2. ed. São Paulo: LTr, 2002. p. 80.

(232) CATHARINO, José Martins *apud* SILVA, Itatiara Meurilly Santos. *Aspectos relevantes sobre o contrato de trabalho do atleta profissional.* Revista Jus Vigilantibus, 3 jun. 2008. Disponível em: <http://jusvi.com/arts/33778/3>. Acesso em: 11 fev. 2009.

cipal do empregador. Por isto mesmo quando se falar em *gratificação — salário* estar-se-á usando uma expressão imprópria que encerra uma contradição *in termino*.[233]

O que se quis afirmar é que o termo gratificação, na sua acepção originária, significa um prêmio dado ao trabalhador, em que as características de liberalidade e espontaneidade se destacam. Portanto, esse ato de benevolência só poderia ser considerado uma verba de natureza salarial, se houvesse, por parte do empregador, fatores que tornassem a obrigação de dar a recompensa, algo costumeiro, e que, por consequência, gerasse essa obrigatoriedade de pagar a gratificação ao empregado, habitualmente.

Nesse viés, haveria de se distinguir as gratificações próprias, das impróprias, pois as primeiras não teriam natureza salarial, em virtude de serem pagas, espontaneamente, mas as últimas sim, visto que surgiriam do acordo de vontade das partes, tornando o pagamento obrigatório. E para se saber se há obrigatoriedade ou não no adimplemento da gratificação imprópria, deve-se analisar se o acordo é expresso ou tácito.[234]

Sobre o assunto, *Catharino* leciona que há que se levar em consideração vários fatores principais e inúmeros secundários, a fim de se descobrir se a gratificação constitui ou não uma verba de natureza salarial, tacitamente, ajustado, dentre os quais destaca que:

> O primeiro é o de que ela tem origem, *remota ou próxima*, na própria prestação de trabalho pertinente a contrato oneroso e comutativo. As gratificações, por seus característicos peculiares, podem não revelar um nexo causal flagrante e direto com o trabalho prestado, mas é evidente que, na grande maioria dos casos, se não fôsse o contrato de trabalho entre quem paga e quem recebe as gratificações, estas não existiriam. Esta circunstância, aliás, *estabelece a presunção de que as gratificações nunca constituem doação pura*, mas, por outro lado, não autoriza que se as considere, leviana e apressadamente, como típica contraprestação de trabalho. (...)
>
> O segundo dos fatores importantes para a determinação da natureza jurídica das gratificações é o de serem *habitualmente* pagas.
>
> O terceiro elemento principal, a ser levado em conta para a solução do problema, reside na verificação *se a concessão das gratificações tem origem em costume de ordem geral ou particular*. Finalmente, além dos fatores citados, outros existem, de ordem prática, capazes de influenciarem o julgamento sobre o caráter obrigatório de 'gratificações' não expressamente ajustadas.[235]

---

(233) CATHARINO, José Martins. *Tratado jurídico do salário*. São Paulo: LTr, 1994. p. 464.

(234) *Ibidem*, p. 464-465.

(235) *Ibidem*, p. 466-467.

Sobre o terceiro elemento principal, *Catharino* afirma que se pode compreender o costume em sentido amplo ou restrito, mas jamais relacionado a apenas um empregado. Se a gratificação resultar de norma usual de determinada empresa, configura-se um uso particular ou restrito. Contudo, quando a origem é o costume seguido de certa atividade empresária ou profissão, dever-se-á considerá-lo geral ou amplo.(236)

Futebolisticamente falando, o pagamento desse prêmio é realizado ao empregado, geralmente, pelas vitórias e pelos empates conquistados nas partidas, como forma de compensar os esforços dos atletas, possuindo nítido caráter retributivo, e integrando o rol das verbas de natureza salarial, quando realizado com habitualidade. Há, inclusive, precedente nesse sentido.(237)

Nesse mesmo viés, é a jurisprudência federal, a exemplo da Súmula n. 207 do Supremo Tribunal Federal(238), e da Súmula n. 152 do Tribunal Superior do Trabalho(239).

Diante do exposto, a recompensa conhecida por bicho tem natureza salarial, uma vez que é costume de ordem geral dos clubes, cada empregador pagar com habitualidade esse prêmio aos seus atletas como incentivo nas partidas. Além disso, por haver o uso de dar essa gratificação, após o bom desempenho da equipe nos jogos, é gerado nos atletas, de certa forma, o dever de procurar dar o melhor de si, em busca do objetivo previamente traçado.

Por fim, deve-se atentar para o que está previsto no art. 24 da Lei n. 6.354/1976, o qual dispõe que não pode o empregador pagar, a título de incentivo em cada jogo, bichos superiores à remuneração mensal do empregado.(240)

---

(236) CATHARINO, José Martins. *Tratado jurídico do salário.* São Paulo: LTr, 1994. p. 475.

(237) "ATLETA PROFISSIONAL — PRÊMIOS 'BICHO'. O prêmio (popularmente conhecido por 'bicho') pago, habitualmente, ao atleta profissional, após cada vitória e cada empate, tem eminente cunho salarial, independentemente da variação de seu valor e da liberalidade.". BRASIL. Tribunal Regional do Trabalho da 3ª Região. 1ª Turma. Acórdão em recurso ordinário n. 12.051/1999. Relator: Juiz Manuel C. Rodrigues. DJMG, 4 fev. 2000. *TRT3.* Disponível em: <http://www.trt.gov.br/>. Acesso em: 4 jun. 2006.

(238) "*Súmula 207* AS GRATIFICAÇÕES HABITUAIS, INCLUSIVE A DE NATAL, CONSIDERAM-SE TACITAMENTE CONVENCIONADAS, INTEGRANDO O SALÁRIO.". BRASIL. Supremo Tribunal Federal. Súmula n. 207, 13 dez. 1963. *STF.* Disponível em: <http://www.stf.jus.br/portal/jurisprudencia/listarJurisprudencia.asp?s1=207.NUME.%20NAO%20S.FLSV.&base=baseSumulas>. Acesso em: 4 jun. 2006.

(239) "*N. 152 GRATIFICAÇÃO. AJUSTE TÁCITO (mantida) — Res. 121/2003, DJ 19, 20 e 21.11.03* O fato de constar do recibo de pagamento de gratificação o caráter de liberalidade não basta, por si só, para excluir a existência de ajuste tácito (ex-Prejulgado n. 25). Histórico: Redação original — RA 102/1982, DJ 11.10.1982 e DJ 15.10.82 *N. 152 O fato de constar do recibo de pagamento de gratificação o caráter de liberalidade não basta, por si só, para excluir a existência de um ajuste tácito (ex-Prejulgado n. 25).*". BRASIL. Tribunal Superior do Trabalho. Resolução n. 121/2003. DJ 19, 20 e 21 nov. 2003. *TST.* Disponível em: <http://www.trt.gov.br/>. Acesso em: 4 jun. 2006.

(240) "Art. 24 É vedado à associação empregadora pagar, como incentivo em cada partida, prêmios ou gratificações superiores à remuneração mensal do atleta.".

3.4.1.4. Luvas

Sobre as luvas, primeiramente, é importante salientar que o termo tem a sua origem no Direito Civil, graças ao antigo e já revogado Decreto n. 24.150, de 20 de abril de 1934, também conhecido por Lei de Luvas. *Silva* explica que este termo, de existência polêmica no direito de locação atual, advém do fato de que o pretendente ou locatário sempre estava obrigado a dar uma importância em dinheiro, além do aluguel pactuado, para ter a preferência da locação.(241)

A natureza jurídica das luvas, tal qual a dos bichos, é de gratificação, uma vez que visa premiar o atleta que está aceitando mudar de empregador, cuja mudança enseja, muitas vezes, a necessidade de se transferir de um município, estado ou, até mesmo, país, para outro, isto é, deverá se adaptar a uma nova cultura, condição climática, entre outras situações. A própria mudança de clube pode ser salientada, visto que as estruturas financeira e administrativa, de cada agremiação desportiva, são bastante díspares. Além da mudança de ambiente de trabalho, esse prêmio serve também para recompensá-lo pelos serviços prestados ao longo da carreira. Quanto mais importante for o jogador, para os meios futebolísticos, quantias relevantes serão pagas a título de luvas.

Para o Direito Desportivo, luvas é a quantia paga ao atleta pelo seu clube, na forma do que for convencionado, pela assinatura do pacto laboral.(242) Também conhecido por *prémio de assinatura*(243), *Catharino*, citado por *Barros*, afirma que as luvas podem ser pagas tanto em dinheiro, quanto em títulos ou bens, ou ainda, em automóveis.(244) Quando em dinheiro, podem ser pagas em sua totalidade no ato da contratação, ou em parcelas sucessivas, havendo de ser levado em consideração a eficiência e os atributos do atleta antes de firmar o pacto laboral com o clube.

Contudo, além do caso de mora contumaz do empregador, apenas o pagamento parcelado sucessivamente em meses é que poderia caracterizar essa gratificação como parcela salarial, pois há clubes que ofertam contratos

---

(241) SILVA, Américo Luís Martins da. A cobrança de luvas na locação comercial. *Juristas,* João Pessoa, ano II, n. 43, 2005. Disponível em: <http://www.juristas.com.br/a_698~p_1~A-Cobrança-de-Luvas-na-Locação-Comercial>. Acesso em: 7 set. 2006.

(242) Art. 12 Entende-se por luvas a importância paga pelo empregador ao atleta, na forma do que for convencionado, pela assinatura do contrato.

(243) PORTUGAL. Tribunal da Relação de Coimbra. Acórdão em apelação n. 1226/04.3TTCBR.C1. Relator: Dr. Azevedo Mendes. DJ, 25 jan. 2007. *JTRC.* Disponível em: <http://www.dgsi.pt/jtrc.nsf/c3fb530030ea1c61802568d9005cd5bb/87e8e3cf663983 6d8025727c004e7b3b?OpenDocument>. Acesso em: 21 ago. 2006.

(244) CATHARINO, José Martins *apud* BARROS, Alice Monteiro de. *Contratos e regulamentações especiais de trabalho:* peculiaridades, aspectos controvertidos e tendências. 2. ed. São Paulo: LTr, 2002. p. 80.

de trabalho aos jogadores de futebol, atribuindo parte do pagamento da contraprestação fixa mensal no valor das luvas, no intuito de desvirtuar o adimplemento do salário. Trata-se de uma prática semelhante à do pagamento da verba a título de direito de imagem.

Apenas se houvesse tal desvirtuamento no pagamento mensal das luvas é que estas poderiam ter natureza salarial, para todos os efeitos legais, uma vez que estariam repetindo um ato que deveria ser espontâneo, mas passaria a ser obrigatório, em virtude da fraude. No que tange ao adimplemento das gratificações em que há comprovada reiteração no pagamento destas, *Nascimento*, com uma ressalva ao final da lição, afirma que:

> Por influência dos usos e costumes, as gratificações tornaram-se uma tradição. Os empregadores repetiram o ato espontâneo que passou, assim, a entrar nos quadros normais da relação de emprego. Essa reiteração criou, para o empregado, uma expectativa de contar com o valor correspondente nos seus ingressos econômicos. Desse modo, a gratificação, gradativamente, transformou-se. O empregado passou a exigi-la, sempre que habitual. Sensível ao aspecto econômico, a legislação trabalhista passou a considerar o que era antes uma liberalidade, uma verdadeira obrigação do empregador. Assim, as gratificações constituem uma modalidade de salário. Porém, ainda há controvérsias quanto à exata caracterização das gratificações salariais.[245]

As controvérsias existem, pois não é em todos os casos que ocorre fraude à legislação trabalhista. Portanto, o atleta deve tomar alguns cuidados quando da negociação das luvas de maneira parcelada.

Primeiramente, deve ficar atento para que o período escolhido para o parcelamento mensal das luvas não seja superior ao estipulado para a duração do seu contrato de trabalho. A precaução, nesse caso, é em virtude da prática de alguns empregadores de incluir no montante desse prêmio de assinatura, o que seria devido no valor da importância fixa mensal, reduzindo este valor, substancialmente.

Portanto, se as luvas forem convencionadas por um período superior ao da vigência do pacto laboral, o prejuízo só será notado, por exemplo, quando o empregado necessitar ir ao Poder Judiciário para buscar a resolução deste pacto, por mora contumaz do empregador, conforme dispõe o art. 31, *caput* e §§ 1º, 2º e 3º, da Lei Pelé.[246] Essa preocupação é relevante, pois, conforme

(245) NASCIMENTO, Amauri Mascaro. *Teoria jurídica do salário.* São Paulo: LTr, 1994. p. 246.

(246) "Art. 31. A entidade de prática desportiva empregadora que estiver com pagamento de salário de atleta profissional em atraso, no todo ou em parte, por período igual ou superior a três meses, terá o contrato de trabalho daquele atleta rescindido, ficando o atleta livre para se transferir para qualquer outra agremiação de mesma modalidade, nacional ou internacional, e exigir a multa rescisória e os haveres devidos.

previsto no § 3º, ao rescindir o contrato por esse motivo, será devido, como indenização ao atleta, o valor da multa rescisória, calculada com base no art. 479 da CLT.(247) Prevê esta norma que a indenização ao empregado será a metade da remuneração a que teria direito até o termo do contrato. E já que o § 1º, do art. 31, da Lei Pelé contemporiza que as gratificações e os prêmios são entendidos como salário para os fins previstos no *caput* do mesmo artigo, então o jogador só poderia cobrar em Juízo o valor das luvas, cujo pagamento das parcelas mensais sucessivas coincidisse com o período da vigência do contrato de trabalho. As parcelas excedentes ficariam exclusas da incidência, não só da multa rescisória, mas também das demais verbas rescisórias a que tivesse direito.

Quanto a outro cuidado que o atleta deve tomar, destaca-se a necessidade de se precaver também para que o valor das luvas não seja estipulado de maneira excessiva, em detrimento do seu salário, pelos mesmos motivos expostos anteriormente. Nesse sentido, invoca-se, mais uma vez, a lição de *Catharino*, pois:

> Quando o salário pròpriamente dito é pequeno e a "gratificação" é elevada, fica fortalecida a convicção que esta deriva de obrigação assumida pelo patrão, embora a ela queira se furtar. Quando isto se dá, muitas vêzes é até flagrante a fraude grosseira ao salário.(248)

Portanto, a gratificação conhecida por luvas terá natureza salarial quando pactuada mensalmente e em fraude à legislação trabalhista ou quando da aplicação do art. 31, § 1º, da Lei Pelé, integrando a remuneração para todos os efeitos legais.

No entanto, as decisões dos órgãos da Justiça do Trabalho, quando atribuem natureza salarial às luvas, não costumam fazer essa distinção entre pagamento mensal, em parcela única e em poucas parcelas, conforme pode ser visualizado em precedente do Tribunal Regional do Trabalho da 4ª Região (TRT4).(249)

---

§ 1º São entendidos como salário, para efeitos do previsto no *caput*, o abono de férias, o décimo terceiro salário, as gratificações, os prêmios e demais verbas inclusas no contrato de trabalho.

§ 2º A mora contumaz será considerada também pelo não recolhimento do FGTS e das contribuições previdenciárias.

§ 3º Sempre que a rescisão se operar pela aplicação do disposto no *caput* deste artigo, a multa rescisória a favor do atleta será conhecida pela aplicação do disposto no art. 479 da CLT. (Redação dada pela Lei n. 10.672, de 2003)".

(247) "Art. 479 — Nos contratos que tenham termo estipulado, o empregador que, sem justa causa, despedir o empregado será obrigado a pagar-lhe, a título de indenização, e por metade, a remuneração a que teria direito até o termo do contrato.".

(248) CATHARINO, José Martins. *Tratado jurídico do salário.* São Paulo: LTr, 1994. p. 478.

(249) "LUVAS. NATUREZA SALARIAL. As luvas, valor recebido pelo atleta profissional de futebol pela assinatura do contrato, tem natureza salarial devendo integrar a remuneração do empregado

3.4.1.5 Gratificação Natalina

No que diz respeito à gratificação natalina, isto é, ao 13º (décimo terceiro) salário, por falta de menção na legislação específica desportiva, aplica-se o disposto nas normas aplicadas aos trabalhadores em geral.

Catharino leciona que é tão comum a tendência atual de conduzir as gratificações para a órbita das obrigações como responsabilidade dos empregadores, que, em certos países, é a própria lei quem assim o determina.(250)

Sendo assim, trata-se de um direito garantido, constitucionalmente, o qual deve ser pago, com base na remuneração total ou no valor da aposentadoria, até o dia 20 do mês de dezembro de cada ano, de maneira proporcional, à razão de 1/12 (um doze avos) por mês de serviço, do respectivo ano corrente. Para tanto, considera-se mês integral de serviço, o período igual ou superior a quinze dias (art. 7º, VIII, da CF/1988(251); art. 1º, *caput*, e §§ 1º, 2º e 3º, I e II, da Lei n. 4.090, de 13 de julho de 1962(252); e art. 1º, *caput*, da Lei n. 4.749, de 12 de agosto de 1965(253)).

---

para todos os efeitos legais. Recurso do reclamado a que se nega provimento. EMENTA: HONORÁRIOS DE ASSISTÊNCIA JUDICIÁRIA. Não estando os reclamantes assistidos por advogado credenciado pelo sindicato da categoria a que pertencem e ainda, sendo a declaração de pobreza firmada por advogado sem poderes para tanto, não fazem jus ao percebimento de honorários de assistência judiciária, a teor do disposto no art. 14 da Lei n. 5.584/70 e Enunciado 219 do C. TST." BRASIL. Tribunal Regional do Trabalho da 4ª Região. 2ª Turma. Acórdão em recurso ordinário n. 01741.521/96-3. Relatora: Juiz José Antônio Pereira de Souza. DJRS, 30 ago. 1999. **TRT4**. Disponível em: <http://www.trt4.gov.br/>. Acesso em: 4 jun. 2006.

(250) CATHARINO, José Martins. *Tratado jurídico do salário.* São Paulo: LTr, 1994. p. 484.

(251) "Art. 7º São direitos dos trabalhadores urbanos e rurais, além de outros que visem à melhoria de sua condição social:

(...)

VIII — décimo terceiro salário com base na remuneração integral ou no valor da aposentadoria;

(...)".

(252) "Art. 1º — No mês de dezembro de cada ano, a todo empregado será paga, pelo empregador, uma gratificação salarial, independentemente da remuneração a que fizer jus.

§ 1º — A gratificação corresponderá a 1/12 avos da remuneração devida em dezembro, por mês de serviço, do ano correspondente.

§ 2º — A fração igual ou superior a 15 (quinze) dias de trabalho será havida como mês integral para os efeitos do parágrafo anterior.

§ 3º — A gratificação será proporcional: (Incluído pela Lei n. 9.011, de 1995)

I — na extinção dos contratos a prazo, entre estes incluídos os de safra, ainda que a relação de emprego haja findado antes de dezembro; e (Incluído pela Lei n. 9.011, de 1995)

II — na cessação da relação de emprego resultante da aposentadoria do trabalhador, ainda que verificada antes de dezembro. (Incluído pela Lei n. 9.011, de 1995)".

(253) "Art. 1º — A gratificação salarial instituída pela Lei número 4.090, de 13 de julho de 1962, será paga pelo empregador até o dia 20 de dezembro de cada ano, compensada a importância que, a título de adiantamento, o empregado houver recebido na forma do artigo seguinte.".

Para fins de cálculo da penalidade prevista no art. 31 da Lei Pelé, o legislador infraconstitucional incluiu no § 1º desse dispositivo, como parcela de natureza salarial, a gratificação natalina.[254]

3.4.2. Gorjetas

De acordo com *Martins*, a gorjeta (art. 457, § 3º, da CLT[255]), vem da "palavra *gorja*, de garganta, no sentido de dar de beber, com significado equivalente à propina".[256]

A gorjeta tem por natureza jurídica o caráter de retribuição, a qual é feita por terceiros, estes, alheios à relação jurídica do empregado com o empregador.

Como exemplo de gorjeta, no Direito Desportivo brasileiro, tem-se, por equiparação[257], o direito de arena. Já quanto às malas preta e branca, de entendimento polêmico se é lícito ou não o repasse da verba percebida, explicação mais cautelosa será explanada adiante, para fins de equiparação à gorjeta, se possível for.

3.4.2.1. Direito de Arena

Preliminarmente, quanto ao termo direito de arena, cabe anotar o significado do termo arena. E sobre esse assunto assim explica *Zainaghi*:

> Quanto ao direito de arena, assim nos pronunciamos:
>
> 'Arena é palavra latina que significa areia. O termo é usado nos meios esportivos, tendo em vista que, na antiguidade, no local onde os gladiadores se enfrentavam, entre si ou com animais ferozes, o piso era coberto de areia.

---

(254) "Art. 31. A entidade de prática desportiva empregadora que estiver com pagamento de salário de atleta profissional em atraso, no todo ou em parte, por período igual ou superior a três meses, terá o contrato de trabalho daquele atleta rescindido, ficando o atleta livre para se transferir para qualquer outra agremiação de mesma modalidade, nacional ou internacional, e exigir a multa rescisória e os haveres devidos.

§ 1º São entendidos como salário, para efeitos do previsto no *caput*, o abono de férias, o décimo terceiro salário, as gratificações, os prêmios e demais verbas inclusas no contrato de trabalho.

(...)".

(255) "Art. 457 — Compreendem-se na remuneração do empregado, para todos os efeitos legais, além do salário devido e pago diretamente pelo empregador, como contraprestação do serviço, as gorjetas que receber. (Redação dada pela Lei n. 1.999, de 1.10.53)

(...)

§ 3º — Considera-se gorjeta não só a importância espontaneamente dada pelo cliente ao empregado, como também aquela que for cobrada pela empresa ao cliente, como adicional nas contas, a qualquer título, e destinada a distribuição aos empregados. (Redação dada pelo Decreto-lei n. 229, de 28.2.1967)".

(256) MARTINS, Sérgio Pinto. *Direito do trabalho.* 12. ed. São Paulo: Atlas, 2000. p. 223-224.

(257) "*EQUIPARAÇÃO*. 1. Na *linguagem jurídica* em geral, é a) o ato ou efeito de equiparar, de igualar, comparando, ou de tornar igual; b) igualação. (...)". DINIZ, Maria Helena. *Dicionário jurídico.* v. 2. São Paulo: Saraiva, 1998. p. 355.

O inciso XXVIII, letra a, do art. 5º da Constituição Federal dispõe: 'É assegurada a proteção, nos termos da lei, às participações individuais em obras coletivas e à reprodução da imagem e voz humanas, inclusive nas atividades desportivas'."[258]

Nesse sentido, após ter sido explanada a questão polêmica acerca da possibilidade de se firmar um contrato de licença de uso de imagem à parte em relação ao contrato de trabalho, poderia o leitor confundir os conceitos de direito de arena e de direito de imagem. De certa forma, à primeira vista, cabível tal confusão.

Contudo, são dois institutos jurídicos diferentes. Enquanto que, pela doutrina, o direito de arena está contemporizado pelo art. 42, *caput*, da Lei Pelé[259], e art. 5º, XXVIII, alínea a, da Carta Magna, o direito de imagem está previsto na CF/1988, conforme o disposto no art. 5º, V, X e XXVIII, alínea a.[260]

A diferença crucial mencionada pela doutrina está na titularidade de cada direito. Enquanto que a titularidade do direito de arena pertence à coletividade, representada pela entidade de prática desportiva dos atletas profissionais participantes do espetáculo, quanto ao direito de imagem, a titularidade é dos atletas de forma individual, independentemente de ser profissional ou não, por se tratar de direito de personalidade[261]. Vale ressaltar que o direito de arena é espécie do qual o direito de imagem é gênero.

---

(258) ZAINAGHI, Domingos Sávio. *Nova legislação desportiva:* aspectos trabalhistas. 2. ed. São Paulo: LTr, 2004. p. 30.

(259) "Art. 42. Às entidades de prática desportiva pertence o direito de negociar, autorizar e proibir a fixação, a transmissão ou retransmissão de imagem de espetáculo ou eventos desportivos de que participem.".

(260) "Art. 5º Todos são iguais perante a lei, sem distinção de qualquer natureza, garantindo-se aos brasileiros e aos estrangeiros residentes no País a inviolabilidade do direito à vida, à liberdade, à igualdade, à segurança e à propriedade, nos termos seguintes:

(...)

V — é assegurado o direito de resposta, proporcional ao agravo, além da indenização por dano material, moral ou à imagem;

(...)

X — são invioláveis a intimidade, a vida privada, a honra e a imagem das pessoas, assegurado o direito à indenização pelo dano material ou moral decorrente de sua violação;

(...)

XXVIII — são assegurados, nos termos da lei:

a) a proteção às participações individuais em obras coletivas e à produção da imagem e voz humanas, inclusive nas atividades desportivas;

(...)".

(261) EZABELLA, Felipe Legrazie. *Direito desportivo e a imagem do atleta*. São Paulo: IOB Thomson, 2006. p. 147.

O direito de arena é, basicamente, uma retribuição recebida pelo atleta profissional, pela exposição comercial da sua voz e imagem, durante o desempenho da principal atividade desportiva, isto é, a de disputar uma partida de futebol.

É notório que as empresas televisivas auferem rendimentos através da divulgação de reportagens, matérias jornalísticas, imagens audiovisuais, entre outras, reproduzidas graças às personalidades do mundo do futebol. Nesse sentido, *Barros* assim ensina sobre o direito de arena:

> Em consequência, a exploração econômica das imagens do esporte modificou sobremaneira as relações entre os protagonistas do espetáculo desportista e os meios audiovisuais. O "desportista profissional" é o ator do espetáculo desportista e sua imagem é essencial e inevitável. Surge em função dessa atuação o direito do desportista participar do preço, da autorização, da fixação, transmissão ou retransmissão do espetáculo esportivo público com entrada paga, ao qual se denomina direito de arena.
>
> O direito de arena é reconhecido pela doutrina como um "direito conexo", "vizinho" dos direitos autorais e também ligado ao direito à imagem do atleta. Ele é garantido aos desportistas e lhes assegura uma "regalia pelas transmissões radiofônicas e/ou televisivas de suas atuações públicas sobre a base da originalidade e da criatividade de suas destrezas pessoais, que não são meras informações periódicas".(262)

Ainda analisando a citação supra, destaca-se que o direito de arena é reconhecido pela doutrina como um direito conexo dos direitos autorais, uma vez que foi a antiga Lei de Direitos Autorais, Lei n. 5.988/1973, em seus arts. 100 e 101, que estabeleceu pela primeira vez as bases de tal instituto(263).

Entretanto, *Ezabella* explica que o fato de a antiga Lei de Direitos Autorais regulamentar o instituto do direito de arena provocou inúmeras críticas de *Moraes*, *Ascensão*, *Chinelato* e *Almeida*, porquanto no entendimento deles,

---

(262) BARROS, Alice Monteiro de. *Contratos e regulamentações especiais de trabalho:* peculiaridades, aspectos controvertidos e tendências. 2. ed. São Paulo: LTr, 2002. p. 85.

(263) "Art. 100. À entidade a que esteja vinculado o atleta, pertence o direito de autorizar, ou proibir, a fixação, transmissão ou retransmissão, por quaisquer meios ou processos de espetáculo desportivo público, com entrada paga.

Parágrafo único. Salvo convenção em contrário, vinte por cento do preço da autorização serão distribuídos, em partes iguais, aos atletas participantes do espetáculo.".

"Art. 101. O disposto no artigo anterior não se aplica à fixação de partes do espetáculo, cuja duração, no conjunto, não exceda a três minutos para fins exclusivamente informativos, na imprensa, cinema ou televisão.".

atletas não são autores, artistas, intérpretes ou executantes. Nem também há, no espetáculo desportivo, produto intelectual semelhante à obra ou à execução artística(264).

Ezabella complementa o assunto, citando *Chaves*, o coautor do projeto de lei que deu origem à Lei de Direitos Autorais, de 1973, dizendo que esse doutrinador "reconheceu que tal lei não era a mais adequada para tutelar o direito de arena, porém, ponderava que o desempenho dos grandes atletas aproxima-se ao de verdadeiros artistas"(265). Salienta-se, aqui, que é comparada apenas uma parcela dos futebolistas aos verdadeiros artistas, isto é, os grandes atletas.

Já *Silva*, sobre o assunto, afirma que:

> Não foge ao sentido a analogia formulada entre o jogador de futebol e o artista, embora, em nossa opinião, não possa o atleta ser comparado em igualdade de condições profissionais ao artista, pois sua atividade está mais voltada para a competição, para a prova, do que para o espetáculo, na essência do seu significado. Apesar disso, no imaginário social, a posição de ambos não se distancia tanto.(266)

No âmbito do Direito Desportivo, foi com a Lei Zico, Lei n. 8.672/1993, em seu art. 24, *caput* e §§ 1º e 2º(267), que o direito de arena foi tutelado pela primeira vez. Assim sendo, por existir uma lei mais específica tratando do referido instituto do Direito Desportivo, os retromencionados arts. 100 e 101, da antiga Lei de Direitos Autorais, perderam a sua importância.

Posteriormente, a nova Lei de Direitos Autorais, Lei n. 9.610/1998, deixou de tutelar o instituto do direito de arena e coube ao legislador desportivo readaptar o disposto na Lei Zico para o que hoje está previsto na Lei n. 9.615/1998, no art. 42, *caput* e §§ 1º, 2º e 3º(268).

---

(264) MORAES, Walter; ASCENSÃO, José de Oliveira; CHINELATO E ALMEIDA, Silmara J. A. *apud* EZABELLA, Felipe Legrazie. *Direito desportivo e a imagem do atleta.* São Paulo: IOB Thomson, 2006. p. 145.

(265) CHAVES, Antônio *apud* EZABELLA, Felipe Legrazie. *Direito desportivo e a imagem do atleta.* São Paulo: IOB Thomson, 2006. p.145.

(266) SILVA, Eduardo Augusto Viana da. *O poder, a sociedade e o estado:* o poder no desporto. Rio de Janeiro: Lumen Juris, 2006. p. 515.

(267) "Art. 24. Às entidades de prática desportiva pertence o direito de autorizar a fixação, transmissão ou retransmissão de imagem de espetáculo desportivo de que participem.

§ 1º Salvo convenção em contrário, vinte por cento do preço da autorização serão distribuídos, em partes iguais, aos atletas participantes do espetáculo.

§ 2º O disposto neste artigo não se aplica a flagrantes do espetáculo desportivo para fins exclusivamente jornalísticos ou educativos, cuja duração, no conjunto, não exceda de três minutos.".

(268) "Art. 42. Às entidades de prática desportiva pertence o direito de negociar, autorizar e proibir a fixação, a transmissão ou retransmissão de imagem de espetáculo ou eventos desportivos de que participem.

Explicando, primeiramente, o que está disposto no § 2º, do art. 42, da Lei Pelé, admitindo-se que, por exemplo, uma transmissão televisiva de uma partida de futebol tenha duração total prevista para 90 (noventa) minutos, não poderia ser gratuita uma reprodução resumida desse espetáculo, seja de forma jornalística ou educativa, que ultrapassasse 3 (três) minutos extraídos daquele total.

Quanto ao § 3º, do art. 42, a Lei Pelé é exemplificativa ao dizer que o espectador, pagante do espetáculo, seja aquele que adquire o direito de assistir a uma partida de futebol pela televisão, ou, diretamente, indo ao estádio, ou ainda, por qualquer outro meio, será equiparado à figura do consumidor prevista no art. 2º, da Lei n. 8.078/1990[(269)].

Agora analisando o instituto do direito de arena em si, pelo que está contemporizado na legislação e doutrina desportivas, é devida a parcela de 20% (vinte por cento) extraída do preço total da autorização, como mínimo, a qual será distribuída, em partes iguais, aos atletas profissionais participantes de cada partida de um determinado campeonato, salvo convenção em contrário, desde que a estipulação diferenciada seja razoável para ambas as partes. Esse percentual é justamente a expressão utilizada pelo legislador na designação de tal verba.

Ao se afirmar que percentual do preço total da autorização será repassada aos atletas profissionais, de forma igualitária, não se está diante de uma indenização individual a cada jogador por sua participação na partida de futebol, e sim de uma parcela remuneratória, isto é, de natureza retributiva, por terem contribuído com o espetáculo, visando à proteção da sua voz e imagem. Reforça-se este entendimento, inclusive, com decisão judicial.[(270)]

---

§ 1º Salvo convenção em contrário, vinte por cento do preço total da autorização, como mínimo, será distribuído, em partes iguais, aos atletas profissionais participantes do espetáculo ou evento.

§ 2º O disposto neste artigo não se aplica a flagrantes de espetáculo ou evento desportivo para fins, exclusivamente, jornalísticos ou educativos, cuja duração, no conjunto, não exceda de três por cento do total do tempo previsto para o espetáculo.

§ 3º O espectador pagante, por qualquer meio, de espetáculo ou evento desportivo equipara-se, para todos os efeitos legais, ao consumidor, nos termos do art. 2º da Lei n. 8.078, de 11 de setembro de 1990."

(269) "Art. 2º Consumidor é toda pessoa física ou jurídica que adquire ou utiliza produto ou serviço como destinatário final.

Parágrafo único. Equipara-se a consumidor a coletividade de pessoas, ainda que indetermináveis, que haja intervindo nas relações de consumo."

(270) "Insurge-se a agremiação reclamada quanto à condenação ao pagamento de diferenças de 13º salário proporcional, pelo cômputo da parcela "direito de arena", cuja natureza salarial foi reconhecida pelo julgador de primeiro grau. Alega que o art. 42 da Lei n. 9.615/98, que disciplina o "direito de arena" a ser alcançado aos atletas profissionais participantes do espetáculo — no caso, partida de futebol —, possui uma ressalva quanto à possibilidade das partes contratantes disporem

Além da natureza retributiva, tem também natureza coletiva, cuja titularidade de negociação pertence ao clube, em nome próprio e de seus atletas profissionais.

Vale lembrar, mais uma vez, que o atleta profissional de futebol é empregado, portanto, sujeito às normas do Direito do Trabalho, bem assim o clube que o remunera é o seu empregador, conforme disposto nos arts. 1º e 2º, da Lei n. 6.354/1976[(271)].

Poucos são os atletas futebolistas que se podem considerar artistas. Não são todos os jogadores de futebol que sabem aplicar um drible descon-

---

de forma diversa quanto a essa modalidade de remuneração. Defende a natureza indenizatória da parcela, relativa ao uso da imagem do atleta. Aduz a impossibilidade de apurar-se a exatidão do percentual ditado pela lei para o rateio, além de a participação de cada jogador em cada jogo variar muito, podendo jogar apenas um minuto na partida. Sustenta, ainda, que a contratação do direito de imagem regulamenta outras iniciativas e exigências do atleta, com participação em eventos de marketing do clube, onde sequer estaria exercendo a atividade de jogar futebol, o que demonstraria a real natureza da contraprestação. Assim, diz que a prova documental conforta os termos da defesa, razão pela qual os créditos decorrentes da cessão da imagem do recorrido não tem natureza salarial, e como tal não podem integrar a base de cálculo do 13º salário proporcional. Razão não assiste à recorrente. (...) Depreende-se do texto legal transcrito, a partir da análise de seu *caput* e § 1º, que as agremiações esportivas têm o direito de negociar, autorizar e proibir o uso de imagem de seus atletas contratados, podendo dispor de modo contrário à lei quanto à fixação do percentual a ser pago aos contratantes. Essa conclusão é retirada pela simples leitura da letra da lei. Destarte, não prospera a alegação da recorrente quanto às partes poderem fixar a natureza diversa da parcela, que é reconhecidamente salarial, pela doutrina e jurisprudência pátria. O que lhes é facultada é a fixação de percentual diverso do direito de arena em questão; todavia, as importâncias pagas aos atletas detém caráter retributivo ao serviço prestado, não havendo de se cogitar em caráter reparatório a algum dano causado pelo empregador. Nesse sentido é a lição de João de Lima Teixeira Filho (*in Instituições de Direito do Trabalho*, 19. ed., vol. 2, São Paulo, LTr, 2000, p. 1.031): '*Inovação introduzida na Lei n. 8.672/93* (Lei Zico, revogada pela Lei 9.615/98, Lei Pelé) *foi a garantia do direito de arena ao atleta que participa de um jogo cuja imagem é transmitida por televisão, devidamente comercializada. Como o interesse pelas transmissões depende do desempenho do atleta ou da equipe que integra, portanto resulta de sua prestação de serviços, a natureza salarial dessa prestação é induvidosa. A condicionalidade a que está subordinada afasta a possibilidade de sua integração* ad perpetuam *ao salário básico, mas não frustra, se e enquanto paga, repercussões salariais sobre o cálculo do 13º salário, férias, FGTS e demais direitos cuja base de incidência é o complexo remuneratório*'." BRASIL. Tribunal Regional do Trabalho da 4ª Região. 8ª Turma. Acórdão em recurso ordinário n. 00551.022/01-9. Relatora: Juíza Beatriz Brun Goldschmidt. DJRS, 7 out. 2002. *TRT4.* Disponível em: <http://www.trt4.gov.br/>. Acesso em: 4 jun. 2006.

(271) "Art. 1º Considera-se empregador a associação desportiva que, mediante qualquer modalidade de remuneração, se utilize dos serviços de atletas profissionais de futebol, na forma definida nesta Lei.

Art. 2º Considera-se empregado, para os efeitos desta Lei, o atleta que praticar o futebol, sob a subordinação de empregador, como tal definido no art. 1º mediante remuneração e contrato, na forma do artigo seguinte."

certante[272] ou desarme perfeito[273], muito menos, os que conseguem operar um belo movimento de voleio[274] ou de bicicleta[275]. Falta também a alguns atletas outras características como, por exemplo, o carisma. Não é à toa que um atleta que tem uma ou mais dessas características é regional, nacional ou, até mesmo, mundialmente famoso.

Há partidas em que determinado atleta nem parece que entrou em campo para disputar o jogo, visto que é possível que toque na bola poucas vezes ou participe muito pouco das armações de jogadas da equipe. Por outro lado, deve-se atentar para o fato de que existem funções dentro de campo, nas quais não se exige elevada apuração técnica do atleta, mas apenas que saiba desempenhar bem a função que lhe é designada. Sendo assim, considerar que os mínimos atos de ofício efetuados pelos atletas durante uma partida são suficientes para determiná-los como artistas, estar-se-ia abrindo precedente para que outras profissões pudessem ser consideradas artísticas também, sem exceções.

Artistas serão "todos aqueles profissionais indicados, e outros ainda que possam ser acrescidos ao rol meramente exemplificativo da lei, *mas que revelem, na sua atuação, dotes criadores que personalizem a sua interpretação*".[276]

Ao se considerar um famoso jogador de futebol um artista intérprete, torna-se possível traçar um paralelo entre ambos "sob um duplo aspecto: preliminarmente, como criador e autor de sua interpretação, e como trabalhador intelectual, no âmbito do Direito do Trabalho". Portanto, acerca do artista intérprete, afirma-se que:

> como trabalhador intelectual que é, pode ser sujeito de direitos de natureza trabalhista, no âmbito de um contrato de trabalho, porém na qua-

---

(272) O drible consiste no recurso que tem o jogador para, utilizando-o, poder passar mantendo a posse da bola pelo seu adversário. Normalmente, o drible vem acompanhado de movimentos corporais os quais atrapalham o raciocínio do oponente, dificultando-o na tentativa de recuperar a bola. O drible desconcertante é aquele que o adversário, além de não conseguir recuperar a posse de bola e, portanto, não conseguir impedir a passagem do seu oponente, ainda tem de assisti-lo fazer movimentos corporais humilhantes, o que muitas vezes o faz perder o equilíbrio e, ao tropeçar nele mesmo, acabar indo de encontro ao chão.

(273) Chama-se desarme o ato praticado pelo atleta ao recuperar a posse de bola, por tê-la tomado de seu adversário. É perfeito quando este último não tem chances de tomá-la novamente.

(274) Movimento malabarístico realizado numa fração de segundos, em que o atleta salta para cima, virando o corpo na posição horizontal, e estica a perna lateralmente a fim de, alcançando a bola, executar o chute.

(275) Verdadeiro lance acrobático em que o jogador, tendo atrás de si o gol adversário, salta, e, de costas para o chão, chuta a bola por cima da cabeça, conforme BARBEIRO, Heródoto; RANGEL, Patrícia. *Manual do jornalismo esportivo.* São Paulo: Contexto, 2006. p. 129.

(276) CHAVES, Antônio. *Direitos conexos:* atualizado de acordo com a nova Lei de Direitos Autorais, n. 9.610, de 19 de fevereiro de 1998. São Paulo: LTr, 1999. p. 47.

lidade de intérprete, autor e criador de sua interpretação, enquanto tal, o direito que lhe é próprio por força da criatividade que o seu trabalho envolve, é um direito que não se confunde com os direitos de natureza trabalhista que lhe possam assistir, eis que, sendo diverso o fundamento desse direito, diversa há que ser a sua natureza jurídica.[277]

Diante do exposto, aos atletas-artistas[278] intérpretes e/ou executantes, tanto a verba referente ao direito de arena, quanto a referente ao direito de imagem, àqueles são devidas. Uma não exclui a outra e nem se trataria de *bis in idem*, caso fosse o mesmo clube, o devedor de ambas as verbas. Por exemplo, um atleta que participa de determinada partida irá receber certa quantia a título de direito de arena por parte de seu clube. Supõe-se que esse atleta é a estrela do time, já que dribla bem, faz belos gols, executa recuperações de bola perfeitas e/ou pratica outra jogada emocionante. Se o seu empregador edita e comercializa, durante um mês, um vídeo com os melhores momentos desse atleta, extraídos da partida, hipoteticamente, idealizada, cuja finalidade é a de convocar a torcida para comparecer aos demais jogos, com mais regularidade, a agremiação desportiva deverá ainda indenizá-lo pela exposição da sua imagem com fins comerciais.

Tal verba indenizatória, a título de direito de imagem, tem natureza civil, portanto, excluída do contrato de trabalho, que nas palavras de *Jessen*, citado por *Chaves*:

> Trata-se de um contrato *sui generis*, de natureza civil, que tem algo de locação de serviços e algo de compra e venda sem situar-se em nenhuma dessas duas classificações. Este contrato prevê que a gravação é propriedade do produtor que se obriga a pagar ao artista, pela interpretação nela incorporada, um *royalty* sobre as cópias que se vendam.
>
> Esta retribuição é geralmente percentual, e oscila segundo a popularidade e importância do artista, porém raramente ultrapassa a 5% sobre

---

(277) CAMPOS SILVEIRA, Edy de *apud* CHAVES, Antônio. *Direitos conexos:* atualizado de acordo com a nova Lei de Direitos Autorais, n. 9.610, de 19 de fevereiro de 1998. São Paulo: LTr, 1999. p. 56-57.

(278) O artista é identificável pelos seus dotes artísticos. Basta ser mencionada alguma característica marcante que é facilmente lembrado. Têm-se como exemplos clássicos de jogadores de futebol brasileiro que podem ser considerados artistas: Carlos Alberto, o eterno Capitão; Denílson do drible moleque; Didi da folha-seca; Domingos da Guia, o Divino Mestre; Edmundo, o Animal; Falcão, o rei romano; Gérson, a canhota tricampeã; Leônidas da Silva, o Diamante Negro; Roberto Carlos do míssil arrasador; Romário, o sabe-tudo da bola, o rei da pequena área; Ronaldo, mais que fenômeno; Tostão, o ouro de Minas; Zizinho, o mestre dos mestres; entre outros. Para maiores detalhes, veja-se FALCÃO, Antonio. *Os artistas do futebol brasileiro.* Recife: Nossa Livraria, 2006. p. 37-212.

> o preço de público, que equivale a cerca de 7% do valor de venda pelo produtor ao retalhista. O hábito de fixar o *royalty* sobre o preço de público é uma herança do passado, quando cabia ao produtor determinar-lhe o montante...
>
> Certos intérpretes, porém, preferem um pagamento único, percebendo no ato da gravação uma quantia substancial que desobriga o produtor de prestações de contas subsequentes. Outros optam pela mescla dos dois sistemas, seja embolsando adiantamentos por conta das quantias que a venda vier a produzir, seja recebendo uma soma inicial e fixando um *royalty* menor sobre as vendas.
>
> Os músicos acompanhantes e os regentes são remunerados com um cachê fixo e único, normalmente ajustados com a entidade classista a que pertencem.[279]

No exemplo hipotético supracitado, quanto ao último direito referido, isto é, o direito de imagem, haveria de ser pago um *royalty*[280] pela comercialização da imagem do atleta, por ser um direito pessoal deste. Ao contrário do primeiro direito citado, o direito de arena, o qual visa remunerar o jogador profissional, como retribuição por participar do espetáculo, por exemplo, transmitido ao vivo pela televisão, ou seja, em tempo real. Nesse caso, para uma maior segurança jurídica do empregado, caberia a este firmar um contrato de natureza cível com o clube, dissociado do contrato de trabalho, a fim de que estivesse previsto naquele contrato a discriminação do objeto a ser comercializado, o meio, o prazo, a forma de pagamento a que tem direito, entre outras obrigações.

Quanto ao direito de arena, se não fosse esse o entendimento para essa verba, qual seria e como se justificaria o dano à voz ou à imagem que o atleta estaria sofrendo, passível de uma indenização? Estar-se-ia realmente sofrendo algum dano? Ou, pelo contrário, estaria o jogador tendo a sua imagem valorizada por estar dispondo de uma oportunidade de aparecer e ter seu nome divulgado na televisão ou em outro meio possível de transmissão de uma partida?

O inciso XXVIII, a, do art. 5º, da CF/1988, apenas trata da proteção, dando a entender a ideia de prevenção para que não ocorra uma lesão. Enquanto este inciso menciona o termo proteção, nos outros dois incisos constitucionais, que também tratam do instituto do direito de imagem, previstos no

---

(279) JESSEN, Henry *apud* CHAVES, Antônio. *Direitos conexos:* atualizado de acordo com a nova Lei de Direitos Autorais, n. 9.610, de 19 de fevereiro de 1998. São Paulo: LTr, 1999. p. 398.

(280) "ROYALTY. *Termo inglês.* Valor que se cobra pelo uso de patente de invenção, marca de indústria ou comércio e assistência técnica, científica ou administrativa de origem estrangeira (Othon Sidou).". DINIZ, Maria Helena. *Dicionário jurídico.* v. 4. São Paulo: Saraiva, 1998. p. 224.

art. 5º, o inciso V e o inciso X, o Constituinte originário utilizou a expressão indenização, cuja intenção é a de garantir, para esses casos, um futuro ressarcimento de uma lesão ocorrida.

Todavia, *Ezabella* é um dos defensores da natureza civil do instituto do direito de arena e toma como argumentos, o fato de que:

a) esse direito visa impedir que terceiros, sem a devida autorização, divulguem a imagem do atleta profissional participante de competições, com fins econômicos;(281)

b) trata-se de um direito com caráter de natureza indenizatória, tendo em vista toda a evolução histórica do instituto, isto é, a legislação que trouxe o instituto para o mundo jurídico foi a Lei n. 5.988/1973 (antiga Lei de Direitos Autorais), o que reforçaria a natureza civilista do instituto;(282)

c) ao se afirmar que o direito de arena tem a mesma natureza jurídica das gorjetas, deve-se contrariar a tese defendida por *Zainaghi* e pela jurisprudência pátria, visto que as gorjetas, no Brasil, citando Nascimento, são facultativas, ao contrário do direito de arena que é obrigatório por força de lei, e servem para o trabalhador completar seu pecúlio, por receber de seu empregador salários ínfimos, melhorando a sua subsistência, em contraposição ao direito de arena que não é composto por quantias ínfimas;(283)

d) a verba auferida a título de direito de arena, não advém da relação empregatícia, e sim da exposição coletiva da imagem no espetáculo.(284)

Acerca da menção de *Ezabela* de que *Nascimento* entende as gorjetas como facultativas, parece estar equivocada, pois este, citando *Plá Rodriguez*, *Ollier* e *Cabanellas de Torres*, leciona que:

> Predomina a tese salarial, afirmando, *Plá Rodriguez*, que qualquer que venha a ser a posição adotada, o certo é que a gorjeta deve ser levada em conta no cálculo do salário. É a conclusão também de *Pierre Ollier* com base no direito da França, sustentando que 'facultativas ou obrigatórias (majoração de faturas), elemento principal, exclusivo ou subsidiário da remuneração, elas são sempre consideradas pelo legislador

(281) EZABELLA, Felipe Legrazie. *Direito desportivo e a imagem do atleta*. São Paulo: IOB Thomson, 2006. p. 155.

(282) *Ibidem*, p. 153-154.

(283) NASCIMENTO, Amauri Mascaro *apud* EZABELLA, Felipe Legrazie. *Direito desportivo e a imagem do atleta*. São Paulo: IOB Thomson, 2006. p. 158.

(284) EZABELLA, Felipe Legrazie. *Op. cit.*. p. 159.

e pela jurisprudência, como constituindo um salário com todas as consequências dessa implicação. Pouco importa a qualificação dada pelo empregador'. Quando concorrem as características de habitualidade e estabilidade, diz *Cabanellas*, e se presume que as partes, ao contratar, consideraram a gorjeta como parte do salário, 'não há como negar-lhe essa índole'.[(285)]

E Nascimento, ao comentar acerca das duas formas de gorjeta, espontânea e compulsória, complementa dizendo que:

> As duas formas estão bem claras em nossa lei: "Considera-se gorjeta não só a importância espontaneamente dada pelo cliente ao empregado, como também aquela que for cobrada pela empresa ao cliente, como adicional nas contas, a qualquer título, e destinada à distribuição aos empregados".[(286)]

Por outro lado, há doutrinadores, especialistas do Direito Desportivo, defensores da linha de raciocínio do citado instituto como de natureza remuneratória, equiparando-se às gorjetas, a exemplo de *Zainaghi*[(287)], *Barros*[(288)] e *Martins*[(289)].

Sendo assim, o direito de arena encaixa-se, equiparadamente, nas características vistas, uma vez que também é fruto de parcela recebida a título de retribuição, cujo pagamento é realizado por terceiros, a exemplo da Rede Globo de Televisão (Rede Globo), alheia à relação jurídica de emprego entre o empregador (clube) e o empregado (atleta).

Entretanto, ressalta-se, desde já, que não se quer dizer que o direito de arena é uma espécie de gorjeta, mas que aquele apenas se equipara a este, para fins legais. Sendo assim, o direito de arena, por falta de definição legal expressa, equipara-se à gorjeta, constituindo-se numa parcela autônoma que compõe a remuneração do atleta profissional. Essa parcela deve constar, de maneira discriminada, em seu contracheque, independentemente de previsão no contrato de trabalho, visto que se trata de um direito constitucional do atleta.

---

(285) PLÁ RODRIGUEZ, Américo; OLLIER, Pierre-Dominique; CABANELLAS DE TORRES, Guillermo *apud* NASCIMENTO, Amauri Mascaro. *Teoria jurídica do salário.* São Paulo: LTr, 1994. p. 252-253.

(286) NASCIMENTO, Amauri Mascaro. *Teoria jurídica do salário.* São Paulo: LTr, 1994. p. 253.

(287) ZAINAGHI, Domingos Sávio. *Nova legislação desportiva:* aspectos trabalhistas. 2. ed. São Paulo: LTr, 2004. p. 36.

(288) BARROS, Alice Monteiro de. *Contratos e regulamentações especiais de trabalho:* peculiaridades, aspectos controvertidos e tendências. 2. ed. São Paulo: LTr, 2002. p. 87.

(289) MARTINS, Sérgio Pinto. O atleta profissional de futebol e os seus direitos trabalhistas. *Revista de direito do trabalho.* São Paulo: Revista dos Tribunais, ano 26, n. 98, abr./jun., 2000. p. 145.

No que tange às gorjetas, *Süssekind* ressaltou a distinção entre gorjeta espontânea e compulsória, ao afirmar que enquanto a primeira seria gorjeta na acepção da palavra *stricto sensu*, a última seria "salário estipulado em percentagem".(290)

Complementando o assunto, leciona *Catharino* que:

> O adicional fixado na nota de despesa, e recolhido pela casa, é uma verdadeira *participação nas entradas*, e como tal constitui salário, fora de qualquer dúvida. Quando isto acontece é constituído um *fundo especial*, cujo lastro é para ser distribuído pelos empregados segundo regras estabelecidas pelo uso, pela lei, por contrato, por convenção, por sentença coletiva ou por regulamento. O *empregador tem apenas a custódia e administração do fundo constituído*. Sua função é a de pagar a cada empregado sua participação de acôrdo com o que foi fixado.(291)

Todavia, aplicando-se o disposto no § 3º, do art. 457, da CLT(292), é possível afirmar que o Legislador quis passar a ideia de que tanto a gorjeta espontânea quanto a compulsória não integram o salário. Ambas integram a remuneração, por ter acepção mais abrangente em relação àquele, repercutindo apenas no cálculo da gratificação natalina e das férias, e na incidência do FGTS e de contribuições previdenciárias, de acordo com a Súmula n. 354 do Tribunal Superior do Trabalho(293), uma vez que esta determina que a gorjeta não servirá de base de cálculo para as parcelas de adicional noturno, horas extras e repouso semanal remunerado.(294) Desnecessária a menção do

(290) SÜSSEKIND, Arnaldo *et al. Instituições de direito do trabalho.* v. I, 15. ed. atual. por Arnaldo Süssekind e João de Lima Teixeira Filho. São Paulo: LTr, 1995. p. 378.

(291) CATHARINO, José *Martins. Tratado jurídico do salário.* São Paulo: LTr, 1994. p. 549.

(292) "Art. 457 — Compreendem-se na remuneração do empregado, para todos os efeitos legais, além do salário devido e pago diretamente pelo empregador, como contraprestação do serviço, as gorjetas que receber. (Redação dada pela Lei n. 1.999, de 1.10.53)

(...)

§ 3º — Considera-se gorjeta não só a importância espontaneamente dada pelo cliente ao empregado, como também aquela que fôr cobrada pela emprêsa ao cliente, como adicional nas contas, a qualquer título, e destinada a distribuição aos empregados. (Redação dada pelo Decreto-lei n. 229, de 28.2.1967)".

(293) "*N. 354 GORJETAS. NATUREZA JURÍDICA. REPERCUSSÕES (mantida) — Res. 121/2003, DJ 19, 20 e 21.11.03* As gorjetas, cobradas pelo empregador na nota de serviço ou oferecidas espontaneamente pelos clientes, integram a remuneração do empregado, não servindo de base de cálculo para as parcelas de aviso-prévio, adicional noturno, horas extras e repouso semanal remunerado. Histórico: Redação original (revisão da Súmula n. 290) — Res. 71/1997, DJ 30.05, 04.05 e 06.06.97". BRASIL. Tribunal Superior do Trabalho. Resolução n. 121/2003. DJ 19, 20 e 21 nov. 2003. *TST.* Disponível em: <http://www.trt.gov.br/>. Acesso em: 4 jun. 2006.

(294) BARROS, Alice Monteiro de. *Contratos e regulamentações especiais de trabalho:* peculiaridades, aspectos controvertidos e tendências. 2. ed. São Paulo: LTr, 2002. p. 87.

aviso-prévio, na relação laboral desportiva, já que é incabível a sua aplicação nos contratos com prazo estipulado, por força do art. 487 da CLT.[295]

A conceituação das gorjetas, admitida pela doutrina brasileira, com base na CLT, é a de que a parcela paga obrigatoriamente pelo público, como, por exemplo, os 10% (dez por cento) de uma conta de restaurante ou de hotel, por receber o título de gorjeta, tem caráter remuneratório. Tal qual salienta *Russomano*:

> A gorjeta não é, apenas, a importância que, de modo espontâneo, o cliente concede ao trabalhador, para revelar sua satisfação pelo bom atendimento recebido. As percentagens cobradas pela empresa do cliente — como nos restaurantes e hotéis — no momento de apresentação da conta, a qualquer título, desde que destinada à distribuição aos trabalhadores, são, também, definidas como gorjeta e, portanto, remuneração, para todos os efeitos do direito vigente.[296]

Explicação com maior clareza é dada por *Catharino*. Este afirma que, quanto à gorjeta, tal instituto jurídico existe há muito tempo, e que na Grécia e em Roma, em várias ocasiões, os escravos, graças às gorjetas, formavam o seu pecúlio.[297]

Sendo assim, à primeira vista, para aqueles que argumentam contra a sua existência, a gorjeta teria como característica o fato de ser serviçal e humilhante. Entretanto, jamais pagamento algum, conquistado com o seu próprio esforço prestado, poderá ser considerado indigno.[298]

A gorjeta se fundamenta em motivos profundamente humanos, manifestada em uso ou costume social. Há autores que afirmam ter motivos psicológicos, visto que a satisfação acarreta um ato de reconhecimento por parte daquele que é beneficiado com algum serviço. Por outro lado, afirma-se que o uso de dar gorjetas se fundamenta na crença de que se estaria cumprindo um dever, devido ao fato de o empregador restringir o salário dos empregados, cabendo aos clientes sanar essa prática. O que se pode afirmar com propriedade é que nenhum fator isolado justifica a existência das gorjetas, uma vez que estas têm origem em virtude de um conjunto de razões, cada uma exercendo maior ou menor influência conforme a situação.[299]

---

(295) "Art. 487 — Não havendo prazo estipulado, a parte que, sem justo motivo, quiser rescindir o contrato deverá avisar a outra da sua resolução com a antecedência mínima de:".

(296) RUSSOMANO, Mozart Victor. *Curso de direito do trabalho*. 4. ed. Curitiba: Juruá, 1991. p. 334.

(297) "*PECULIUM. Direito romano.* Separação de parcela do patrimônio do *pater familias* que era confiada ao filho ou a escravo para que a administrasse e exercesse o comércio (Othon Sidou).". DINIZ, Maria Helena. *Dicionário jurídico*. v. 3. São Paulo: Saraiva, 1998. p. 549.

(298) CATHARINO, José Martins. *Tratado jurídico do salário*. São Paulo: LTr, 1994. p. 547.

(299) *Ibidem*, p. 547-548.

A tendência, atualmente, é a de se substituir o costume de dar gorjetas por um sistema compulsório, visto que, em vários países, a legislação tem consagrado uma orientação, na qual se somam as despesas feitas pela clientela[300] a uma percentagem proporcional calculada sobre essas despesas, devendo ser paga aos trabalhadores pelo empregador, segundo condições determinadas por lei, por contrato ou convenção coletiva. Nesse sentido, *Catharino* ensina que:

> o sistema obrigatório é denominado na Alemanha de *serviersystem*, em contraposição ao *troncsystem* que é o das gorjetas propriamente ditas, ou seja, as individuais, sujeitas à vontade do freguês e recebidas deste sem nenhuma intervenção do empregador.[301]

No Direito Desportivo, o Clube dos 13[302], ao receber o montante referente à aquisição dos direitos de transmissão dos jogos da Série A do Campeonato Brasileiro pela Rede Globo, faz uma distribuição desigual do preço total da autorização negociada a cada clube integrante desse campeonato, de acordo com alguns fatores, a exemplo da tradição histórica da agremiação desportiva, da quantidade de torcedores espalhados pelo País, da influência política, do desempenho da equipe nas últimas competições, dentre outros. Por lei, os clubes têm o direito de negociar com quem tiver interesse em transmitir as suas partidas, e, salvo convenção em contrário, 20% (vinte por cento) do preço total da autorização dos direitos de transmissão, como mínimo, será distribuído, em partes iguais, aos atletas profissionais participantes do espetáculo. Sendo assim, os outros 80% (oitenta por cento) ficariam com a

(300) Nesse caso, entenda-se clientela como termo designativo de uma emissora de televisão adquirente dos direitos de transmissão das partidas, na função de representante dos seus telespectadores, verdadeiros consumidores do espetáculo futebolístico.

(301) CATHARINO, José Martins. *Tratado jurídico do salário.* São Paulo: LTr, 1994. p. 548-550.

(302) Trata-se da entidade representativa dos clubes participantes do Campeonato Brasileiro da Série A, a qual, a partir de 1997, começou a participar das negociações para a comercialização dos direitos de transmissão das partidas desse campeonato. No site da entidade consta a seguinte descrição: "A União dos Grandes Clubes do Futebol Brasileiro — Clube dos 13, nasceu por iniciativa espontânea e autônoma dos principais clubes do país, instados por crescentes dificuldades econômicas e escassa representatividade junto aos órgãos de direção e administração do sistema desportivo nacional. Assinaram a Ata de Fundação quatro representantes de São Paulo (Corinthians, Palmeiras, São Paulo e Santos), quatro do Rio de Janeiro (Flamengo, Vasco da Gama, Botafogo e Fluminense), dois de Minas Gerais (Cruzeiro e Atlético), dois do Rio Grande do Sul (Internacional e Grêmio) e uma da Bahia (Bahia). No curso destes 20 anos de existência, que se completaram no dia 11 de julho de 2007, a este grupo inicial de 13 clubes juntaram-se Coritiba, Goiás, Sport Recife, Portuguesa, Atlético Paranaense, Guarani e Vitória. Com 20 clubes associados, aumentou a força de negociação da entidade. Porém, como Fábio André Koff, atual presidente, faz questão de lembrar, o Clube dos 13 presta serviços a todos os clubes brasileiros, além dos seus filiados.". Disponível em: <http://clubedostreze.globo.com/Site/Component/institucional-historico.aspx>. Acesso em: 15 jun. 2007.

entidade de prática desportiva, a título de direito de imagem, pela exposição da sua imagem no espetáculo ou evento esportivo.

Se o total da autorização atende por um valor considerado elevado, logo, o direito de arena terá o seu cálculo realizado, proporcionalmente, sobre esse valor. Lembra-se que esse direito tem natureza jurídica de parcela autônoma, equiparada à da gorjeta. Nesse sentido, nem sempre a gorjeta será constituída por quantias ínfimas, já que essa parcela remuneratória atende à proporção do montante inicial do qual é extraída.[303]

A Rede Globo, levando em consideração o retorno do investimento, age com benevolência em relação aos clubes, ao realizar o pagamento de uma quantia razoável a uma das entidades representantes de agremiações desportivas, a exemplo do Clube dos 13, o qual negocia com aquela emissora, em nome dos que participam da primeira divisão do Campeonato Brasileiro, a autorização dos direitos de transmissão das partidas deste campeonato.

Quanto ao sistema obrigatório ou *serviersystem*, poder-se-ia afirmar que o direito de arena dos atletas é uma verdadeira participação nas entradas, uma vez que se trata de um adicional fixado na conta de despesa da emissora adquirente dos direitos de transmissão das partidas, a cujo adicional só terá direito os atletas profissionais que participarem de, ao menos, uma partida por seu clube. Nessa acepção, o direito de arena equipara-se a uma gorjeta integrante do sistema obrigatório, por ter sido instituída através de dispositivo legal, entretanto, com natureza remuneratória, já que as gorjetas, tradicional e compulsória, no ordenamento jurídico brasileiro não integram o salário *stricto sensu*, mas sim a remuneração.

Tal verba remuneratória é recebida pelo empregador, em nome de seus atletas, após o pagamento de seu cliente[304], como adicional nas contas[305], a título de direitos de transmissão das partidas de determinado campeonato, destinada à distribuição aos empregados.

---

(303) Lembra *Catharino* que "o freguês dá a gorjeta por benevolência, mas seu pagamento se faz em proporção ao valor das despesas feitas, e é influenciado pela eficiência do serviço que foi prestado, e de acôrdo também com a qualidade do estabelecimento onde trabalha o atendente". CATHARINO, José Martins. *Tratado jurídico do salário.* São Paulo: LTr, 1994. p. 548.

(304) Os direitos de transmissão de uma partida da Série A do Campeonato Brasileiro, como visto, são negociados pelo Clube dos 13 com as empresas de televisão, restando clara a figura de cliente desempenhada por estas últimas, uma vez que essa aquisição dos direitos de transmissão tem como destino final tanto a TV aberta, para os telespectadores da Rede Globo de Televisão e Rede Bandeirantes de Televisão, quanto a fechada, pelo sistema de *Pay-per-view*, na qual os telespectadores firmam um contrato de adesão com uma empresa de TV por assinatura via satélite, requerendo a inclusão dos canais referentes ao pacote dos jogos de um determinado campeonato.

(305) Equipara-se a expressão adicional nas contas ao percentual de 20% (vinte por cento) referente ao direito de arena dos atletas profissionais participantes do espetáculo, extraída do valor do preço total da autorização, conforme previsão do art. 42, *caput* e § 1º, da Lei Pelé.

Aplicando-se esse raciocínio ao caso concreto, se determinado atleta profissional fosse requerer a resolução do contrato, por atraso de pagamento de verbas de natureza salarial, e na quitação das verbas rescisórias não tivesse sido pago valor algum a título de direito de arena, mesmo sabendo-se que teria atuado em algumas partidas televisionadas pelo seu clube, o empregado prejudicado poderia alegar em Juízo a pertinência do recebimento dessa verba remuneratória e ter o direito a percebê-la reconhecido, desde que tivesse participado dos jogos que porventura alegasse. Caberia à entidade de prática desportiva o ônus da prova, em virtude de esta possuir maiores condições de acesso aos documentos oficiais que comprovariam este fato.

A respeito da expressão participação dos atletas profissionais em determinado espetáculo ou evento, o Tribunal Regional do Trabalho da 3ª Região (TRT3), já se pronunciou sobre o tema, abrindo um precedente inovador, uma vez que preenche uma lacuna interpretativa da lei, ao determinar a consideração de que a título de direito de arena participariam em cada partida de futebol, no máximo, 14 (quatorze) jogadores por equipe: os 11 (onze) atletas titulares, além dos 3 (três) substitutos.[306]

Entretanto, não são apenas 3 (três) os atletas que ficam à disposição do empregador para serem utilizados como substitutos dos jogadores titulares durante uma partida.

Portanto, em consonância com a *mens legis* do art. 42, § 1º, da Lei Pelé, devem ser considerados como participantes todos os atletas profissionais designados para atuar no espetáculo ou evento futebolístico, que no caso

---

(306) "DIREITO DE ARENA. O direito de arena está garantido no art. 5º, XXVIII, a, da Constituição Federal de 1988, que assegura, nos termos da lei, a proteção às participações individuais em obras coletivas e à reprodução da imagem e voz humanas, inclusive em atividades desportivas. Em consonância com esse preceito, o art. 42 da Lei n. 9.615/98 prevê que as entidades de prática desportiva possuem o direito de negociar, autorizar e proibir a fixação, a transmissão ou retransmissão de imagem de espetáculo ou eventos desportivos de que participem, dispondo o seu parágrafo 1º que 'salvo convenção em contrário, vinte por cento do preço total da autorização, como mínimo, será distribuído, em partes iguais, aos atletas profissionais participantes do espetáculo ou evento'. Ausente nos autos prova de que as partes tenham convencionado no sentido de retirar do atleta o direito de participar dos ganhos obtidos com a divulgação da imagem dos jogos de futebol que contaram com a sua presença e, considerando o princípio da continuidade da prestação de serviços, a presunção é de que ele tenha participado de todos os jogos do clube, cuja imagem foi produzida ou reproduzida, competindo ao demandado provar possíveis ausências do atleta nos eventos desportivos, o que não se verificou. Assim, defere-se ao atleta, a título de direito de arena, o pagamento da fração de 1/14 (considere-se o número de atletas que podem participar de um jogo de futebol) do percentual de 20% incidente sobre o preço total das autorizações concedidas pelo Clube, durante todo o período contratual, para transmissão ou retransmissão de imagem de eventos desportivos, conforme se apurar em liquidação de sentença." BRASIL. Tribunal Regional do Trabalho da 3ª Região. 7ª Turma. Acórdão em recurso ordinário n. 2469/2002. Relatora: Juíza Alice Monteiro de Barros. DJMG, 24 abr. 2002. *TRT3*. Disponível em: <http://www.trt.gov.br/>. Acesso em: 4 jun. 2006.

das partidas do Campeonato Brasileiro da Série A, são 18 (dezoito) os que podem ser relacionados, isto é, os 11 (onze) titulares, mais os 7 (sete) reservas possíveis substitutos.

Deve-se atentar ainda para o fato de que se exclui dessa contagem de jogadores, participantes de espetáculo ou evento futebolístico, o atleta amador, isto é, o menor de 20 (vinte) anos não profissionalizado, que tenha disputado uma partida, já que a Lei Pelé prevê apenas que os atletas profissionais têm direito à percepção de parcela do percentual de 20% (vinte por cento), conforme o art. 42, § 1º, da Lei Pelé[307].

Essa ressalva prevista na norma infraconstitucional, no que diz respeito à restrição do pagamento do direito de arena apenas aos atletas profissionais, excluindo da sua percepção os atletas amadores, trata-se de mais um argumento favorável ao entendimento acerca da natureza remuneratória dessa parcela retributiva.

Está claro que o jogador não profissional, que atua numa partida televisionada no horário previsto para o adicional noturno, não terá direito à percepção desse adicional e nem sequer do direito de arena, já que são verbas pagas pelo empregador aos atletas profissionais, isto é, àqueles com contrato de trabalho firmado.

Esse tratamento diferenciado, entre atividade profissional e não profissional, é permitido pela CF/1988, consoante o art. 217, III[308], e igualmente pela Lei Pelé, através dos princípios previstos no art. 2º, incisos I, V e VI e parágrafo único, IV[309].

---

(307) "Art. 42. Às entidades de prática desportiva pertence o direito de negociar, autorizar e proibir a fixação, a transmissão ou retransmissão de imagem de espetáculo ou eventos desportivos de que participem.

§ 1º Salvo convenção em contrário, vinte por cento do preço total da autorização, como mínimo, será distribuído, em partes iguais, aos atletas profissionais participantes do espetáculo ou evento.

(...)".

(308) "Art. 217. É dever do Estado fomentar práticas desportivas formais e não formais, como direito de cada um, observados:

(...)

III — o tratamento diferenciado para o desporto profissional e o não profissional;

(...)".

(309) "Art. 2º O desporto, como direito individual, tem como base os princípios:

I — da soberania, caracterizado pela supremacia nacional na organização da prática desportiva;

(...)

V — do direito social, caracterizado pelo dever do Estado em fomentar as práticas desportivas formais e não formais;

VI — da diferenciação, consubstanciado no tratamento específico dado ao desporto profissional e não profissional;

(...)

Nesse mesmo sentido, o art. 3º, parágrafo único, incisos I e II, da Lei Pelé, define as modalidades de organização e prática do desporto de rendimento[310], deixando notório que a atividade profissional é caracterizada pela existência de remuneração ajustada em pacto formal de trabalho, enquanto que a não profissional é identificada pela liberdade de prática e inexistência de contrato de trabalho, permitindo-se a percepção de incentivos materiais e patrocínio.

No que diz respeito à integração do direito de arena na remuneração do atleta, lembrando que, para esse fim, equipara-se à gorjeta, afirma *Süssekind* que:

> Releva ponderar, no entanto, conforme acentua a jurisprudência internacional, que para a gorjeta ser computada na remuneração do empregado, é essencial que "na profissão do interessado este gênero de remuneração seja de uso certo, contínuo e notório, que lhe permita considerá-lo como um verdadeiro suplemento dos salários, e que as partes tenham levado em conta no contrato de trabalho, para fixar a importância do salário e a estipular num *quantum* inferior ao salário normal dos operários do mesmo nível sem contato com o público".[311]

Em virtude de não haver a aplicação da equiparação salarial aos atletas profissionais de futebol, a parte final da explicação acima deve ser desconsiderada.

Sendo assim, o empregado, para ter a integração do direito de arena à sua remuneração, deve a) enquadrar-se na previsão legal; b) perceber essa

---

Parágrafo único. A exploração e a gestão do desporto profissional constituem exercício de atividade econômica sujeitando-se, especificamente, à observância dos princípios: (Incluído pela Lei n. 10.672, de 2003)

(...)

IV — do tratamento diferenciado em relação ao desporto não profissional; e (Incluído pela Lei n. 10.672, de 2003)

(...)".

(310) "Art. 3º O desporto pode ser reconhecido em qualquer das seguintes manifestações:

(...)

Parágrafo único. O desporto de rendimento pode ser organizado e praticado:

I — de modo profissional, caracterizado pela remuneração pactuada em contrato formal de trabalho entre o atleta e a entidade de prática desportiva;

II — de modo não profissional, identificado pela liberdade de prática e pela inexistência de contrato de trabalho, sendo permitido o recebimento de incentivos materiais e de patrocínio. (Redação dada pela Lei n. 9.981, de 2000)".

(311) SÜSSEKIND, Arnaldo *et al. Instituições de direito do trabalho.* v. I, 15. ed. atual. por Arnaldo Süssekind e João de Lima Teixeira Filho. São Paulo: LTr, 1995. p. 380.

verba retributiva com certa habitualidade; e c) ter como provar os valores decorrentes da negociação dos direitos televisivos, só sendo possível se houver uma maior publicidade da prática.

Para efeito de publicidade, deve o Clube dos 13 tornar público os acordos com as emissoras de televisão, bem assim os pactos firmados para a distribuição da cota-parte[(312)] referente a cada clube.

É importante tornar públicos esses acordos, verdadeiras caixas-pretas inacessíveis[(313)], não apenas por causa dos atletas, mas dos próprios clubes, uma vez que, no entendimento de *Carlezzo*, "com a extinção do passe, a grande fonte de recursos passou a ser o valor pago pelas redes de televisão".[(314)]

Tornando transparente essa prática, poder-se-ia melhor fiscalizar os empregadores, dificultando assim o desvio de recursos financeiros pelos dirigentes de clubes de futebol.

Na verdade, há uma extrema necessidade de aprovação de uma regulamentação no sentido de impedir o locupletamento indevido dos dirigentes amadores[(315)], os quais predominam na maioria das agremiações desportivas nacionais e são mantidos na administração em virtude de conluios com conselheiros que, irregularmente, administram e usufruem o patrimônio comum dos clubes em proveito próprio. A intenção de se regulamentar essa matéria é a de impor aos administradores a responsabilidade por atos praticados em prejuízo da coisa comum e do interesse dos associados.[(316)]

Sobre os valores arrecadados pelo Clube dos 13 nos últimos anos, *Carlezzo* mencionava, às vésperas da negociação dos direitos de transmissão do campeonato brasileiro de 2004, que:

> Dentro do contexto de capitalização de recursos financeiros para manutenção dos clubes de futebol nacional, o grande motor para sua subsistência têm sido os direitos de televisionamento, cuja significância nos últimos anos tem se mostrado de extrema relevância para os clubes

---

(312) Fala-se em cota-parte a quantia distribuída, desigualmente, pelo Clube dos 13, a cada um dos participantes do Campeonato Brasileiro da Série A, a qual é extraída do preço total da autorização negociada para a transmissão das partidas referentes a esse campeonato.

(313) SOARES, Jorge Miguel Acosta. *Direito de imagem e direito de arena no contrato do atleta profissional.* São Paulo: LTr, 2008. p. 110.

(314) CARLEZZO, Eduardo. *Direito desportivo empresarial.* São Paulo: Juarez de Oliveira, 2004. p. 8.

(315) Regra geral, os dirigentes não são remunerados, alegando agir sob a falsa afirmação de amor ao clube.

(316) CATEB, Alexandre Bueno. *Desporto profissional e direito de empresa:* de acordo com o Código civil de 2002. São Paulo: Juarez de Oliveira, 2004. p. 140.

e para as televisões (principalmente para os primeiros), de modo que as cifras envolvidas em tais contratos tiveram um crescimento realmente sensível. Para tanto basta dizer que no ano de 1996 o contrato firmado entre o Clube dos Treze e as emissoras de televisão rendeu U$ 9 milhões. No ano seguinte, por força de uma concorrência entre as emissoras de televisão, que acabou sendo ganha pela Rede Bandeirantes e pela Globo, em canal aberto, e pela GLOBOSAT, em canal fechado, o valor dos contratos subiu para U$ 52 milhões. Em 2001 o valor pago pelo Campeonato Brasileiro, referente aos direitos de televisão, foi de U$ 80 milhões. Para o ano de 2004 está previsto o pagamento de R$ 240 milhões pelos referidos direitos.[317]

Em vista de todo o exposto, o direito de arena é parcela autônoma integrante da remuneração do atleta profissional, a qual se equipara à gorjeta.

Trata-se de uma forma de permitir ao atleta profissional, como trabalhador, o direito de se exigir uma retribuição pela exposição da sua voz e imagem, pois algumas empresas de televisão as utilizam para fins comerciais, como, por exemplo, os pacotes de jogos dos diversos campeonatos nacionais de futebol negociados com os assinantes de TV a cabo.

3.4.2.2. Mala Preta e Mala Branca

Além do direito de arena, discute-se também se as polêmicas "mala preta" e "mala branca" poderiam ser equiparadas à gorjeta[318]. O que distingue uma da outra é a sua licitude moral e o fato de serem admitidas ou não no ordenamento jurídico-desportivo. Ambas são pagas por terceiros, cuja prática visa beneficiar, lícita ou ilicitamente, o clube que está pagando e o que está sendo pago.

Se praticada ilicitamente, deve-se enquadrar a prática na corrupção desportiva. Sobre o assunto, prevê o Código Brasileiro de Justiça Desportiva, nos arts. 237 e 238 que:

> *Art. 237* — Dar ou prometer vantagem indevida a quem exerça cargo ou função, remunerados ou não, em qualquer entidade desportiva ou órgão da Justiça Desportiva, para que pratique, omita ou retarde ato de ofício ou, ainda, para que o faça contra disposição expressa de norma desportiva.
>
> *PENA*: suspensão de 2 (dois) a 4 (quatro) anos e eliminação na reincidência.

---

(317) CARLEZZO, Eduardo. *Direito desportivo empresarial*. São Paulo: Juarez de Oliveira, 2004. p. 7.

(318) Utiliza-se o termo mala para designar cada uma dessas figuras, pois se faz alusão a uma mala com bastante dinheiro, a qual deve ser encaminhada ao clube destinatário.

Art. 238 — Receber ou solicitar, para si ou para outrem, vantagem indevida em razão de cargo ou função, remunerados ou não, em qualquer entidade desportiva ou órgão da Justiça Desportiva, para praticar, omitir ou retardar ato de ofício, ou, ainda, para fazê-lo contra disposição expressa de norma desportiva.

PENA: suspensão de 2 (dois) a 4 (quatro) anos e eliminação na reincidência.[(319)]

A corrupção, como tipo de infração desportiva, constitui-se na solicitação, aceitação ou oferecimento de dinheiro ou qualquer outra forma de vantagem a funcionário de entidade dirigente ou de prática desportiva, inclusive, de clubes de futebol, para que efetue ou deixe de efetuar ato inerente à sua função. Aquele que oferece, dando ou prometendo, vantagem é o corruptor, executante da corrupção ativa. Já o que coaduna com essa situação, recebendo ou solicitando a mesma vantagem, é o corrupto ou corrompido, praticante da corrupção passiva. O devido processo legal, no caso da corrupção, é instaurado mediante queixa ou conclusão de inquérito, a depender da gravidade da infração, desde que devidamente documentados, por parte da vítima direta da corrupção ou quem foi alcançado pelos efeitos da ação lesiva.[(320)]

Nesse sentido, a mala preta por ter caráter de ser paga aos atletas e/ou a outros empregados de determinado clube, a exemplo do treinador de futebol, para que estes se empenhem na obtenção de resultado favorável ao pagador, evidencia o caráter ilícito da verba percebida.

Trata-se de um fato notório e corriqueiro nos meios futebolísticos, todavia, muito pouco é feito para bani-la, quando na verdade, dever-se-ia visar ao bom funcionamento e desenvolvimento do desporto, os quais dependem da atuação natural e eficiente dos dirigentes e participantes dos eventos desportivos, sem que ocorram quaisquer máculas, vícios ou demais formas anormais de disputa entre os competidores e a organização.[(321)]

Não é de hoje que esse pagamento ilícito ocorre. Entretanto, recentemente, criou-se a crença de que a figura da mala branca seria lícita, por se tratar de incentivo para determinado time fazer o que já faz parte da sua obrigação, isto é, jogar futebol visando ao êxito maior que é a vitória nas partidas, em contraposição à da mala preta, cuja prática seria ilícita, em virtude de visar dar vantagem financeira a atletas para que facilitem a obtenção de resultado adverso contra o próprio time ou favorável a ambos, a exemplo da partida em que os clubes negociam para que a partida termine empatada, classificando as duas equipes para a próxima fase.

---

(319) KRIEGER, Marcílio. *Anotações ao CBJD e Legislação Desportiva.* Florianópolis: OAB/SC, 2007. p. 255.

(320) *Ibidem*, p. 256-257.

(321) SCHMITT, Paulo Marcos. *Curso de Justiça Desportiva.* São Paulo: Quartier Latin, 2007. p. 242.

Nesse sentido, torna-se algo do cotidiano, quando se aproxima do fim dos campeonatos, ler em matérias jornalísticas, assistir na televisão ou ouvir no rádio, que determinado clube tem o interesse de utilizar a mala branca para ajudar financeiramente outro clube, antes e/ou depois, da obtenção de um resultado favorável a ambos (principalmente, a quem está pagando), contra um adversário rival que se encontra, por exemplo, na disputa pelo título do campeonato.

A fim de visualizar o que ocorre na prática, será exposta uma hipótese, a fim de que se possa explicar como se dariam a mala branca e a mala preta veiculadas em jornais impressos ou telejornais.

A título de exemplo hipotético, dever-se-ia considerar que:

a) quatro times, *A*, *B*, *C* e *D*, estão disputando as finais de um campeonato, numa fase conhecida por quadrangular final, cujo objetivo é o de conhecer os dois clubes que ascenderão à divisão seguinte[322];

b) esses times se enfrentarão 2 (duas) vezes, em jogos nos seus estádios e nos dos adversários, totalizando 6 (seis) partidas para cada equipe;

c) em cada jogo, a vitória valerá 3 (três) pontos e o empate, 1 (um) ponto;

d) após 5 (cinco) rodadas, *A* somará 11 (onze) pontos; *B* e *C*, 7 (sete) pontos; e *D*, 2 (dois) pontos;

e) *A* já terá atingido o seu objetivo, por não ser mais possível que *B*, *C* ou *D* o alcance em número de pontos, e *D* estará eliminado da competição, pela impossibilidade de atingir a pontuação obtida por *B* ou *C*;

f) na última rodada, *B* enfrentará *D*, enquanto *C* jogará contra *A*;

g) *B* precisará vencer o seu oponente *D* e esperar que o seu adversário direto *C* não vença a sua disputa contra *A*, para poder somar mais pontos e não depender de outros critérios de desempate;

h) o presidente do time *B* oferecerá uma quantia em dinheiro, diretamente, para alguns atletas do clube *D*, a fim de que estes não evitem ser derrotados por aquele, e aos jogadores da equipe *A*, para que obtenham uma vitória ou um empate contra o rival direto, *C*, na briga pela outra vaga; e

(322) Por exemplo, caso um clube dispute a segunda divisão do Campeonato Brasileiro e está na fase final desta, a fim de ascender para a primeira divisão.

i) o pagamento de ambas as promessas de vantagem, caso sejam aceitas, serão realizadas, em duas parcelas, uma antes de a rodada ser iniciada e outra após obter o êxito pretendido.

Nesse caso, os meios jornalísticos sustentam a crença de que a primeira quantia oferecida a *D* seria a mala preta, enquanto que a segunda, ofertada para *A*, seria a mala branca, por ser apenas um incentivo a mais para o clube buscar derrotar o seu oponente. Na verdade, ambas seriam exemplos de mala preta, visto que se trataria de vantagens indevidas oferecidas para que tanto *A*, quanto *D* praticassem atos que já são inerentes à sua profissão, ferindo a moralidade da competição desportiva.

Sendo assim, por ser fruto de uma prática ilícita, além de ser ocasional, isto é, inabitual, o pagamento proveniente de terceiros, o qual se dá o nome de mala preta, não deveria ser equiparado à gorjeta e, portanto, tampouco integrar a remuneração do atleta. Complementa *Catharino* o assunto ao afirmar que:

> As *gorjetas ilícitas* não podem se tornar obrigatórias, e o empregado que as recebe comete falta passível de punição disciplinar ou até de rescisão justa do contrato por parte do empregador.(323)

Por outro lado, caso se quisesse admitir alguma espécie de premiação por terceiros no ordenamento jurídico-desportivo brasileiro, poder-se-ia imaginar uma situação utópica, na qual o clube diretamente interessado em determinado resultado de alguma partida, paga uma quantia em dinheiro por mera liberalidade, sem que funcionário algum do clube, o qual está sendo beneficiado, tenha qualquer ciência de que seria premiado. Essa seria a verdadeira mala branca. Entretanto, dificilmente algum clube teria interesse em pagar alguma quantia a outrem, sabendo que o resultado que lhe interessava já foi alcançado.

3.4.3. Irredutibilidade Salarial

O princípio da irredutibilidade salarial advém do fato de a retribuição do empregado ser um elemento do pacto laboral, não podendo este sofrer modificações prejudiciais ao trabalhador. Já as razões que determinam a aplicação desse princípio são de ordem econômica e alimentar, pois caso fosse permitida a redução, o empregado não teria a segurança necessária para proteger o ganho com que conta para o seu próprio sustento.(324)

---

(323) CATHARINO, José Martins. *Tratado jurídico do salário.* São Paulo: LTr, 1994. p. 559.

(324) NASCIMENTO, Amauri Mascaro. *Teoria jurídica do salário.* São Paulo: LTr, 1994. p. 159-160.

Após a vigência da CF/1988, somente são permitidos os descontos decorrentes de lei[(325)] e os pactuados em norma coletiva[(326)].

Sobre a previsão excepcional da CF/1988 quanto às vias de modificação das condições dos pactos individuais de trabalho, *Bastos* e *Martins* lecionam que:

> O direito anterior à atual Constituição previa também a hipótese das revisões nos dissídios coletivos, assim como nas convenções coletivas. Sob a nova Constituição, essas convenções tornaram-se a via exclusiva para a estipulação de reduções salariais. A Constituição de 1988 fixou a regra da irredutibilidade do salário, abrindo tão somente duas exceções, para o disposto em convenção ou acordo coletivo.[(327)]

A própria legislação desportiva prevê um caso de impossibilidade de o atleta ter a sua remuneração reduzida, que é quando o clube estiver impedido, temporariamente, de participar de competições por infração disciplinar ou licença.[(328)]

---

(325) "Art. 462 — Ao empregador é vedado efetuar qualquer desconto nos salários do empregado, salvo quando este resultar de adiantamentos, de dispositivos de lei ou de contrato coletivo.

§ 1º — Em caso de dano causado pelo empregado, o desconto será lícito, desde que esta possibilidade tenha sido acordada ou na ocorrência de dolo do empregado. (Parágrafo único renumerado pelo Decreto-lei n. 229, de 28.2.67)

§ 2º — É vedado à emprêsa que mantiver armazém para venda de mercadorias aos empregados ou serviços estimados a proporcionar-lhes prestações "in natura" exercer qualquer coação ou induzimento no sentido de que os empregados se utilizem do armazém ou dos serviços. (Incluído pelo Decreto-lei n. 229, de 28.2.67)

§ 3º — Sempre que não fôr possível o acesso dos empregados a armazéns ou serviços não mantidos pela Emprêsa, é lícito à autoridade competente determinar a adoção de medidas adequadas, visando a que as mercadorias sejam vendidas e os serviços prestados a preços razoáveis, sem intuito de lucro e sempre em benefício dos empregados. (Incluído pelo Decreto-lei n. 229, de 28.2.67)

§ 4º — Observado o disposto neste Capítulo, é vedado às emprêsas limitar, por qualquer forma, a liberdade dos empregados de dispôr do seu salário. (Incluído pelo Decreto-lei n. 229, de 28.2.67)".

"Art. 468 — Nos contratos individuais de trabalho só é lícita a alteração das respectivas condições por mútuo consentimento, e ainda assim desde que não resultem, direta ou indiretamente, prejuízos ao empregado, sob pena de nulidade da cláusula infringente desta garantia."

(326) "Art. 7º São direitos dos trabalhadores urbanos e rurais, além de outros que visem à melhoria de sua condição social:

(...)

VI — irredutibilidade do salário, salvo o disposto em convenção ou acordo coletivo;".

(327) BASTOS, Celso Ribeiro; MARTINS, Ives Gandra da Silva. *Comentários à Constituição do Brasil:* promulgada em 5 de outubro de 1988. v. 2, 3. ed. rev. e atual. São Paulo: Saraiva, 2004. p. 461-462.

(328) "Art. 16 No caso de ficar o empregador impedido, temporariamente, de participar de competições por infração disciplinar ou licença, nenhum prejuízo poderá advir para o atleta, que terá assegurada a sua remuneração contratual."

A intenção de o legislador constituinte prever que a redução do salário só poderá ser feita mediante acordo ou convenção coletiva é a de que estes devem ser compreendidos como instrumentos de melhoria da condição social do trabalhador ou meios de administração de crise.[329]

O salário mínimo, portanto, passou a ser o parâmetro limite para a aplicação do princípio da irredutibilidade salarial, uma vez que aquela garantia constitucional "constitui expressão mínima para a sobrevivência e dignidade do trabalhador e de sua família".[330]

Por fim, vale salientar que apenas o sindicato, em casos restritos, representando os interesses coletivos da categoria ou dos empregados de determinada entidade de prática desportiva, poderá formalizar a redução do salário dos atletas no instrumento da negociação coletiva, neste incluindo as condições em que tal redução perdurará.[331]

3.5. FGTS

O termo FGTS significa fundo de garantia do tempo de serviço. Trata-se de um instituto criado pela legislação obreira com o objetivo de garantir uma indenização pelo tempo de serviço ao trabalhador, mediante depósito mensal pelo empregador, até o dia 7 de cada mês, em conta bancária vinculada e aberta em nome do empregado. Esse valor poderá ser sacado nas hipóteses previstas em lei, principalmente quando é dispensado sem justa causa.

Ao empregador era facultativo o depósito do FGTS na conta vinculada ao obreiro, porém, com o advento da CF/1988, passou a ser um direito do empregado, conforme o art. 7º, III[332].

Ao atleta profissional de futebol é devido a título de FGTS o depósito mensal no valor de 8% (oito por cento) calculado sobre toda a sua remuneração paga ou devida, no mês anterior, portanto, incidente sobre todas as verbas de natureza remuneratória, inclusive as gorjetas e a gratificação natalina (art. 15, *caput*, da Lei n. 8.036, de 11 de maio de 1990[333]).

---

(329) NASCIMENTO, Amauri Mascaro. *Teoria jurídica do salário.* São Paulo: LTr, 1994. p. 168.

(330) BEZERRA LEITE, Carlos Henrique. *Constituição e direitos sociais dos trabalhadores.* São Paulo: LTr, 1997. p. 75.

(331) SÜSSEKIND, Arnaldo *et al. Instituições de direito do trabalho.* v. I, 15. ed. atual. por Arnaldo Süssekind e João de Lima Teixeira Filho. São Paulo: LTr, 1995. p. 447.

(332) "Art. 7º São direitos dos trabalhadores urbanos e rurais, além de outros que visem à melhoria de sua condição social:

(...)

III — fundo de garantia do tempo de serviço;

(...)".

(333) "Art. 15. Para os fins previstos nesta lei, todos os empregadores ficam obrigados a depositar, até o dia 7 (sete) de cada mês, em conta bancária vinculada, a importância correspondente a 8 (oito) por cento da remuneração paga ou devida, no mês anterior, a cada trabalhador, incluídas na remuneração as parcelas de que tratam os arts. 457 e 458 da CLT e a gratificação de Natal a que se refere a Lei n. 4.090, de 13 de julho de 1962, com as modificações da Lei n. 4.749, de 12 de agosto de 1965."

O *caput*, do art. 477, da CLT[(334)], não se aplica ao trabalhador desportista, visto que o seu contrato é sempre a termo.

No momento da rescisão sem justa causa do contrato de trabalho, muito já se discutiu sobre ser devido ou não a multa de 40% (quarenta por cento), regra geral, ou 20% (vinte por cento), nos casos de culpa recíproca ou força maior, previstos no art. 18, §§ 1º e 2º, da Lei n. 8.036/1990[(335)], e a aplicabilidade do art. 479 da CLT[(336)].

Entretanto, entendimento jurisprudencial pátrio confirma como sendo direito do atleta as possibilidades citadas acima[(337)].

Portanto, atualmente, essa matéria se encontra pacificada, conforme decisões uníssonas de tribunais regionais e do colendo Tribunal Superior do Trabalho.

---

(334) "Art. 477 — É assegurado a todo empregado, não existindo prazo estipulado para a terminação do respectivo contrato, e quando não haja êle dado motivo para cessação das relações de trabalho, o direto de haver do empregador uma indenização, paga na base da maior remuneração que tenha percebido na mesma emprêsa. (Redação dada pela Lei n. 5.584, de 26.6.70)".

(335) "Art. 18. Ocorrendo rescisão do contrato de trabalho, por parte do empregador, ficará este obrigado a depositar na conta vinculada do trabalhador no FGTS os valores relativos aos depósitos referentes ao mês da rescisão e ao imediatamente anterior, que ainda não houver sido recolhido, sem prejuízo das cominações legais. (Redação dada pela Lei n. 9.491, de 1997)

§ 1º Na hipótese de despedida pelo empregador sem justa causa, depositará este, na conta vinculada do trabalhador no FGTS, importância igual a quarenta por cento do montante de todos os depósitos realizados na conta vinculada durante a vigência do contrato de trabalho, atualizados monetariamente e acrescidos dos respectivos juros. (Redação dada pela Lei n. 9.491, de 1997)

§ 2º Quando ocorrer despedida por culpa recíproca ou força maior, reconhecida pela Justiça do Trabalho, o percentual de que trata o § 1º será de 20 (vinte) por cento.

(...)".

(336) "Art. 479 — Nos contratos que tenham termo estipulado, o empregador que, sem justa causa, despedir o empregado será obrigado a pagar-lhe, a título de indenização, e por metade, a remuneração a que teria direito até o termo do contrato."

(337) "No caso dos autos, foram firmados dois contratos com duração de seis meses, sendo que o primeiro cumpriu-se integralmente, enquanto que o segundo foi rescindido pelo Reclamado no início de seu derradeiro mês. Em ambos estabeleceu-se para a cláusula penal o valor de 100 (cem) vezes a anuidade salarial do atleta (cf. fls. 14 e 112), que embora seja esse o limite máximo previsto na Lei (§ 3º do art. 28), não deixa de ser extravagante em determinadas situações, nas quais se enquadra a espécie sob exame, tendo em vista a curta duração dos contratos e o fato de a rescisão ter ocorrido às vésperas do termo final. Diante disso e considerando que o Reclamante recebeu a indenização estabelecida no art. 479 da CLT (cf. fls. 13) e vai receber, também, a multa de 40% do FGTS, defere-se-lhe, a título de cláusula penal, o valor equivalente a uma remuneração mensal (salário + direito de imagem + média do valor recebido a título de bicho e/ou premiações), em conformidade com o comando contido no art. 413 do Código Civil, segundo o qual a penalidade deve ser reduzida equitativamente pelo juiz se a obrigação principal tiver sido cumprida em parte, ou se o montante da penalidade for manifestamente excessivo, tendo-se em vista a natureza e a finalidade do negócio." BRASIL. Tribunal Superior do Trabalho. 2ª Turma. Acórdão em recurso de revista n. 1490/2002-MG. Relator: Juiz Convocado Horácio Raymundo de Senna Pires. DJ, 18 fev. 2005. *TST*. Disponível em: <http://www.tst.gov.br/>. Acesso em: 4 jun. 2006.

Capítulo IV

Extinção Contratual: Exigibilidade dos Títulos — Competência

4.1. MODALIDADES DE EXTINÇÃO

São modalidades de extinção do contrato de trabalho desportivo a resolução, a rescisão e a caducidade. As modalidades de indenização por quebra do pacto laboral de maneira antecipada são tratadas igualmente neste item.

4.1.1. Resolução

Essa forma de dissolução do contrato de trabalho decorre de uma justa causa praticada pelo empregador, em prejuízo do empregado.

No entendimento de *Gomes* e *Gottschalk*(338), os quais usam o termo resolução para explicar a rescisão indireta, estes a definem como uma faculdade exercida mediante ação judicial, mesmo que haja cláusula resolutiva expressa. Há, assim, a necessidade do pronunciamento judicial.

Na sua grande maioria, os doutrinadores entendem essa forma resolutória do pacto laboral, como rescisão indireta. Porém, a faculdade de rescindir o contrato é das partes, cabível ao órgão jurisdicional atuar somente como interventor em uma relação jurídica, visto que, ao ser provocado, dará uma solução.

Martins adota esse termo rescisão indireta, mas reconhece a sua atecnia ao dizer que:

> A rigor, a rescisão do contrato de trabalho sempre seria direta. A dispensa sempre seria direta. Não se justificaria falar em dispensa indireta ou rescisão indireta. Entretanto, na rescisão indireta não há dispensa

(338) GOMES, Orlando; GOTTSCHALK, Élson. *Curso de direito do trabalho.* 16. ed. Rio de Janeiro: Forense, 2000. p. 344.

propriamente dita de forma direta; apenas o empregador comete um ato que causa a cessação do contrato de trabalho.[339]

No âmbito da legislação desportivo-trabalhista, para efeito de resolução, além das causas previstas no rol do art. 483[340] da CLT, a Lei Pelé traz um motivo específico que é o da mora contumaz previsto no art. 31, *caput e* § 2º[341], equiparável à causa prevista na alínea *d*, da citada norma celetizada. O instituto da mora contumaz desportiva tem a sua origem no art. 2º, § 1º, do Decreto-lei n. 368, de 19 de dezembro de 1968[342].

Nos demais casos do art. 483 da CLT, quando o atleta for buscar a resolução do contrato com base em uma justa causa do clube, a multa indenizatória cabível em favor daquele será a cláusula penal. Apenas nos casos do *caput* e do § 2º, do art. 31, da Lei Pelé, é que será hipótese de multa rescisória a ser paga pelo empregador.

---

(339) MARTINS, Sérgio Pinto. *Direito do trabalho.* 12. ed. São Paulo: Atlas, 2000. p. 334.

(340) "Art. 483 — O empregado poderá considerar rescindido o contrato e pleitear a devida indenização quando:

a) forem exigidos serviços superiores às suas forças, defesos por lei, contrários aos bons costumes, ou alheios ao contrato;

b) for tratado pelo empregador ou por seus superiores hierárquicos com rigor excessivo;

c) correr perigo manifesto de mal considerável;

d) não cumprir o empregador as obrigações do contrato;

e) praticar o empregador ou seus prepostos, contra ele ou pessoas de sua família, ato lesivo da honra e boa fama;

f) o empregador ou seus prepostos ofenderem-no fisicamente, salvo em caso de legítima defesa, própria ou de outrem;

g) o empregador reduzir o seu trabalho, sendo este por peça ou tarefa, de forma a afetar sensivelmente a importância dos salários.

(...)".

(341) "Art. 31. A entidade de prática desportiva empregadora que estiver com pagamento de salário de atleta profissional em atraso, no todo ou em parte, por período igual ou superior a três meses, terá o contrato de trabalho daquele atleta rescindido, ficando o atleta livre para se transferir para qualquer outra agremiação de mesma modalidade, nacional ou internacional, e exigir a multa rescisória e os haveres devidos.

(...)

§ 2º A mora contumaz será considerada também pelo não recolhimento do FGTS e das contribuições previdenciárias.

(...)".

(342) "Art. 2º — A empresa em mora contumaz relativamente a salários não poderá, além do disposto no art. 1º, ser favorecida com qualquer benefício de natureza fiscal, tributária, ou financeira, por parte de órgãos da União, dos Estados ou dos Municípios, ou de que estes participem.

§ 1º — Considera-se mora contumaz o atraso ou sonegação de salários devidos aos empregados, por período igual ou superior a 3 (três) meses, sem motivo grave e relevante, excluídas as causas pertinentes ao risco do empreendimento.

(...)".

Fazendo a leitura do *caput* e do § 2º, do art. 31, da Lei Pelé, vê-se que se trata do atraso no pagamento das verbas de natureza salarial ou do depósito do FGTS e das contribuições previdenciárias por mais de 3 (três) meses. O salário possui destacada natureza alimentar[(343)], e por conta disso, aquele atraso pode ocasionar alguma forma de protesto, a exemplo da ocorrida na Espanha, em 7 de maio de 2008.[(344)]

Sendo assim, trata-se de um motivo relevante para o empregado buscar um provimento judicial, por força da interpretação dada pela Lei Pelé, a fim de pleitear a indenização prevista no art. 479 da CLT, ou seja, a multa rescisória equivalente à metade da remuneração a que teria direito no restante do contrato.[(345)] Dessa forma, após a resolução do pacto laboral, estaria o atleta apto a firmar contrato com qualquer outra agremiação desportiva.

Vale salientar também que se o pedido de resolução do contrato não tiver fundamentação suficiente para satisfazer o convencimento do magistrado, este irá converter tal pedido em outro: o de dispensa por parte do empregado, isto é, de demissão.

Portanto, se um atleta postula a resolução do pacto laboral, fundado no suposto atraso do pagamento de verbas de natureza salarial, quando na verdade, por exemplo, o atraso é de parcelas referentes a valores indenizatórios, oriundos de contrato de natureza civil, incabível a aplicação do art. 31 da Lei Pelé[(346)], e o pedido postulado será convertido em pedido de demissão.

---

(343) Observa Nascimento, citando Durand, que "todo trabalhador deve obter, através do seu trabalho, ganho suficiente para assegurar a sua subsistência, pessoal e familiar. Os sistemas jurídicos devem instituir abonos familiares. O salário deve ser visto numa perspectiva objetiva e subjetiva, inclusive psicossociológica. A ação dos eventuais credores do trabalhador não devem privá-lo do salário adequado para que possa cumprir as necessidades alimentares. Descontos e compensações nos salários serão limitados para que não faltem os recursos necessários para os objetivos do salário. A impenhorabilidade do salário deve ser absoluta. O pagamento do salário deve observar períodos que permitam a satisfação regular das necessidades alimentares." DURAND, Paul *apud* NASCIMENTO, Amauri Mascaro. *Teoria jurídica do salário.* São Paulo: LTr, 1994. p. 32-33.

(344) Numa partida do Campeonato Espanhol, em 7 de maio de 2008, entre o Levante Unión Deportiva (Levante) e o Real Club Deportivo de La Coruña (Deportivo), os jogadores do time do Levante, em protesto pelo atraso de salários, na saída de bola no início da partida, reuniram-se próximo ao centro do campo abraçados, enquanto que o time do Deportivo dava início à partida. Em seguida, o atacante deste time seguia livremente para fazer o gol. Para espanto da maioria, já surpreendida com o que o time do Levante estava fazendo, o jogador do Deportivo chuta para fora, como sinal de apoio ao protesto do adversário. Para maiores detalhes, veja-se FILIPINI, Caio. Protesto na Espanha. *Futebol de Botão*, 12 maio 2008. Disponível em: <http://futeboldebotao.wordpress.com/2008/05/12/protesto-na-espanha/>. Acesso em: 20 maio 2008.

(345) "Art. 479 — Nos contratos que tenham termo estipulado, o empregador que, sem justa causa, despedir o empregado será obrigado a pagar-lhe, a título de indenização, e por metade, a remuneração a que teria direito até o termo do contrato."

(346) "JOGADOR DE FUTEBOL. CESSÃO DO DIREITO DE USO DA IMAGEM. INADIMPLEMENTO CONTRATUAL. RESCISÃO INDIRETA DO CONTRATO DE TRABALHO. INDEVIDA. CONTRATOS DISTINTOS. Não comete falta grave que justifique a rescisão indireta do contrato

4.1.2. *Rescisão*

Gomes e *Gottschalk* definem a rescisão, também chamada por resilição, da seguinte maneira: "A rescisão ou resilição é a cessação dos efeitos de um contrato pelas próprias partes, ou por uma delas, independentemente de intervenção judicial"(347).

Sendo assim, a rescisão pode ser feita tanto de forma unilateral, por uma das partes, ou bilateral, quando a dissolução contratual for do interesse de ambas.

No caso do pacto laboral desportivo, a rescisão bilateral ocorre com maior frequência quando o atleta está prestes a se transferir para outro clube, isto é, trata-se da cessão-transferência, conforme será exposto oportunamente. Dar-se-á ênfase, primeiramente, à rescisão unilateral.

4.1.2.1. Rescisão Unilateral

A forma de dissolução tratada neste item, diferentemente da resolução, ocorre de forma direta, pois independe de intervenção do Poder Judiciário.

A rescisão unilateral pode acontecer de duas maneiras: por iniciativa do empregado ou por iniciativa do empregador.

Quando por decisão do empregado, trata-se de uma forma de rescisão antecipada do contrato de trabalho: o pedido de demissão. Assim, o atleta comunicará que não irá mais trabalhar no clube, cabendo a este último aceitar o pedido ou convencê-lo do contrário.

Por ser modalidade de rescisão antecipada, é devida ao empregador a indenização prevista no art. 28, § 3º, da Lei n. 9.615/1998, assim como será visto adiante, ou seja, a cláusula penal, desde que dentro dos limites da realidade, em nome do princípio da equidade.

Em sendo da iniciativa do empregador, a rescisão pode acontecer, antecipadamente, sem justa causa ou com justa causa.

A justificativa para as duas formas de dispensa do empregado pelo empregador, é que uma delas encontra respaldo no direito potestativo(348),

---

de trabalho, o empregador que deixa de cumprir obrigações inerentes ao contrato de imagem com o atleta, porquanto o referido pacto é autônomo e distinto do contrato de emprego, sendo inaplicável, desse modo, à espécie, a regra prevista no art. 483, "d", da CLT". BRASIL. Tribunal Regional do Trabalho da 2ª Região. 1ª Turma. Acórdão em recurso ordinário n. 1520/2004. Relator: Desembargador Luiz Carlos Norberto. DOESP, 10 out. 2006. *TRT2*. Disponível em: <http://www.trt2.gov.br/>. Acesso em: 4 jun. 2006.

(347) GOMES, Orlando; GOTTSCHALK, Élson. *Curso de direito do trabalho.* 16. ed. Rio de Janeiro: Forense, 2000. p. 344.

(348) "*DIREITO POTESTATIVO. Direito civil.* (...) 2. Diz-se daquele em que seu titular tem poder de influir unilateralmente na situação jurídica de outrem, sem que este possa fazer algo, tendo

exercido por este último, ao dispensar sem justa causa, e a outra se fundamenta no poder disciplinar[(349)], quando se tratar de dispensa por justa causa.

A despedida sem justa causa independe da vontade do atleta. É o exercício de um direito do empregador, previsto em lei[(350)], gerando a obrigação de uma indenização compensatória ao empregado que tem o seu contrato de trabalho rescindido imotivadamente pelo empregador, conforme leciona *Teixeira* sobre matéria:

> A chamada indenização compensatória merece destaque especial devido a sua inquestionável relevância histórica, sendo o mais conhecido dos instrumentos correspondentes às medidas inibitórias do direito de despedir.
>
> Tal instrumento de estabilidade imprópria corresponde, dentro da seara da terminação do contrato por ato unilateral do empregador, a um instituto de natureza complexa, com múltipla finalidade, mas que constitui, em sua essência, um ressarcimento devido ao empregado pela entidade patronal em face de dispensa fundamentada em causa não considerada pela legislação trabalhista como justificadora da resilição contratual. Assume, assim, a forma de um montante pecuniário, cujo pagamento é legalmente imputado ao empregador que exerce o direito de despedir sem um motivo capaz de legitimar a sua ação resilitória, como decorrência natural da responsabilidade objetiva de quem assume os riscos da atividade desenvolvida, almejando ressarcir o empregado prejudicado pelos danos provocados pela terminação injusta e contrária à sua vontade.[(351)]

Em caso de rescisão unilateral do contrato de trabalho, sem que o atleta tenha dado motivo ao empregador, é controverso na doutrina e na jurisprudência, qual multa aplicar contra o clube, visto que cada caso é uma situação diferente.

---

que se sujeitar à sua vontade (Chiovenda). Por exemplo, o poder de revogar procuração ou pedir divisão de coisa comum. É o poder que tem alguém por manifestação unilateral da vontade de criar, modificar ou extinguir relações jurídicas em que outros são interessados (Orlando *Gomes*). Ou, como prefere De Plácido e Silva, é o poder de adquirir ou alienar direitos, ou de exercer sobre seus direitos toda ação de uso, gozo, disposição ou proteção que a lei lhe assegura. Enfim, é o que se caracteriza pelo fato de seu titular poder exercer livremente sua vontade, produzindo efeitos na esfera jurídica de terceiro, sem que este possa impedi-lo". DINIZ, Maria Helena. *Dicionário jurídico.* v. 2. São Paulo: Saraiva, 1998. p. 173.

(349) "*PODER DISCIPLINAR DO EMPREGADOR. Direito do trabalho.* Poder patronal, conferido por normas jurídicas, de sancionar as faltas intencionais cometidas pelos empregados na prestação de serviço, pela desobediência das ordens baixadas pelo empregador" (CABANELLAS; MARC e GOTTSCHALK). DINIZ, Maria Helena. *Dicionário jurídico.* v. 3. São Paulo: Saraiva, 1998. p. 617.

(350) "Art. 479 — Nos contratos que tenham termo estipulado, o empregador que, sem justa causa, despedir o empregado será obrigado a pagar-lhe, a título de indenização, e por metade, a remuneração a que teria direito até o termo do contrato."

(351) TEIXEIRA, Sergio Torres. *Proteção à relação de emprego.* São Paulo: LTr, 1998. p. 195-196.

Na prática, as decisões judiciais têm entendido que tanto a multa rescisória, quanto a cláusula penal são cabíveis nesse caso, embora a legislação desportiva não faça distinção alguma entre empregador e empregado como indenizador da cláusula penal.

No que concerne à rescisão unilateral por justa causa, o fato de o empregador estar exercitando um poder disciplinar, vincula essa modalidade de rescisão a uma causa motivadora para a dissolução contratual.(352)

O rol do art. 482 da CLT(353) é aplicável ao contrato do atleta profissional de futebol, além das disposições contidas no art. 20 da Lei n. 6.354/1976(354).

Por fim, vale salientar que a perda da confiança do empregador, em relação ao seu empregado, é um dos fatores que torna inviável a continuação da relação de emprego, de maneira salutar.

---

(352) A respeito das modalidades de justa causa desportiva praticadas pelo atleta, veja-se BARROS, Alice Monteiro de. *Contratos e regulamentações especiais de trabalho:* peculiaridades, aspectos controvertidos e tendências. 2. ed. São Paulo: LTr, 2002. p. 93-96.

(353) "Art. 482 — Constituem justa causa para rescisão do contrato de trabalho pelo empregador:

a) ato de improbidade;

b) incontinência de conduta ou mau procedimento;

c) negociação habitual por conta própria ou alheia sem permissão do empregador, e quando constituir ato de concorrência à empresa para a qual trabalha o empregado, ou for prejudicial ao serviço;

d) condenação criminal do empregado, passada em julgado, caso não tenha havido suspensão da execução da pena;

e) desídia no desempenho das respectivas funções;

f) embriaguez habitual ou em serviço;

g) violação de segredo da empresa;

h) ato de indisciplina ou de insubordinação;

i) abandono de emprego;

j) ato lesivo da honra ou da boa fama praticado no serviço contra qualquer pessoa, ou ofensas físicas, nas mesmas condições, salvo em caso de legítima defesa, própria ou de outrem;

k) ato lesivo da honra ou da boa fama ou ofensas físicas praticadas contra o empregador e superiores hierárquicos, salvo em caso de legítima defesa, própria ou de outrem;

l) prática constante de jogos de azar.

Parágrafo único — Constitui igualmente justa causa para dispensa de empregado a prática, devidamente comprovada em inquérito administrativo, de atos atentatórios à segurança nacional. (Incluído pelo Decreto-lei n. 3, de 27.1.1966)".

(354) "Art. 20. Constituem justa causa para rescisão do contrato de trabalho e eliminação do futebol nacional:

I — ato de improbidade;

II — grave incontinência de conduta;

III — condenação a pena de reclusão, superior a 2 (dois) anos, transitada em julgado;

IV — eliminação imposta pela entidade de direção máxima do futebol nacional ou internacional."

4.1.2.2. Cessão-Transferência

Da mesma maneira que o atleta e/ou clube, estando insatisfeito (s) por alguma razão, ao rescindir antecipadamente o contrato de trabalho firmado entre ambos, torna o atleta apto a celebrar novo contrato com qualquer outra equipe, há também outros meios de o atleta se transferir durante a vigência de determinado pacto, que é com a assinatura de um contrato de cessão-transferência temporária ou com o pagamento da cláusula penal efetuado pela agremiação desportiva que quiser adquirir a atividade desportiva do atleta, ocasionando a rescisão bilateral em definitivo ou rompimento[(355)].

O art. 38 da Lei Pelé dispõe que em qualquer cessão ou transferência de atleta profissional ou amador para outra entidade de prática desportiva deve ter a formal e expressa anuência daquele[(356)]. Impropriamente, o legislador infraconstitucional igualou a cessão à transferência de atleta, sem fazer distinção alguma.

Contudo, nos meios futebolísticos, ao se falar em cessão, trata-se de direitos, e em relação à transferência, está se tratando de empregados. Por outro lado, ao usar a expressão formal e expressa anuência quis dizer o legislador que para dissolver o contrato de trabalho que os vincula, ambos celebram outro contrato apenas com este fim. Trata-se de uma modalidade contratual extintiva, conhecida por distrato[(357)].

Conforme o disposto no art. 14, *caput*, da Lei n. 6.354/1976, a falta de pagamento de taxas ou de débitos contraídos pelo jogador de futebol com alguma entidade federativa ou algum clube anterior, não poderá ser alegada como fator impeditivo para a transferência do atleta ou celebração de contrato entre este e outro clube.

Em virtude de o princípio constitucional da irredutibilidade salarial impossibilitar qualquer alteração na remuneração do empregado, o parágrafo único desse art. 14[(358)] encontra-se com aplicação condicionada a uma convenção ou um acordo coletivo.

---

(355) Nomenclatura utilizada pelo legislador infraconstitucional quando da redação do *caput* do art. 28 da Lei Pelé, para designar a rescisão bilateral do contrato de trabalho firmado entre clube e atleta profissional de futebol.

(356) Art. 38. Qualquer cessão ou transferência de atleta profissional ou não profissional depende de sua formal e expressa anuência. (Redação dada pela Lei n. 9.981, de 2000)

(357) GOMES, Orlando; GOTTSCHALK, Élson. *Curso de direito do trabalho.* 16. ed. Rio de Janeiro: Forense, 2000. p. 345.

(358) "Art. 14 Não constituirá impedimento para a transferência ou celebração de contrato a falta de pagamento de taxas ou de débitos contraídos pelo atleta com as entidades desportivas ou seus empregadores anteriores.

Parágrafo único. As taxas ou débitos de que trata este artigo serão da responsabilidade do empregador contratante, sendo permitido o seu desconto nos salários do atleta contratado."

Acerca da cessão-transferência, primeiramente, antes de adentrar nesse tema, é válido explicitar o que significam direitos desportivos e vínculo desportivo.

Direitos desportivos ou direitos à utilização da atividade desportiva do atleta são aqueles adquiridos pelo clube através de um contrato de cessão desses direitos, os quais antes pertenciam à agremiação desportiva cedente. Chamam-se, assim, por direitos desportivos, aqueles direitos que o clube adquire para poder utilizar a atividade desportiva de determinado atleta.

Entretanto, o atleta ainda não pode ser utilizado pelo clube que o adquiriu por último, uma vez que a utilização só será regular após o seu registro(359) na entidade federativa competente ao qual este clube é filiado. Ao haver a inscrição do atleta, por exemplo, na federação local, aquele passará a estar apto a disputar qualquer torneio local que, porventura, o seu clube esteja inscrito. Com a inscrição do atleta nessa federação, surge o vínculo desportivo. Em relação ao clube que utiliza a atividade desportiva de seu atleta federado, diz-se que é utente dos direitos desportivos deste.

A fim de esclarecimentos, cita-se um exemplo hipotético: o Sport Club do Recife (Sport), de Pernambuco, gostaria de adquirir os direitos à utilização da atividade desportiva do atleta Ivson do Clube de Regatas Brasil (CRB), de Alagoas. Ao depositar o valor correspondente ao acordado para a cessão do uso dos direitos do atleta, o Sport estaria adquirindo os direitos desportivos, mas ainda não poderia efetivamente utilizá-lo em competição oficial alguma. O Sport só poderia escalar o atleta cujos direitos foram recém-adquiridos, quando este fosse inscrito na federação local a qual é filiado, ou seja, na Federação Pernambucana de Futebol (FPF), e na CBF. Para que isso ocorresse, seria necessária a juntada da documentação exigida, primeiramente, pela FPF para a inscrição do atleta, inclusive com parecer cardiológico(360).

---

(359) Trata-se de um dos deveres dos clubes de futebol efetuar o registro do contrato de trabalho de seus atletas profissionais nas respectivas entidades federativas estaduais e na CBF, e no caso de atletas não profissionais, realizar o preenchimento do formulário apropriado indicado pela Diretoria de Registro e Transferência da CBF ou pelo departamento de registro responsável da entidade federativa estadual a que é filiado, conforme o art. 34, I, da Lei Pelé e normas orgânicas das entidades federativas. Quanto ao art. 34, I, este dispõe que:

"Art. 34. São deveres da entidade de prática desportiva empregadora, em especial: (Redação dada pela Lei n. 9.981, de 2000)

I — registrar o contrato de trabalho do atleta profissional na entidade de administração nacional da respectiva modalidade desportiva; (Incluído pela Lei n. 9.981, de 2000)

(...)".

(360) Conforme o art. 32, parágrafo primeiro, do regulamento do Campeonato Pernambucano de Futebol de 2009: "Art 32 — Só poderá participar do Campeonato atleta profissional e não profissional que tiver seu contrato inscrito na FPF dentro dos prazos aqui estabelecidos. O prazo final de inscrição será *até quarenta e oito (48) horas úteis* antes do início da Quarta Rodada do Segundo Turno. Serão admitidos os atletas que participaram do último turno do Campeonato de

Parte dessa documentação estaria na entidade federativa que o clube CRB é filiado, isto é, na Federação Alagoana de Futebol (FAF). Havendo a remessa da documentação da FAF para a FPF, e quando esta concluir as atribuições que lhe cabem para o registro de Ivson, deverá ainda ratificar essa inscrição junto à CBF, de acordo com suas exigências. Portanto, somente após a inscrição regular do jogador pelo Sport na FPF e na CBF, é que se caracterizaria o vínculo desportivo, tornando Ivson apto a ser utilizado pelo Sport. A inclusão do nome do jogador no BID-E da CBF é a maior prova nos meios desportivos de que houve a regularização do atleta.

O termo cessão-transferência surge da junção de dois institutos jurídico-desportivos, que se consolidam através do distrato, originado pela negociação entre o clube cedente e o atleta, e da formalização do contrato de trabalho, firmado por este mesmo jogador junto ao clube adquirente dos seus direitos desportivos, necessitando ainda do registro nas respectivas entidades federativas, a fim de legitimar a sua utilização em partidas organizadas por aquelas entidades.

A palavra cessão diz respeito à outorga dos direitos à utilização da atividade desportiva do atleta. Por outro lado, o termo transferência é empregado no sentido de que há transferência física do jogador, na mudança de um clube para outro. E em virtude de tanto a cessão, quanto a transferência ocorrerem com a realização daqueles atos jurídicos, é que se utiliza a expressão cessão-transferência.

A cessão dos direitos desportivos de determinado atleta ou a transferência deste pode ocorrer de duas maneiras: em definitivo ou temporariamente.

Em definitivo, quando o atleta se transfere sem possibilidade de retorno automático para o clube cedente, caso houver o pagamento da cláusula penal devida a este pelo clube adquirente.

Diferentemente ocorre quando a cessão-transferência é por contrato de empréstimo, conforme o art. 39 da Lei Pelé, o qual prevê o seguinte:

> Art. 39. A transferência do atleta profissional de uma entidade de prática desportiva para outra do mesmo gênero poderá ser temporária (contrato de emprés-

---

outras Federações, inclusive, os não profissionais cedidos por empréstimo nas mesmas condições acima referenciadas. O não profissional deverá estar registrado na FPF por sua Associação na forma prevista nestas normas. Parágrafo Primeiro — Os documentos necessários para registro de atletas, *juntamente com parecer cardiológico*, deverão ser entregues no Departamento de Registro e Movimentação de Atletas da FPF, dentro do expediente normal, devidamente protocolado até 14 dias para o início da competição, ou seja, até as 19h00 do dia 29 de dezembro de 2008, e até no dia 05 de janeiro de 2009, para atleta(s) pendente(s) de regularização, para o início da competição e para as demais partidas, observado o *caput* deste artigo.". FEDERAÇÃO PERNAMBUCANA DE FUTEBOL. *Campeonato Pernambucano da Série A1:* normas especiais — 2009. Disponível em: <http://www.fpf-pe.com.br/normas_especiais_2009.pdf>. Acesso em: 30 nov. 2008.

timo) e o novo contrato celebrado deverá ser por período igual ou menor que o anterior, ficando o atleta sujeito à cláusula de retorno à entidade de prática desportiva cedente, vigorando no retorno o antigo contrato, quando for o caso.

Todavia, o legislador infraconstitucional redator do art. 39 supramencionado não foi feliz por duas razões. A primeira é que o termo empréstimo[(361)] pressupõe que a cessão temporária do uso da atividade desportiva do atleta é gratuita, o que na maioria dos casos não ocorre. Além disso, impropriamente chamou essa cessão temporária pelo termo empréstimo, esquecendo-se que não se trata de uma coisa a ser emprestada, mas da cessão do direito à utilização da atividade desportiva de um jogador.

Portanto, ao invés de contrato de empréstimo, recomenda-se a utilização da expressão contrato de cessão-transferência temporária, subentendendo-se que se trata da cessão dos direitos desportivos de determinado atleta e a transferência física deste temporariamente.

Assim, sendo o jogador transferido de um clube para outro por contrato de cessão-transferência temporária, ocorrendo o término deste contrato pelo lapso temporal ou em razão da rescisão antecipada por um dos pactuantes, em virtude da cláusula de retorno, fica o mesmo obrigado a retornar ao seu clube anterior, a fim de adimplir o resto do contrato, se ainda tiver o que cumprir. Trata-se de um caso de suspensão do contrato de trabalho.

O contrato de cessão-transferência temporária está sujeito às possibilidades de dissolução de um contrato de trabalho comum, podendo ser rescindido por qualquer uma das partes ou dissolvido bilateralmente. Fato este que porá fim ao contrato acessório e tornará vigente o contrato principal, ou seja, aquele firmado anteriormente à transferência temporária do atleta.

Por outro lado, caso uma transferência em definitivo ou temporariamente tenha por destino um clube do exterior, aplicar-se-á o disposto no art. 40, §§ 1º e 2º, da Lei n. 9.165/1998, o qual prevê:

> Art. 40. Na cessão ou transferência de atleta profissional para entidade de prática desportiva estrangeira observar-se-ão as instruções expedidas pela entidade nacional de título.

---

(361) "*EMPRÉSTIMO. Direito civil.* Contrato pelo qual uma pessoa entrega a outra, gratuitamente, uma coisa para que dela se sirva, com a obrigação de restituir (Coelho da Rocha). Duas são as espécies de empréstimo: a) o comodato, que constitui o empréstimo de uso, em que o bem emprestado deverá ser restituído em espécie, isto é, em sua individualidade, razão pela qual não poderá ser fungível ou consumível; b) o mútuo, que é o empréstimo de consumo, pois a coisa emprestada, sendo fungível ou consumível, não poderá ser devolvida, de modo que a restituição se fará no seu equivalente, ou seja, por outra coisa do mesmo gênero, quantidade e qualidade." DINIZ, Maria Helena. *Dicionário jurídico.* v. 2. São Paulo: Saraiva, 1998. p. 316.

§ 1º As condições para transferência do atleta profissional para o exterior deverão integrar obrigatoriamente os contratos de trabalho entre o atleta e a entidade de prática desportiva brasileira que o contratou. (Renumerado do Parágrafo Único para § 1º pela Lei n. 10.672, de 2003)

§ 2º Se a entidade de prática desportiva cedente de atleta profissional para entidade de prática desportiva estrangeira tiver sido cessionária do atleta, no prazo inferior a doze meses, em transferência definitiva ou empréstimo, oneroso ou gratuito, para qualquer outra entidade de prática desportiva, será caracterizada como entidade repassadora, fazendo jus a vinte e cinco por cento do valor pactuado para a cessão ou transferência internacional, ficando a entidade formadora com direito de receber setenta e cinco por cento do valor pago pela entidade estrangeira, desde que a entidade formadora do atleta não tenha sido previamente indenizada. (Incluído pela Lei n. 10.672, de 2003)

Sendo assim, o contrato de trabalho firmado com o clube brasileiro adquirente deverá obrigatoriamente conter cláusulas dispondo sobre condições para possíveis transferências do atleta para o exterior.

O § 2º, do art. 40, dispõe sobre uma compensação de 25% (vinte e cinco por cento) para a equipe cedente de jogador para o exterior, desde que comprovado que o atleta tenha sido repassado do clube estrangeiro para qualquer outra agremiação, em um período inferior a 12 (doze) meses, a contar da sua primeira transferência.

A fim de ilustrar essa explicação, se um jogador se transfere de um clube brasileiro, para um clube espanhol, e decorrido menos de um ano dessa transferência, o clube espanhol cede o direito à utilização da atividade desportiva desse atleta para outra entidade desportiva, configurado está o repasse, devendo o clube brasileiro buscar o ressarcimento de 25% (vinte e cinco por cento) do valor da transação.

A intenção dessa imposição compensatória é a de evitar que ocorra a cessão dos direitos desportivos de um mesmo jogador de um clube para outro, por mais de uma vez, no período destinado para as transferências.

Sendo assim, além de trazer uma melhor organização e segurança para as competições, esse limite temporal de transferências traz ainda uma boa característica: faz com que o atleta, ao permanecer no clube por certo período de tempo, crie uma maior identidade com as pessoas que ajudam o clube, a exemplo dos dirigentes, dos sócios e dos torcedores.

4.1.3. Caducidade

Pode o contrato de trabalho desportivo cessar por outros motivos. Dentre os quais se destacam quando ocorre a termo do contrato de trabalho, por morte do empregado e por força maior.

Todos esses motivos são exemplos de caducidade do contrato de trabalho.

O contrato de trabalho caduca quando os seus efeitos jurídicos cessam em consequência de um acontecimento natural[362]. Não depende da vontade das partes, o contrato torna-se, por si só, ineficaz, extinto.

Ocorre a termo do contrato de trabalho quando o prazo prédeterminado no pacto chega ao seu final. O atleta de futebol, com o término do contrato, tem direito ao levantamento do FGTS, à gratificação natalina proporcional e às férias proporcionais, acrescidas de um terço constitucional. Se houver férias integrais não gozadas, então cabe a indenização destas, acrescidas de um terço constitucional.

No que concerne a outro exemplo de caducidade, tem-se a morte do empregado. Em virtude do caráter personalíssimo do contrato, com o falecimento do atleta, o contrato perde os seus efeitos, tornando-se extinto.

Para o caso de falecimento do jogador, os herdeiros terão direito: a) ao 13º salário proporcional do ano em curso; b) à indenização das férias integrais simples ou em dobro, a depender do caso concreto, acrescidas do terço constitucional; c) à indenização das férias proporcionais, igualmente, acrescidas do terço constitucional; d) ao saldo de salário; e e) ao levantamento do FGTS. Se o falecimento decorreu de algum infortúnio desportivo, isto é, acidente de trabalho, independentemente de haver dolo ou culpa do clube, então, além dos mencionados direitos, terá também direito à indenização da multa de 40% (quarenta por cento) calculada sobre o FGTS[363], mas não terá direito ao aviso-prévio, já que nos contratos por prazo determinado, incabível essa concessão.[364]

Por fim, a última causa de caducidade do contrato de trabalho é a força maior que está disposta no art. 501, §§ 1º e 2º, da CLT. O legislador chamou por força maior todo acontecimento inevitável, em relação à vontade do empregador, desde que este não tenha culpa, de forma direta ou indireta, com o ocorrido.[365]

---

(362) GOMES, Orlando; GOTTSCHALK, Élson. *Curso de direito do trabalho.* 16. ed. Rio de Janeiro: Forense, 2000. p. 345.

(363) SARAIVA, Renato. *Direito do trabalho:* versão universitária. São Paulo: Método, 2008. p. 347.

(364) "Art. 487 — Não havendo prazo estipulado, a parte que, sem justo motivo, quiser rescindir o contrato deverá avisar a outra da sua resolução com a antecedência mínima de:".

(365) "Art. 501 — Entende-se como força maior todo acontecimento inevitável, em relação à vontade do empregador, e para a realização do qual este não concorreu, direta ou indiretamente.

§ 1º — A imprevidência do empregador exclui a razão de força maior.

§ 2º — À ocorrência do motivo de força maior que não afetar substâncialmente, nem for suscetível de afetar, em tais condições, a situação econômica e financeira da empresa não se aplicam as restrições desta Lei referentes ao disposto neste Capítulo.".

Nos casos de força maior, por exemplo, se um clube deixar de existir por causa de uma catástrofe natural, de um modo que impossibilite a continuidade de suas atividades regulares, o atleta faz jus ao que está disposto no art. 502, III, da CLT, isto é, terá direito a 25% (vinte e cinco por cento) de toda a remuneração devida até o final de seu contrato(366). O empregado que se encontrar nessa situação ficará sem contrato, portanto, apto a firmar outro pacto laboral com qualquer outro clube interessando na aquisição da sua atividade desportiva, de acordo com o art. 17 da Lei n. 6.354/1976.(367)

4.2. MULTA RESCISÓRIA E CLÁUSULA PENAL

Tanto a multa rescisória, quanto a cláusula penal são formas de obrigações acessórias impostas aos pactuantes, as quais servem para que ambas as partes cumpram o contrato firmado até o fim, em respeito ao princípio do *pacta sunt servanda*.(368)

A multa rescisória do Direito Desportivo tem origem na teoria do abuso de direito, de origem francesa, com base no art. 1.382 do Código Civil de 1804, visto que foi esta teoria que deu origem às indenizações previstas na legislação civil brasileira, e esta, por sua vez, influenciou a incorporação daquelas na legislação trabalhista consolidada.(369) De acordo com a Lei Pelé, uma dessas indenizações é aplicada ao contrato de trabalho desportivo. Trata-se da previsão do art. 479 da CLT.(370)

Todavia, muito se discutiu até se chegar a um conceito ideal para o termo indenização. *Martins* ensina que esse termo tem por fundamento:

> o fato de o empregado perder o emprego e a contagem do tempo de serviço na empresa. Não se trata de um dano causado ao emprega-

---

(366) "Art. 502 — Ocorrendo motivo de força maior que determine a extinção da empresa, ou de um dos estabelecimentos em que trabalhe o empregado, é assegurada a este, quando despedido, uma indenização na forma seguinte:

(...)

III — havendo contrato por prazo determinado, aquela a que se refere o art. 479 desta Lei, reduzida igualmente à metade.".

(367) Art. 17 Ocorrendo, por qualquer motivo, previsto em lei, a dissolução do empregador, o contrato será considerado extinto, considerando-se o atleta com passe livre.

(368) "*PACTA SUNT SERVANDA. Aforismo jurídico.* Os pactos devem ser observados.". DINIZ, Maria Helena. *Dicionário jurídico.* v. 3. São Paulo: Saraiva, 1998. p. 483.

(369) Sobre o termo indenização, *Martins* leciona que o "seu fundamento era o de que o empregador, ao rescindir o contrato de trabalho do empregado, cometia um abuso de direito, salvo se houvesse motivo justificado para a mencionada rescisão.". MARTINS, Sérgio Pinto. *Direito do trabalho.* 12. ed. São Paulo: Atlas, 2000. p. 383.

(370) "Art. 479 — Nos contratos que tenham termo estipulado, o empregador que, sem justa causa, despedir o empregado será obrigado a pagar-lhe, a título de indenização, e por metade, a remuneração a que teria direito até o termo do contrato.".

do, como já vimos, nem de abuso de direito, pois o empregador exercita um direito previsto na lei, que apenas ampara o empregado com uma compensação pela despedida abrupta em função de seu tempo de serviço.[371]

Por outro lado, a origem da cláusula penal advém da terminologia adotada pelo Direito Civil francês, incorporada pela legislação civil brasileira. Esta tomou emprestado o conceito previsto no Código Napoleônico, de 1804, dispondo no art. 1.226 que a citada cláusula "é aquela pela qual uma pessoa, para assegurar a execução de uma convenção, se compromete a dar alguma coisa, em caso de inexecução". Estar-se-ia diante de uma obrigação acessória, dependente de um negócio principal, servindo de reforço a este e representando um sucedâneo previamente avaliado das perdas e danos provenientes do inadimplemento contratual.[372]

Por sua vez, a legislação civil brasileira prevê o instituto da cláusula penal nos arts. 408 e seguintes[373] do Código Civil. Todavia, inaplicável à relação contratual em estudo o art. 412 dessa legislação, uma vez que é incompatível com o art. 28 da Lei Pelé.

---

(371) MARTINS, Sérgio Pinto. *Direito do trabalho.* 12. ed. São Paulo: Atlas, 2000. p. 384.

(372) RODRIGUES, Sílvio. *Direito civil.* v. 2, 21. ed. São Paulo: Saraiva, 1993. p. 85-87.

(373) "Art. 408. Incorre de pleno direito o devedor na cláusula penal, desde que, culposamente, deixe de cumprir a obrigação ou se constitua em mora.

Art. 409. A cláusula penal estipulada conjuntamente com a obrigação, ou em ato posterior, pode referir-se à inexecução completa da obrigação, à de alguma cláusula especial ou simplesmente à mora.

Art. 410. Quando se estipular a cláusula penal para o caso de total inadimplemento da obrigação, esta converter-se-á em alternativa a benefício do credor.

Art. 411. Quando se estipular a cláusula penal para o caso de mora, ou em segurança especial de outra cláusula determinada, terá o credor o arbítrio de exigir a satisfação da pena cominada, juntamente com o desempenho da obrigação principal.

Art. 412. O valor da cominação imposta na cláusula penal não pode exceder o da obrigação principal.

Art. 413. A penalidade deve ser reduzida equitativamente pelo juiz se a obrigação principal tiver sido cumprida em parte, ou se o montante da penalidade for manifestamente excessivo, tendo-se em vista a natureza e a finalidade do negócio.

Art. 414. Sendo indivisível a obrigação, todos os devedores, caindo em falta um deles, incorrerão na pena; mas esta só se poderá demandar integralmente do culpado, respondendo cada um dos outros somente pela sua quota.

Parágrafo único. Aos não culpados fica reservada a ação regressiva contra aquele que deu causa à aplicação da pena.

Art. 415. Quando a obrigação for divisível, só incorre na pena o devedor ou o herdeiro do devedor que a infringir, e proporcionalmente à sua parte na obrigação.

Art. 416. Para exigir a pena convencional, não é necessário que o credor alegue prejuízo.

Parágrafo único. Ainda que o prejuízo exceda ao previsto na cláusula penal, não pode o credor exigir indenização suplementar se assim não foi convencionado. Se o tiver sido, a pena vale como mínimo da indenização, competindo ao credor provar o prejuízo excedente.".

Vogel Neto defende que, com a extinção do instituto do passe pela Lei n. 9.615/1998, os clubes ficaram, teoricamente, desprotegidos em caso de uma possível transferência de seus atletas.(374) O legislador pensando nessa carência acrescentou à supracitada norma, o art. 28, cujo *caput* passa-se a transcrever, e respectivos parágrafos:

> Art. 28. A atividade do atleta profissional, de todas as modalidades desportivas, é caracterizada por remuneração pactuada em contrato formal de trabalho firmado com entidade de prática desportiva, pessoa jurídica de direito privado, que deverá conter, obrigatoriamente, cláusula penal para as hipóteses de descumprimento, rompimento ou rescisão unilateral.
>
> (...)
>
> § 3º O valor da cláusula penal a que se refere o *caput* deste artigo será livremente estabelecido pelos contratantes até o limite máximo de cem vezes o montante da remuneração anual pactuada. (Incluído pela Lei n. 9.981, de 2000)
>
> § 4º Far-se-á redução automática do valor da cláusula penal prevista no *caput* deste artigo, aplicando-se, para cada ano integralizado do vigente contrato de trabalho desportivo, os seguintes percentuais progressivos e não cumulativos: (Redação dada pela Lei n. 10.672, de 2003)
>
> I — dez por cento após o primeiro ano; (Redação dada pela Lei n. 10.672, de 2003)
>
> II — vinte por cento após o segundo ano; (Redação dada pela Lei n. 10.672, de 2003)
>
> III — quarenta por cento após o terceiro ano; (Redação dada pela Lei n. 10.672, de 2003)
>
> IV — oitenta por cento após o quarto ano. (Redação dada pela Lei n. 10.672, de 2003)
>
> § 5º Quando se tratar de transferência internacional, a cláusula penal não será objeto de qualquer limitação, desde que esteja expresso no respectivo contrato de trabalho desportivo. (Incluído pela Lei n. 9.981, de 2000)
>
> (...)

Primeiramente, quanto ao § 5º, vale salientar que, no caso de aplicação da cláusula penal quando se tratar de transferência para o exterior, quis o legislador dispor que a restrição imposta por essa obrigação acessória não deve existir, isto é, o limite máximo de até 100 (cem) vezes o montante da remuneração anual pactuada poderá ser superado, desde que expresso no contrato de trabalho. Se num contrato de trabalho desportivo não houver pre-

---

(374) VOGEL NETO, Gustavo Adolpho. Contrato de trabalho desportivo e sua extinção — um reexame da polêmica sobre o passe. *Legislação do trabalho*. Publicação mensal de legislação, doutrina e jurisprudência. São Paulo: LTr, ano 68, n. 08, ago. 2004.

visão alguma quanto à utilização de cláusula penal para fins de transferência ao exterior, de maneira expressa, deve ser utilizada a quantificação da cláusula penal para as transferências dentro do território nacional.(375)

Ainda da leitura do art. 28, em relação ao § 3º, pode-se concluir que o valor máximo a ser estipulado para efeito de cláusula penal, em um contrato de trabalho desportivo, corresponderá em até 100 (cem) vezes o *quantum* total da remuneração anual percebida por determinado atleta.

Sendo assim, caso um atleta perceba uma remuneração mensal de R$ 1.000,00 (mil reais), cuja vigência do pacto laboral é de 2 (dois) anos, o valor máximo a ser estipulado para a cláusula penal, caso o empregado ou o clube venha a rescindir unilateralmente o contrato, será de R$ 1.200.000,00 (um milhão e duzentos mil reais).

Esse valor estipulado para a cláusula penal sofre diminuições com a integralização dos anos durante a vigência do contrato de trabalho, conforme o § 4º, do art. 28, da Lei Pelé.

Ao se completar um ano de vigência, por exemplo, diminui-se em 10% (dez por cento) o valor do montante estipulado em contrato para efeito de cláusula penal, conforme o inciso I, do § 4º, do art. 28, da Lei Pelé.

Tomando-se como exemplo o valor citado anteriormente, caso houvesse rescisão unilateral por parte do atleta, insatisfeito com o não aproveitamento dos seus serviços, quando transcorridos vinte e três meses da vigência do contrato firmado, teria a parte prejudicada na relação jurídica, no caso o clube, o direito ao valor da cláusula penal reduzida em 10% (dez por cento), obtendo-se o valor de R$ 1.080.000,00 (um milhão e oitenta mil reais), desde que se levasse em conta que o valor estipulado contratualmente para a cláusula penal tivesse sido no seu montante máximo.

Seria, portanto, um valor bastante alto para efeito de dissolução de contrato a ser pago pelo atleta, se levado em consideração que, no momento da rescisão, estava no último mês de vigência. Seria isso o que todos chamam de justo? Será que foi isso que o legislador quis?

Cabe ressaltar que o contrato estaria no último mês de vigência e o valor a ser pago seria quase o mesmo caso a rescisão ocorresse no início.

Na intenção de evitar arbitrariedades, como nesse caso, ao se entender a proximidade dos termos racionalidade e razoabilidade, torna-se possível estabelecer um ponto comum entre a legalidade e a aceitabilidade. Nessa mesma direção, *Aarnio*, citando os apontamentos de Petri, entende que, além de se buscar evitar a arbitrariedade dos órgãos decisórios, para uma boa

---

(375) ZAINAGHI, Domingos Sávio. *Nova legislação desportiva:* aspectos trabalhistas. 2. ed. São Paulo: LTr, 2004. p. 19.

aplicação do direito, a decisão deve ser razoável. E é possível traduzir isso na linguagem moderna da teoria da argumentação falando sobre a aceitabilidade substancial, a qual se relaciona com o conteúdo material da solução de casos concretos, devendo se referir simultaneamente a duas propriedades dessa solução: estar de acordo com o ordenamento jurídico (presunção de legalidade) e ser moralmente válida (presunção de razoabilidade), no sentido de ser amplamente aceita na sociedade[(376)].

Teixeira conclui o assunto afirmando que "a certeza jurídica está relacionada com a necessidade de evitar a arbitrariedade. Por outro lado, a boa aplicação do direito depende de que o resultado seja razoável, ou em outras palavras aceitável".[(377)]

Retomando o exemplo supracitado, para aquele tipo de situação, o órgão jurisdicional trabalhista vem adotando o princípio da equidade, previsto no art. 413 do Código Civil, o qual trata sobre a cláusula penal, *ipsis verbis:*

> Art. 413. A penalidade deve ser reduzida equitativamente pelo juiz se a obrigação principal tiver sido cumprida em parte, ou se o montante da penalidade for manifestamente excessivo, tendo-se em vista a natureza e a finalidade do negócio.

Essa interpretação de aplicar o princípio da equidade, em caso de a obrigação principal tiver sido cumprida em parte e/ou de haver valores excessivos cobrados a título de cláusula penal, decorreu do julgado proferido pelo TST, do qual se extrai o seguinte trecho:

> Não obstante ser inalterável a cominação estipulada na cláusula penal ao arbítrio das partes, permite a legislação pátria a intervenção do juiz para reduzi-la, não permitindo, entretanto, seu aumento. E essa intervenção judicial permitida pela lei, somente poderá ser feita observando-se o princípio da equidade, nas hipóteses em que a obrigação principal tiver sido cumprida em parte, ou se o montante da penalidade for manifestamente excessivo.

---

(376) Traduzido e adaptado livremente pelo autor deste livro: "Sin embargo, los lineamientos petrianos no sólo consistían en la exigencia de evitar la arbitrariedad. Otra cualidad igualmente importante de una *buena aplicación* es que la decisión, *el resultado, sea razonable.* Se puede traducir esto al lenguage moderno de la teoría de la argumentación hablando acerca de la *aceptabilidad substancial.* Ésta se relaciona con el contenido material de la solución del caso en cuestión, por ejemplo, de la sentencia pronunciada en un caso criminal. El término 'aceptabilidad substancial' se refiere, por otra parte, a dos propiedades de la solución: (a) la solución tiene que ser *acorde con las leyes* (presunción de legalidad) y, (b) la solución no puede ir en contra de la *moralidad* válida ampliamente aceptada en la sociedad (presunción de razonabilidad)." Para maiores detalhes, veja-se PETRI, Olaus *apud* AARNIO, Aulis. *Derecho, racionalidad y comunicación social:* ensayos sobre filosofía del derecho. Tradução de Pablo Larrañaga. México: Distribuciones Fontamara, 1995. p. 36-37.

(377) TEXEIRA, João Paulo Allain. *Racionalidade das decisões judiciais.* São Paulo: Juarez de Oliveira, 2002. p. 94.

> Esclareceu o Regional que o contrato de seis meses foi cumprido pelo período de cinco meses. Assim, entendo que a equidade prevista no dispositivo que embasou a decisão recorrida estaria de fato sendo observada se o valor da cláusula penal fosse dividida em seis (pois esse é o período de meses do contrato rescindido), considerando como valor da multa o número de meses restantes para o término do ajuste.
>
> (...)
>
> ACORDAM os Ministros da Segunda Turma do Tribunal Superior do Trabalho, por unanimidade: I — conhecer do agravo de instrumento e dar-lhe provimento para determinar o processamento da revista denegada, II — conhecer do recurso de revista, apenas no tocante à cláusula penal, por violação do art. 413 do CCB/2002 e, no mérito, dar-lhe provimento para determinar que o valor da indenização prevista na cláusula penal estipulada entre as partes seja calculada considerando 1/6 do ajuste fixado no contrato de fl. 112.[378]

Tomando-se em consideração esse entendimento jurisprudencial com o exemplo citado, o qual tem por base o valor de R$ 1.200.000,00 (um milhão e duzentos mil reais) a título de cláusula penal, caso tivesse ocorrido a rescisão unilateral no último mês de vigência do contrato de trabalho desportivo, seria aplicado o cálculo de 1/24 (um vinte e quatro avos), referente ao mês restante que faltava ser adimplido no contrato. Assim sendo, seria devido a título de ressarcimento somente R$ 50.000,00 (cinquenta mil reais), ao invés de R$ 1.080.000,00 (um milhão e oitenta mil reais), face à possibilidade de redução prevista no art. 413 do Código Civil.

A título de utilização do disposto no § 4º, do art. 28, da Lei Pelé, esta norma ficaria restrita aos contratos estipulados com prazo de duração de 5 (cinco) anos, uma vez que essa norma só faria sentido se fosse para ter aplicação em contratos com tal período de vigência. Os maiores beneficiados nesse caso seriam os clubes, pois além de terem uma maior segurança na relação jurídica com seus atletas, ainda teria a seu favor a aplicação de redutores menores para o valor da cláusula penal. Para os contratos com prazo inferior a 5 (cinco) anos, deveria ser aplicado o disposto no citado art. 413.

Nesse sentido, os clubes deveriam ser educados a formalizar contratos com longa duração, a fim de se evitar o aliciamento de seus jogadores por outras agremiações desportivas durante uma competição, pois, como bem pondera *Zainaghi*:

> A Cláusula Penal não é uma forma disfarçada da manutenção do *passe*, mas sim um meio de se evitar o aliciamento de jogadores durante uma competição.

---

(378) BRASIL. Tribunal Superior do Trabalho. 2ª Turma. Acórdão em recurso de revista n. 1490/2002-MG. Relator: Juiz Convocado Horácio Raymundo de Senna Pires. DJ, 18 fev. 2005. *TST*. Disponível em: <http://www.tst.gov.br/>. Acesso em: 4 jun. 2006.

O prazo previsto inicialmente na Lei n. 9.615/98, ou seja, de no máximo dois anos, como vimos, em razão da aplicação subsidiária da CLT, poderia levar à ocorrência de aliciamento de atletas.[379]

In casu, a aplicação subsidiária é a do Código Civil, visto que a Lei Pelé admite a adoção de normas da legislação trabalhista, e o art. 8º, *caput* e parágrafo único, da CLT dispõem o seguinte:

> Art. 8º — As autoridades administrativas e a Justiça do Trabalho, na falta de disposições legais ou contratuais, decidirão, conforme o caso, pela jurisprudência, por analogia, por equidade e outros princípios e normas gerais de direito, principalmente do direito do trabalho, e, ainda, de acordo com os usos e costumes, o direito comparado, mas sempre de maneira que nenhum interesse de classe ou particular prevaleça sobre o interesse público.
>
> Parágrafo único — O direito comum será fonte subsidiária do direito do trabalho, naquilo em que não for incompatível com os princípios fundamentais deste.

No que tange à aplicação da multa rescisória, tomando-se por base a legislação desportiva, no caso de mora contumaz do empregador, entendem de forma pacificada a doutrina e a jurisprudência, como sendo devida somente pelo clube em favor do atleta. Ao contrário da cláusula penal que tem entendimento controvertido, inclusive, suscitando a aplicação da multa rescisória em outro caso, tal qual será demonstrado ao ser retomado o assunto mais à frente.

A aplicação da multa rescisória por mora contumaz do empregador está prevista no art. 31, *caput* e § 2º, da Lei Pelé.[380] Entende-se por mora contumaz, quando estiver em atraso o pagamento de verbas de natureza salarial ou o recolhimento do FGTS e das contribuições previdenciárias, no todo ou em parte, por período igual ou superior a 3 (três) meses.

Portanto, não estão inclusas as verbas equiparadas às gorjetas, a exemplo do direito de arena, as quais não integram o rol das verbas de natureza salarial, e sim, o da remuneração.

---

(379) ZAINAGHI, Domingos Sávio. *Nova legislação desportiva:* aspectos trabalhistas. 2. ed. São Paulo: LTr, 2004. p. 19.

(380) "Art. 31. A entidade de prática desportiva empregadora que estiver com pagamento de salário de atleta profissional em atraso, no todo ou em parte, por período igual ou superior a três meses, terá o contrato de trabalho daquele atleta rescindido, ficando o atleta livre para se transferir para qualquer outra agremiação de mesma modalidade, nacional ou internacional, e exigir a multa rescisória e os haveres devidos.

(...)

§ 2º A mora contumaz será considerada também pelo não recolhimento do FGTS e das contribuições previdenciárias.

(...)".

Por força do art. 31, § 3º, da Lei Pelé(381), o valor da multa rescisória, em ambos os casos de atraso, será calculado com base no art. 479 da CLT(382), isto é, a metade do montante remuneratório que seria devido ao atleta no tempo restante do contrato.

Depois de expostas as duas formas de indenização por rompimento, descumprimento ou rescisão unilateral antecipada do contrato de trabalho, é que será possível abordar os dois temas de forma conjunta, explicando o que ocorre na prática.

Ambas as formas indenizatórias não se confundem. E um exemplo disso, é o que entende *Rodrigues* ao conceituar a cláusula penal no Direito Civil como sendo de duas espécies, estando assim disposta:

> Pode-se distinguir duas espécies de cláusula penal: a compensatória e a moratória; a primeira referindo-se à hipótese de inexecução completa da obrigação, e a segunda, às hipóteses de descumprimento de alguma cláusula especial ou simplesmente da mora.(383)

Nesse sentido, afirma-se que, por analogia, a cláusula penal compensatória seria a cláusula penal desportiva, enquanto que a cláusula penal moratória, a multa rescisória. Portanto, são dois institutos aplicados a situações diferentes e em momentos distintos.

As atuais divergências de entendimento acerca de qual multa aplicar, se a cláusula penal ou a multa rescisória a cada caso concreto, decorrem, principalmente, do fato de que os primeiros apontamentos da doutrina desse ramo do Direito, quanto à cláusula penal, terem sido no sentido de tentar recompensar os clubes de futebol, após o fim do instituto do passe.

Assim sendo, uma corrente de doutrinadores entende ser aplicável a cláusula penal somente quando em caso de rescisão unilateral por parte do atleta, aplicando-se a multa rescisória quando a rescisão neste molde ocorrer por iniciativa do clube.

---

(381) "Art. 31. A entidade de prática desportiva empregadora que estiver com pagamento de salário de atleta profissional em atraso, no todo ou em parte, por período igual ou superior a três meses, terá o contrato de trabalho daquele atleta rescindido, ficando o atleta livre para se transferir para qualquer outra agremiação de mesma modalidade, nacional ou internacional, e exigir a multa rescisória e os haveres devidos.

(...)

§ 3º Sempre que a rescisão se operar pela aplicação do disposto no *caput* deste artigo, a multa rescisória a favor do atleta será conhecida pela aplicação do disposto no art. 479 da CLT. (Redação dada pela Lei n. 10.672, de 2003)".

(382) "Art. 479 — Nos contratos que tenham termo estipulado, o empregador que, sem justa causa, despedir o empregado será obrigado a pagar-lhe, a título de indenização, e por metade, a remuneração a que teria direito até o termo do contrato".

(383) RODRIGUES, Sílvio. *Direito civil*. v. 2, 21. ed. São Paulo: Saraiva, 1993. p. 93-94.

Zainaghi defende a tese de que a cláusula penal só seria devida quando a rescisão antecipada sobreviesse por iniciativa do atleta.(384) Reforça esse entendimento fazendo a leitura de dispositivos da Lei 9.615/1998, dando destaque para os arts. 28, § 5º, 33 e 57, II, que em sua opinião dariam margem para fazer juízo de valor a respeito da aplicação da cláusula penal desportiva apenas contra o empregado.(385)

Ocorre que as inscrições desses três dispositivos mencionados por *Zainaghi* não estão na Lei Pelé na forma atual desde a sua origem.

O texto do *caput*, do art. 28, o qual suscita interpretações estranhas às pretendidas pelo legislador infraconstitucional originário, por aqueles que defendem a unilateralidade da cláusula penal, jamais sofreu alteração alguma.

Por outro lado, a inclusão do § 5º, do art. 28, e as alterações do *caput* do art. 33, e do *caput* e inciso II, do art. 57, foram realizadas pela Lei n. 9.981, de 14 de julho de 2000. Vale lembrar que a redação original da Lei Pelé previa de outra maneira o *caput*, do art. 33 e o *caput* e o inciso II, do art. 57, sem as alterações advindas da Lei n. 9.981/2000, inclusive, sem a previsão do § 5º, do art. 28, antes inexistente.(386)

---

(384) ZAINAGHI, Domingos Sávio. *Nova legislação desportiva:* aspectos trabalhistas. 2. ed. São Paulo: LTr, 2004. p. 55-56.

(385) "Art. 28. A atividade do atleta profissional, de todas as modalidades desportivas, é caracterizada por remuneração pactuada em contrato formal de trabalho firmado com entidade de prática desportiva, pessoa jurídica de direito privado, que deverá conter, obrigatoriamente, cláusula penal para as hipóteses de descumprimento, rompimento ou rescisão unilateral.

(...)

§ 5º Quando se tratar de transferência internacional, a cláusula penal não será objeto de qualquer limitação, desde que esteja expresso no respectivo contrato de trabalho desportivo. (Incluído pela Lei n. 9.981, de 2000)

(...).

Art. 33. Cabe à entidade nacional de administração do desporto que registrar o contrato de trabalho profissional fornecer a condição de jogo para as entidades de prática desportiva, mediante a prova de notificação do pedido de rescisão unilateral firmado pelo atleta ou documento do empregador no mesmo sentido, desde que acompanhado da prova de pagamento da cláusula penal nos termos do art. 28 desta Lei. (Redação dada pela Lei n. 9.981, de 2000).

Art. 57. Constituirão recursos para a assistência social e educacional aos atletas profissionais, ex-atletas e aos em formação, recolhidos diretamente para a Federação das Associações de Atletas Profissionais — FAAP: (Redação dada pela Lei n. 9.981, de 2000)

(...)

II — um por cento do valor da cláusula penal, nos casos de transferências nacionais e internacionais, a ser pago pelo atleta; (Redação dada pela Lei n. 9.981, de 2000)

(...)".

(386) "Art. 33. Independentemente de qualquer outro procedimento, entidade nacional de administração do desporto fornecerá condição de jogo ao atleta para outra entidade de prática, nacional ou internacional, mediante a prova da notificação do pedido de rescisão unilateral firmado pelo atleta ou por documento do empregador no mesmo sentido.

Observa-se que a dubiedade provocada pela leitura da expressão "no mesmo sentido" no *caput*, do art. 33, da Lei Pelé, foi repetida tanto no texto original, quanto no atual, sem deixar claro que documento do empregador seria esse.

Nesse viés, *Zainaghi*, comentando sobre o fato de a condição de jogo do atleta ser dada, desde que acompanhada de prova do pagamento da cláusula penal, afirma que:

> Ora, quer nos parecer que está evidente tal conclusão pois do contrário, se a cláusula penal pudesse ser devida pelo clube empregador, bastaria este não pagá-la, para que o atleta não tivesse condição de jogo, além de não receber o que lhe seria devido.(387)

Se a interpretação for apenas por esse motivo, então, bastaria o atleta, prejudicado com a mora do empregador em adimplir o pagamento do valor da cláusula penal, requerer, à entidade nacional de administração do desporto, que o dispensasse dessa exigência, sob o fundamento de que tal inadimplemento está sendo discutido na Justiça do Trabalho. Portanto, nesse caso, o empregado não poderia ser impedido de exercer a sua atividade laboral, se a impossibilidade de provar a exigência legal não decorreu de sua culpa. A CF/1988 garante ao trabalhador o direito à liberdade de exercício da profissão, conforme o art. 5º, XIII.(388)

Vale salientar também que, nesse caso, se o empregador não apresentar a documentação necessária para o fornecimento da condição de jogo do atleta, impossibilitando o empregado de poder comprovar que houve a dispensa sem justa causa e de exercer a sua profissão, estará aquele praticando

---

Art. 57. Constituirão recursos para a assistência social e educacional aos atletas profissionais, ex-atletas e aos em formação, recolhidos diretamente para a Federação das Associações de Atletas Profissionais — FAAP:

(...)

II — um por cento do valor da multa contratual, nos casos de transferências nacionais e internacionais, a ser pago pela entidade cedente;

(...)".

(387) ZAINAGHI, Domingos Sávio. *Nova legislação desportiva:* aspectos trabalhistas. 2. ed. São Paulo: LTr, 2004. p. 56.

(388) "Art. 5º Todos são iguais perante a lei, sem distinção de qualquer natureza, garantindo-se aos brasileiros e aos estrangeiros residentes no País a inviolabilidade do direito à vida, à liberdade, à igualdade, à segurança e à propriedade, nos termos seguintes:

(...)

XIII — é livre o exercício de qualquer trabalho, ofício ou profissão, atendidas as qualificações profissionais que a lei estabelecer;

(...)".

o crime de frustração de direito assegurado por lei trabalhista, previsto no art. 203 do Código Penal, Decreto-Lei n. 2.848, de 7 de dezembro de 1940.(389)

Para *Andreucci*, esse crime ocorre quando:

> A conduta típica vem representada pelo verbo *frustrar*, que significa impedir, baldar, privar. Trata-se de norma penal em branco, pois a frustração refere-se genericamente a *direito assegurado pela legislação do trabalho*. Deve a frustração ocorrer mediante *fraude ou violência*.(390)

A retenção dolosa da documentação que comprovaria a dispensa antecipada do atleta pelo clube está tipificada no inciso II, do § 1º, do art. 203, do Código Penal.

Antes de discutir sobre a menção de *Zainaghi* de o art. 57, II, da Lei Pelé, dar margem à interpretação de que o valor da cláusula penal deve ser aplicado apenas contra o atleta que rescinde o contrato de trabalho antecipadamente, deve-se explicar que não se deve falar em transferência de atleta que se encontra sem vínculo com clube algum. Assim sendo, se o jogador que alega estar sem contrato de trabalho vigente, para que firme pacto laboral com uma nova entidade de prática desportiva dever-se-á provar à entidade nacional de administração do desporto, através da notificação do pedido de rescisão unilateral firmado pelo atleta ou do documento do empregador que comprove a dispensa sem justa causa do empregado. Só se deve falar em transferência, se o clube adquirente pagar ao clube cedente o valor integral ou parcial, conforme acordado entre as partes, da cláusula penal.

Nesse viés, o *caput* e o inciso II, do art. 57, da Lei Pelé, dispõem que será recolhido diretamente para a FAAP um por cento do valor da cláusula penal, nos casos de transferências nacionais e internacionais, a ser pago pelo empregado.

---

(389) "Art. 203 — Frustrar, mediante fraude ou violência, direito assegurado pela legislação do trabalho:

Pena — detenção de um ano a dois anos, e multa, além da pena correspondente à violência. (Redação dada pela Lei n. 9.777, de 29.12.98)

§ 1º Na mesma pena incorre quem: (Incluído pela Lei n. 9.777, de 29.12.98)

I — obriga ou coage alguém a usar mercadorias de determinado estabelecimento, para impossibilitar o desligamento do serviço em virtude de dívida; (Incluído pela Lei n. 9.777, de 29.12.98)

II — impede alguém de se desligar de serviços de qualquer natureza, mediante coação ou por meio da retenção de seus documentos pessoais ou contratuais. (Incluído pela Lei n. 9.777, de 29.12.1998)

§ 2º A pena é aumentada de um sexto a um terço se a vítima é menor de dezoito anos, idosa, gestante, indígena ou portadora de deficiência física ou mental. (Incluído pela Lei n. 9.777, de 29.12.1998)".

(390) ANDREUCCI, Ricardo Antonio. *Direito penal do trabalho.* São Paulo: Saraiva, 2006. p. 170.

Assim, pode-se afirmar que nada mais coerente que quem pague o percentual de 1% (um por cento) do valor da cláusula penal, para um fundo de assistência social e educacional de atletas profissionais, ex-atletas e aos em formação, seja o empregado, e não mais o clube, tal qual ocorria anteriormente.

Por outro lado, a Lei Pelé contemporiza no art. 28, *caput* e § 2º, incisos I, II e III, que a atividade do atleta profissional é caracterizada por remuneração pactuada em contrato formal de trabalho, firmado com entidade de prática desportiva, que deverá conter, obrigatoriamente, cláusula penal para as hipóteses de descumprimento[391], rompimento[392] ou rescisão[393] unilateral. O vínculo desportivo do atleta com a entidade desportiva contratante tem natureza acessória ao respectivo vínculo empregatício, extinguindo-se, para todos os efeitos legais: a) com o término da vigência do contrato de trabalho desportivo; ou b) com o pagamento da cláusula penal; ou ainda c) com a rescisão decorrente da mora contumaz pelo empregador.

Acertadamente, o legislador infraconstitucional mencionou as 3 (três) modalidades de extinção do vínculo desportivo e apenas dispôs que em uma delas será devido o pagamento da cláusula penal. Não há menção alguma em relação a ser devida ao atleta a indenização equivalente à multa rescisória, para os casos de rescisão sem justa causa pelo empregador. Além disso, a exigência do *caput*, do art. 28, da Lei Pelé, de celebração de pacto formal de trabalho acentua a igualdade jurídica das partes, uma vez que a isonomia é a regra geral dos contratos, admitindo-se apenas exceções quando expressamente previstas em lei.[394] Assim sendo, a cláusula penal deve ser aplicada a ambos os casos de rescisão antecipada do contrato de trabalho desportivo, isto é, por iniciativa do empregado ou do clube.

A Subseção I Especializada em Dissídios Individuais do TST, no ano de 2008, através de acórdão em que o Ministro *Vieira de Mello Filho* foi designa-

---

(391) "*DESCUMPRIMENTO. Direito civil.* 1. Inadimplemento. 2. Falta de cumprimento de uma obrigação.". DINIZ, Maria Helena. *Dicionário jurídico.* v. 2. São Paulo: Saraiva, 1998. p. 90.

(392) "*ROMPIMENTO.* (...) 2. *Direito civil.* a) Violação contratual, descumprindo suas cláusulas; b) inutilização de documento.". DINIZ, Maria Helena. *Dicionário jurídico.* v. 4. São Paulo: Saraiva, 1998. p. 221.

(393) "*RESCISÃO DO CONTRATO DE TRABALHO. Direito do trabalho.* Rompimento do contrato trabalhista, independentemente de intervenção judicial, por ato voluntário das partes contratantes, por culpa ou dolo de uma ou de ambas ou por fato alheio à vontade delas (Osiris Rocha).". DINIZ, Maria Helena. *Dicionário jurídico.* v. 4. São Paulo: Saraiva, 1998. p. 157.

(394) BRASIL. Tribunal Superior do Trabalho. Subseção I Especializada em Dissídios Individuais. Acórdão em embargos em embargos de declaração em recurso de revista n. 552/2002-RJ. Relator: Ministro Horácio Raymundo de Senna Pires. Redator: Ministro Luiz Philippe Vieira de Mello Filho. DJ, 24 out. 2008. *TST.* Disponível em: <http://www.tst.gov.br/>. Acesso em: 4 jan. 2009.

do para redigir o voto vencedor, reconheceu que, além de quando a rescisão se operar por mora contumaz do empregador, em qualquer resilição do contrato de trabalho por iniciativa do clube, não deve incidir o valor da cláusula penal, mas apenas a multa rescisória.

Não há dúvidas de que a mora contumaz, por força do art. 31, § 3º, da Lei Pelé, enseja apenas a multa do art. 479 da CLT. Entretanto, há de se discordar em relação à posição adotada quanto à unilateralidade da cláusula penal, isto é, de só ser devida quando a rescisão contratual for da iniciativa do atleta.

Além do defendido por *Zainaghi*, argumenta-se ainda em favor da tese que:

> Além disso, a lógica jurídica haveria de permear a interpretação sistemática da questão. Com efeito, na hipótese de um clube desinteressar-se pela atividade de um determinado atleta, ao invés de rescindir o contrato antecipadamente sujeito à cláusula penal, simplesmente deixaria de pagar os salários por mais de três meses sujeitando-se, portanto, à regra do art. 479 da CLT.
>
> (...)
>
> Não se mostra razoável supor que o legislador tenha fixado uma indenização menor, a prevista no art. 479 da CLT, para uma das mais graves faltas justificadoras da rescisão indireta do contrato de trabalho, a cargo do empregador, dado o caráter alimentar da remuneração do trabalhador, e, para os demais casos de simples resilição contratual, tenha estabelecido uma indenização vultosa como a da cláusula penal do art. 28 da Lei n. 9.615/98.[(395)]

Acerca dos argumentos de que basta o empregador deixar de pagar por 3 (três) meses as verbas de natureza salarial a que o atleta têm direito, que se operará da mesma maneira a aplicação da multa do art. 479 da CLT; e de que a cláusula penal pune com maior eficiência o clube que atrasa aquelas verbas, em comparação com a multa rescisória, deve-se atentar que poderá ser prejudicial para o clube adotar essa posição, caso as disposições dos arts. 28 e 31 da Lei Pelé passem a ser aplicadas corretamente.

O legislador infraconstitucional, ao redigir as diretrizes dos arts. 28 e 31 da Lei Pelé, levou em consideração a natureza jurídica de cada um dos ganhos a que têm direito os atletas profissionais de futebol.

Equivocadamente, os aplicadores do direito conferem natureza salarial de maneira indiscriminada a qualquer ganho dos atletas. Se houvesse uma

---

(395) BRASIL. Tribunal Superior do Trabalho. Subseção I Especializada em Dissídios Individuais. Acórdão em embargos em embargos de declaração em recurso de revista n. 552/2002-RJ. Relator: Ministro Horácio Raymundo de Senna Pires. Redator: Ministro Luiz Philippe Vieira de Mello Filho. DJ, 24 out. 2008. *TST.* Disponível em: <http://www.tst.gov.br/>. Acesso em: 4 jan. 2009.

maior cautela com relação a isso, o § 3º, do art. 31, da Lei Pelé seria uma punição exemplar para o clube que atrasa o pagamento de verbas de natureza salarial, pois confere tal natureza a verbas que na prática não deveriam ter.

Já com relação à aplicação do § 3º, do art. 28, o legislador ordinário não dispôs expressamente quais verbas rescisórias deverão incidir no montante da cláusula penal, nos casos de rescisão antecipada por qualquer uma das partes. Assim sendo, existem ganhos dos atletas que incidem no valor da multa rescisória, mas que não deveriam incidir no da cláusula penal, a exemplo das luvas pagas em ato único ou em poucas parcelas, desde que não esteja caracterizada a habitualidade.

Portanto, a *mens legis* do § 3º, do art. 28 e do § 3º, do art. 31, da Lei Pelé apresenta amplitudes bastante diversas. Enquanto que a cláusula penal é estipulada mediante a autonomia da vontade das partes, a multa rescisória tem seu valor conferido por força de lei. Não necessariamente deve a cláusula penal ser estipulada em valores vultosos. Cabe às partes, prevendo o cumprimento do contrato até o seu termo, auferir um valor razoável para o caso de rescisão antecipada.

De fato, nota-se que o instituto da cláusula penal também foi afetado pelo processo de mercantilização da atividade desportiva dos atletas. A preocupação dos clubes deveria ser com o aproveitamento da imagem dos seus jogadores, a fim de promover ações de *marketing* de maneira conjunta, criando e perpetuando o elo entre atleta e clube.

Entretanto, o inverso ocorre. Ao invés de as agremiações desportivas incentivarem tal prática, preferem avençar contratos de trabalho com seus jogadores, estipulando valores elevadíssimos a título de cláusula penal, para que na próxima janela de transferências, a cessão dos direitos desportivos de algum atleta seu abasteça as receitas do clube.

Se, diante de todo o exposto, caso ainda haja o entendimento de ser devido o pagamento da cláusula penal apenas em desfavor do atleta, então, vale lembrar mais uma vez acerca da existência do princípio da equidade nas relações jurídicas. Aplicar apenas a multa rescisória ao clube que rescinde um contrato de forma antecipada seria bastante prejudicial ao atleta, visto que a cláusula penal, por diversas vezes, alcança valores elevadíssimos, atendendo a um desejo dos clubes. Quem tem maiores condições de arcar com uma multa cujo valor é elevado? O atleta profissional de futebol? Ou a entidade de prática desportiva?

É notório que o legislador infraconstitucional quis dar uma proteção aos clubes, face à extinção do instituto do passe, mas também não quis dar margem para que houvesse abuso de direito por parte do empregador.

Zainaghi vislumbra esse fato de outra maneira ao dizer que:

> Com a extinção do passe, buscou-se um mecanismo jurídico de valorização dos clubes, sob pena de uma verdadeira e irreversível falência destes e com a conseguinte exterminação do futebol brasileiro.[(396)]

Todavia, os clubes possuem diversas alternativas para captar recursos, a exemplo da verba arrecadada a título de direitos de transmissão das suas partidas, patrocínios, venda de ingressos, *marketing*, mensalidades adimplidas pelos sócios, etc. Um clube competentemente administrado por pessoas que querem ajudar e não usufruir do patrimônio deste não terá dificuldades para manter a sua saúde financeira em alta.

Para o Ministro de Estado do Esporte e Turismo, *Caio Luiz de Carvalho*, ao expor os motivos da Medida Provisória n. 79, de 27 de novembro de 2002[(397)], ressaltou que a situação atual dos clubes deve-se a má gestão dos recursos principais, frutos da atividade econômica, a exemplo dos valores percebidos a título de patrocínios, transações envolvendo direitos de jogadores, negociações de direitos de transmissão de partidas, entre outros. O fato de as entidades desportivas terem a natureza jurídica de associações civis dificulta a fiscalização desses recursos, por quem quer que seja. Outro fator preocupante é que:

> A situação econômico-financeira das entidades esportivas, principalmente das entidades de prática desportiva, é crítica. A evasão de rendas e as enormes dívidas com a Previdência Social, com a Receita Federal e as decorrentes de condenações trabalhistas geram uma espécie de paralisação financeira de muitos dos maiores clubes do Brasil. Além disso, o modelo de gestão adotado por essas entidades é motivo de desconfiança por parte dos potenciais investidores, reduzindo, cada vez mais, o capital injetado no setor.[(398)]

---

(396) ZAINAGHI, Domingos Sávio. *Nova legislação desportiva:* aspectos trabalhistas. 2. ed. São Paulo: LTr, 2004. p. 57.

(397) A Medida Provisória n. 79/2002 foi, posteriormente, convertida na Lei n. 10.672, de 15 de maio de 2003, a qual alterou significativamente a Lei Pelé.

(398) A Exposição de Motivos n. 49, de 5 de novembro de 2002, assinado pelo então Ministro de Estado do Esporte e Turismo, Caio Luiz de Carvalho, sobre a Medida Provisória n. 79/2002, dispôs que "Excelentíssimo Senhor Presidente da República, A prática do desporto profissional tem se tornado cada vez mais comum no Brasil. Esse fato deve-se a variados fatores, dentre eles, principalmente, a habilidade dos atletas nacionais e a ampla difusão do esporte por todos os cantos deste imenso país. 2. Ocorre, entretanto, que o esporte profissional não é somente patrimônio cultural de interesse geral, mas, também, configura atividade econômica. Patrocínios, transações envolvendo jogadores, venda dos direitos de transmissão, enfim, a atividade envolve contratos milionários e tem, como principal objetivo, a obtenção de lucro. 3. Desse modo, não há como negar a natureza econômica da gestão e exploração do desporto profissional. 4. Hoje, entretanto, as entidades desportivas envolvidas em competições de desporto profissional — entidades de prática desportiva, entidades de administração do desporto e ligas — têm a natureza jurídica

Nesse mesmo sentido, Foer, analisando sob uma perspectiva global, resume como os clubes brasileiros são vistos, da seguinte forma:

> Os norte-americanos chamam seus clubes desportivos de "franquias". Os brasileiros jamais tolerariam o uso desse termo. Tem muitas associações com organizações comerciais, como cadeias de lanchonetes e lavanderias. Em vez disso, os brasileiros chamam seus times de 'clubes', pois a

---

de associações civis. Esse fato impede a fiscalização, seja por parte do Governo, dos eventuais investidores, seja dos próprios associados, que não dispõem de instrumentos para obrigar seus dirigentes a adotar políticas de austeridade e transparência dentro das entidades esportivas. 5. A situação econômico-financeira das entidades esportivas, principalmente das entidades de prática desportiva, é crítica. A evasão de rendas e as enormes dívidas com a Previdência Social, com a Receita Federal e as decorrentes de condenações trabalhistas geram uma espécie de paralisação financeira de muitos dos maiores clubes do Brasil. Além disso, o modelo de gestão adotado por essas entidades é motivo de desconfiança por parte dos potenciais investidores, reduzindo, cada vez mais, o capital injetado no setor. 6. Há, ainda, a questão da falta de regulamentação da atividade de formação de atletas. Assim, após o fim da chamada "Lei do Passe", os clubes que preparavam os atletas para a prática profissional e que tinham nessa atividade uma fonte de lucro, passaram a ficar cada vez mais vulneráveis no momento da transferência desses atletas para outros clubes. 7. Como atividade econômica que é, a formação de atletas pelas entidades desportivas requer urgente regulamentação para proteger aqueles que investem nessa atividade. 8. Mais do que isso, a transferência de atletas menores de dezoito anos para o exterior aumentou consideravelmente nos últimos anos. As consequências são graves, pois esse fato reduz a possibilidade de os melhores atletas permanecerem no país de modo a gerar campeonatos mais interessantes para o público brasileiro. 9. Outrossim, é de fundamental importância o estabelecimento dos valores de ressarcimento para as entidades nacionais responsáveis pela formação do atleta. Assim é possível criar barreiras para a saída de nossos novos talentos, fortalecendo o esporte interno e impedindo a exploração de jovens brasileiros que, pelo que é sabido, muitas vezes são excluídos dos times para que foram enviados e acabam por ficar em países estranhos sem condições para retornar ao Brasil. 10. Desde a divulgação das apurações realizadas no Senado Federal, pela Comissão Parlamentar de Inquérito criada para investigar o submundo do futebol profissional, a sociedade clama pela moralização e profissionalização do setor esportivo. Por outro lado, a questão da formação dos atletas deve ser resolvida imediatamente. 11. A presente proposta de medida provisória pretende solucionar esses aspectos por meio da regulamentação da gestão e exploração do desporto profissional. 12. Os arts. 1º a 3º tratam da caracterização da exploração e gestão do desporto profissional como atividade econômica, inclusive para os fins do disposto na Lei n. 10.406, de 10 de janeiro de 2002, (o Novo Código Civil). Para tornar aplicável esse documento legal que entrará em vigor no dia 11 de janeiro de 2003, o art. 15 da medida provisória determinou que apenas para os fins nela dispostos, o Novo Código Civil entrará em vigor na data da publicação da medida provisória. 13. As consequências da não transformação das entidades esportivas em sociedades empresariais estão dispostas no art. 6º. Já os arts. 7º, 8º, e 9º, dispõem sobre o dever da publicação das demonstrações financeiras e sobre as sanções para o caso de seus descumprimentos. 14. O art. 4º retoma questão crucial para o desenvolvimento do futebol, que é a especificação do que seja o contrato de imagem, evitando a insegurança jurídica e os já recorrentes questionamentos trabalhistas que envolvem a matéria. 15. Por fim, a formação dos atletas e o respectivo ressarcimento pelos seus custos são abordados no art. 5º, havendo especificação das faixas em que poderão estar esses custos para cada faixa de idade. É importante ressaltar que apenas as entidades de prática desportiva que cumprirem determinados requisitos — adequação das atividades ao aproveitamento escolar, formação técnica compatível com seu desenvolvimento físico, moral e psicológico, registro por ao menos 12 meses, condições adequadas de alimentação e higiene, valorização dos vínculos

maioria deles realmente o é. Eles têm piscinas, restaurantes, quadras de tênis, jardins cobertos por palmeiras e sócios que pagam mensalidades — lugares para a classe média passar uma tarde de sábado. Embora paguem seus jogadores, os clubes mantiveram sua condição de entidades amadoras sem fins lucrativos. Isso significa que suas contas não estão sujeitas à fiscalização pública, e que seus executivos não mantêm uma contabilidade legal. Em suma, suas diretorias constituem o refúgio perfeito para pessoas mal-intencionadas. Estas se tornaram de tal forma integradas ao futebol brasileiro que todos chamam pelo apelido: cartolas. Como parte da estrutura amadora do esporte, os cartolas geralmente não recebem salários. Supostamente trabalham por seu cavalheiresco amor ao clube. Na prática, contudo, eles muitas vezes 'retiram' do patrimônio do time a recompensa por seus esforços voluntários.(399)

Vê-se, claramente, que o problema é estrutural e não legal. A maioria dos dirigentes de clube põe a culpa na extinção do passe, pela Lei Pelé, como grande responsável pelo decréscimo nas receitas, dificultando, consequentemente, honrar com as suas dívidas, inclusive as trabalhistas. Vale lembrar que estas são contraídas pela forma como alguns empregadores adquirem os direitos de utilização da atividade desportiva dos atletas, sem ou com pouco planejamento prévio, pois, após adquirirem estes direitos de vários jogadores, aqueles que não estiverem dentro das expectativas são dispensados sem justa causa. Aplicando-se a cláusula penal ou, até mesmo, a multa rescisória a essas rescisões antecipadas imotivadas, é certo que as entidades de prática desportiva irão acumular dívidas trabalhistas.

A diferença é que ao aplicar apenas a multa rescisória ao clube que rescinde o contrato, de maneira antecipada, seria um meio de reduzir as dívidas trabalhistas, momentaneamente, ou seja, poderia diminuir os débitos diante da Justiça do Trabalho, mas não resolveria o problema da falta de profissionalização das entidades de administração desportiva.

---

familiares, entre outros — estarão aptas a receber o ressarcimento pela formação. 16. No parágrafo 5º do mesmo art. 5º, é estabelecido o aumento do valor do ressarcimento para a transferência para os clubes do exterior. Deve-se observar que esses valores independem da existência de contrato de trabalho, configurando importante proteção ao clube que investe na formação de atletas. 17. Para impedir o uso do calendário das competições esportivas para a satisfação de interesses pessoais dos dirigentes, os arts. 11 a 14 da medida provisória determinam que as entidades de administração do desporto deverão apresentar ao Conselho Nacional de Esporte, juntamente com o calendário anual de eventos oficiais, um plano de viabilidade econômica. As ligas também poderão apresentar propostas de competições alternativas e seus respectivos planos de viabilidade econômica. Caso as competições apresentadas pelas ligas sejam mais rentáveis aos clubes do que as apresentadas pela entidade de administração do desporto, esta última responderá pelo pagamento da diferença, na hipótese de ser realizada competição com menor rentabilidade. 18. Assim, a relevância e a urgência que a matéria envolve justificam a edição da presente Medida Provisória." BRASIL. *Leis do esporte e estatuto do torcedor:* anotados. São Paulo: Manole, 2003. p. 178-180.

(399) FOER, Franklin. *Como o futebol explica o mundo:* um olhar inesperado sobre a globalização. Tradução de Carlos Alberto Medeiros. Rio de Janeiro: Jorge Zahar, 2005. p. 106.

Ao contrário do defendido por *Zainaghi*, *Barros* é uma das defensoras da corrente que a cláusula penal deve ser aplicada a ambas as partes, com as seguintes argumentações:

> Filiamo-nos à corrente segundo a qual a cláusula penal é devida no rompimento do contrato, por iniciativa de qualquer uma das partes e não apenas quando o desligamento partir do atleta. E mais, se as partes não estipularem a referida cláusula, compete à Justiça do Trabalho fixá-la, dado o caráter obrigatório da inserção, como se infere do art. 28 da Lei n. 9.615, de 1998.
>
> (...)
>
> Admitir-se a cláusula penal apenas em favor da associação desportiva, implicaria restabelecer o instituto jurídico do passe, o que vai de encontro com o aspecto teleológico da normativa inserida na Lei n. 9.615, de 1998.(400)

O argumento mais consistente dos defensores dessa corrente é que a leitura do mencionado *caput*, do art. 28, da Lei Pelé, não abarca de forma explícita quem é o sujeito passivo da cláusula penal, e a única forma de ser devida a multa rescisória em favor do atleta é na hipótese de justa causa do clube, prevista no art. 31 dessa legislação desportiva.

Afirma-se isso, sem maiores dificuldades, pois com relação às demais hipóteses de justa causa, previstas no art. 483 da CLT, isto é, outros motivos dados pelo clube que podem ensejar a resolução do contrato de trabalho por parte do atleta, a penalidade imposta ao empregador é a cláusula penal, e não a multa rescisória.

Pensando dessa forma, os órgãos julgadores têm proferido decisões bastante coerentes e fiéis, em nome do princípio da primazia da realidade, conforme pronunciamento citado a seguir pelo Tribunal Superior do Trabalho, *in verbis*:

> EMBARGOS DE DECLARAÇÃO. CLÁUSULA PENAL ESTABELECIDA PELO ART. 28 DA LEI N. 9.615/98. GARANTIA CONTRA RESCISÃO UNILATERAL DO CONTRATO DESTINADA APENAS AO EMPREGADOR. IMPROCEDÊNCIA. Não há no Art. 28 da Lei n. 9.615/98 nenhum elemento que permita a conclusão de que a cláusula penal por ele estipulada o foi em favor apenas dos clubes, como alega o Reclamado, *concessa maxima venia*. Realmente, não obstante a *mens legis* da Lei Pelé, ao criar a figura da cláusula penal acima referida, tenha sido a concessão aos clubes de futebol de uma proteção mínima contra transferências de atletas após a extinção do passe, previsto pelo

---

(400) BARROS, Alice Monteiro de. *Contratos e regulamentações especiais de trabalho.* 2. ed. São Paulo: LTr, 2002. p. 76-77.

Art. 11 da Lei n. 6.354/76, não há motivo juridicamente relevante para pretender-se restringir essa garantia apenas aos clubes, dela excluindo os atletas. A exigência do *caput* do Art. 28 da Lei n. 9.615/98 de celebração de contrato formal de trabalho já evidencia a igualdade jurídica das partes reconhecida pelo legislador, pois a isonomia é a regra geral dos contratos, sendo admitidas exceções apenas quando expressamente previstas em lei. Por outro lado, a parte final do *caput* daquele artigo estabelece a necessidade da cláusula penal para as hipóteses de descumprimento, rompimento ou rescisão unilateral, sem fazer alusão a uma suposta restrição da iniciativa daqueles atos a apenas uma das partes contratantes. Logo, por força do princípio hermenêutico segundo o qual não é lícito ao intérprete fazer distinções onde a norma interpretada não o fez, inequívoca a conclusão de que o Reclamante faz jus à cláusula penal em comento, pois houve rescisão unilateral do contrato de trabalho. Reforça ainda esse raciocínio a previsão contida no Art. 33 da Lei em análise, segundo o qual cabe à entidade nacional de administração do desporto que registrar o contrato de trabalho profissional fornecer a condição de jogo para as entidades de prática desportiva, mediante a prova de notificação do pedido de rescisão unilateral firmado pelo atleta ou documento do empregador no mesmo sentido, desde que acompanhado da prova de pagamento da cláusula penal nos termos do art. 28 desta Lei (grifos nossos). Embargos de declaração parcialmente acolhidos para sanar omissão, sem efeito modificativo, e para corrigir erro material.(401)

Portanto, após a leitura desse precedente, e citando *Maximiliano*, é possível concluir que:

aplica-se a regra geral aos casos especiais, se a lei não determina evidentemente o contrário. *Ubi lex non distinguit nec nos distinguere debemus:* "Onde a lei não distingue, não pode o intérprete distinguir".(402)

Em outra decisão recentíssima do TST, cujo julgamento ocorreu no dia 30 de abril de 2009, assim ficou decidido a respeito da aplicabilidade da cláusula penal:

CLÁUSULA PENAL DESPORTIVA. BILATERALIDADE. INTELIGÊNCIA DO ART. 28 DA LEI 9.615/98. I — Mostra-se ambígua a norma do artigo 28 da Lei 9.615/98 sobre quem seja o sujeito passivo da cláusula, circunstância que deu ensejo a duas posições doutrinárias e jurisprudenciais distintas, uma em que se defende a sua unilateralidade e a outra a sua bilateralidade, vale dizer, uma que propugna como sujeito passivo o atleta e a outra que postula o sejam tanto o atleta quanto a entidade desportiva. II — Para se posicionar sobre a melhor

---

(401) BRASIL. Tribunal Superior do Trabalho. 2ª Turma. Acórdão em embargos de declaração em recurso de revista n. 1121/2002-MG. Relator: Ministro Horácio Raymundo de Senna Pires. DJ, 18 ago. 2006. *TST.* Disponível em: <http://www.tst.gov.br/>. Acesso em: 4 jun. 2006.

(402) MAXIMILIANO, Carlos. *Hermenêutica e aplicação do direito.* 15. ed. Rio de Janeiro: Forense, 1995. p. 246.

interpretação a ser dada à norma, a fim de dilucidar o seu sentido e alcance, é preciso alertar, de um lado, para o sinalagma inerente ao contrato de trabalho, e, de outro, para a constatação de ele se qualificar como modalidade de contrato de adesão. III — O caráter sinalagmático do contrato de trabalho, a seu turno, significa ser ele gerador de direitos e obrigações para ambas as partes, ao passo que a sua condição de contrato de adesão atrai a aplicação do artigo 424 do Código Civil de 2002. IV — Significa dizer que o sinalagma que o preside reclama interpretação de normas legais de modo que seja assegurada a comutatividade dos direitos e obrigações de que compartilham o empregado e o empregador e sua condição de contrato de adesão impõe à liberdade de contratar as restrições provenientes do princípio da função social do contrato, da probidade e da boa-fé, de modo a evitar que tais cláusulas possam se afigurar abusivas ou leoninas. V — Não se pode ainda descurar da definição que se dá à cláusula penal, em sentido amplo, como a estipulação em que qualquer das partes, ou uma delas apenas, se compromete antecipadamente, frente à outra, a efetuar determinada prestação, quase sempre em dinheiro, na hipótese de não cumprimento ou de não cumprimento perfeito da obrigação assumida. VI — A cláusula penal contemplada no artigo 28 da Lei 9.615/98 se distingue por sua natureza de fixação antecipada da indenização pelo não cumprimento do contrato de trabalho, cuja função é o estabelecimento antecipado de um *quantum* indenizatório a ser pago pela parte responsável por sua inexecução. VII — Tendo por norte tais considerações doutrinárias sobre a natureza bilateral e sinalagmática do contrato de trabalho, tanto quanto sobre a feição indenizatória da cláusula penal, impõe-se a conclusão de a *ratio legis* que se extrai do artigo 28 da legislação extravagante é a de que a referida cláusula há de ter como sujeito passivo quer o atleta quer a entidade desportiva, sendo imperativa a ilação acerca da sua bilateralidade em detrimento da sua unilateralidade. VIII — Mas, supondo tivesse o legislador priorizado a sua unilateralidade, a fim de eleger a entidade desportiva como única destinatária da cláusula penal, a inserção da norma do art. 28, com tal característica, ao contrato de trabalho que o é de adesão implicaria o reconhecimento da sua condição de cláusula leonina, cuja nulidade acha-se contemplada no artigo 424 do Código Civil de 2002. IX — Para corroborar a firme convicção de a cláusula penal do artigo 28 da Lei 9.615/98 primar por sua bilateralidade, nada melhor do que lembrar o veto presidencial n. 958, de 14.7.2000, à alteração imprimida ao artigo 29 da referida lei com a edição da Lei 9.981/00, pela qual caberia à entidade fixar o valor da cláusula penal para as hipóteses de descumprimento, rompimento ou rescisão unilateral. X — Tampouco se pode dar guarida à tese da unilateralidade da cláusula penal a pretexto de que ela seria mera sucedânea do antigo passe, visto ter sido extinto por ser considerado uma forma de escravidão, tese que teria como perversa consequência a reintrodução daquele sistema ultrapassado de escravidão do atleta profissional, absolutamente incondizente com o novo ordenamento jurídico do País. XI — De resto, cabe ao intérprete afastar, na exegese finalística do artigo 28 da Lei 9.615/98, o mito de que todos os jogadores de futebol ganhariam milhões de reais, a ponto de ser a carreira sonhada por muitos pais para seus filhos, segundo oportuníssima advertência de Mariju Ramos Maciel, lançada em artigo escrito para o Repertório de Jurisprudência IOB. Nele a articulista assinala que o País conta atualmente com cerca de 22.000 jogadores de futebol, dos quais, por volta de 3.500 estão empregados e 18.500, desempregados. Dentre aqueles, empregados, 85% ganham salários de no máximo 3 salários mínimos, 13% ganham até 20 salários mínimos mensais e apenas 2% ganham acima disso. XII — Daí a razão pela qual se deve prestigiar a interpretação do artigo 28 da legislação extravagante que culmine na proteção dessa miríade de jogadores de futebol colocados à margem dos grandes craques, afigurando-se marginal a circunstância de esses serem contemplados com cláusula penal em valor indenizatório mais elevado, por estar em consonância, ao fim e ao cabo, com os altos salários que recebem. Recurso provido.[403]

Nesse mesmo sentido, destacam-se as decisões proferidas pelo TST nos processos de n. RR-343/2005-654-09-00, RR-1433/2004-011-07-00, RR-552/2002-029-01-00 e RR-1112/2006-005-06-00.

Assim sendo, a corrente que melhor condiz com a realidade, face às situações advindas do contrato de trabalho do atleta profissional de futebol, é a que entende ser devida, a ambas as partes, a incidência da indenização compensatória prevista para a cláusula penal.

Algo que prejudica bastante a formação do juízo de valor do magistrado sobre essa matéria é o fato de os clubes e atletas firmarem contratos mal elaborados, pois, segundo *Duarte*:

> De tudo que se viu, constata-se que muitos clubes deveriam elaborar melhor os contratos formulados com seus atletas, utilizando cláusulas específicas e diretas, evitando com isso o número imenso de ações ajuizadas em decorrência de pactos mal redigidos, que acabam prejudicando financeiramente as equipes, desgastando os jogadores de futebol na mídia e criando lides trabalhistas temerárias. Os clubes tornam-se reféns dos seus próprios equívocos, já que é incontestável que a realidade hoje demonstra que contrato de trabalho com jogador profissional de futebol não pode ser realizado por amadores.[404]

Portanto, havendo dúvida em relação a que multa indenizatória aplicar num litígio envolvendo atleta e clube, compete ao órgão julgador analisar cada caso concreto, formando o seu livre convencimento de acordo com os detalhes que cada situação jurídica contiver.

---

(403) BRASIL. Tribunal Superior do Trabalho. 4ª Turma. Acórdão em recurso de revista n. 400/2005-RS. Relator: Ministro Antônio José de Barros Levenhagen. DJ, 30 abr. 2009. *TST.* Disponível em: <http://www.tst.gov.br/>. Acesso em: 5 maio 2009.

(404) DUARTE, Paulo Henrique Bracks. *O contrato de trabalho do atleta profissional de futebol.* 2004. 64 f. Trabalho de Conclusão de Curso — Curso de Direito, Faculdade de Direito Milton Campos, Nova Lima, 2004. p. 61.

4.3. PRESCRIÇÃO

Como todo trabalhador, o atleta profissional de futebol é titular de direitos oriundos de um contrato de trabalho, em virtude da relação empregatícia. Portanto, o seu direito material de ação prescreve na forma disposta no art. 7º, XXIX[(405)], da CF/1988.

Esse direito constitucional garante ao atleta profissional o direito de ajuizar a ação até o limite de 2 (dois) anos a contar da extinção do contrato de trabalho, podendo reclamar os últimos 5 (cinco) anos, iniciando esta contagem a partir do dia da propositura da ação.

4.4. COMPETÊNCIA DA JUSTIÇA DO TRABALHO

Até meados da década passada, muito se discutiu a respeito de ser polêmica a questão de qual esfera judicial teria competência para julgar questões processuais de caráter trabalhista entre atletas e clubes de futebol.

Esse imbróglio era devido à leitura do art. 29, parágrafo único, da Lei n. 6.354/1976[(406)], já revogado, tacitamente, pelos dispositivos também revogados da Lei Zico[(407)], de 1993, e do Decreto n. 2.574, de 29 de abril 1998[(408)],

---

(405) "Art. 7º São direitos dos trabalhadores urbanos e rurais, além de outros que visem à melhoria de sua condição social:

(...)

XXIX — ação, quanto aos créditos resultantes das relações de trabalho, com prazo prescricional de cinco anos para os trabalhadores urbanos e rurais, até o limite de dois anos após a extinção do contrato de trabalho; (Redação dada pela Emenda Constitucional n. 28, de 25.5.00)

(...)".

(406) "Art. 29. Somente serão admitidas reclamações à Justiça do Trabalho depois de esgotadas as instâncias da Justiça Desportiva, a que se refere o item III do art. 42 da Lei n. 6.251, de 8 de outubro de 1975, que proferirá decisão final no prazo máximo de 60 (sessenta) dias contados da instauração do processo.

Parágrafo único. O ajuizamento da reclamação trabalhista, após o prazo a que se refere este artigo, tornará preclusa a instância disciplinar desportiva no que se refere ao litígio trabalhista".

(407) "Art. 33. A Justiça Desportiva a que se referem os §§ 1º e 2º do art. 217 da Constituição Federal, e o art. 33 da Lei n. 8.028, de 12 de abril de 1990, regula-se pelas disposições deste capítulo.

Art. 34. A organização, o funcionamento e as atribuições da Justiça Desportiva, limitadas ao processo e julgamento das infrações disciplinares e às competições desportivas, serão definidas em Códigos."

(408) "Art. 53. A organização, o funcionamento e as atribuições da Justiça Desportiva, limitadas ao processo e julgamento das infrações disciplinares e às competições desportivas, serão definidas em Código Desportivo, que tratará diferentemente a prática profissional e a não profissional.

§ 1º Ficam excluídas da apreciação do Tribunal de Justiça Desportiva as questões de natureza e matéria trabalhista, entre atletas e entidades de prática desportiva, na forma do disposto no § 1º do art. 217 da Constituição Federal e no *caput* deste artigo.

(...)".

no tocante às questões de natureza e matéria trabalhista estarem incluídas originariamente na apreciação dos Tribunais de Justiça Desportiva.

No entanto, o referido decreto foi revogado, pelo Decreto n. 5.000, de 1º de março de 2004, porque regulamentava matéria constitucional, além de se tratar de matéria pacificada quanto à competência da Justiça do Trabalho para julgar as questões discutidas *in casu*, tanto jurisprudencial quanto doutrinariamente. A EC n. 45/2004 ratificou a competência da Justiça Laboral para as causas envolvendo atletas profissionais de futebol, conforme explicado anteriormente.

Sobre o assunto, antes de a citada EC n. 45/2004 entrar em vigor, *Barros* já lecionava que, *ipsis verbis:*

> Hoje, a matéria tem tratamento constitucional. Prevê o art. 217, § 1º, da Constituição de 88, que o Poder Judiciário só admitirá ações relativas à disciplina e às competições desportivas após esgotarem-se as instâncias da Justiça desportiva regulada em lei. Pelo que se pode constatar, apenas as ações relativas à disciplina e às competições desportivas deverão ser discutidas na Justiça desportiva, não lhe cabendo decidir as questões trabalhistas, cuja competência é da Justiça do Trabalho, por força dos art. 5º, XXXV e 114 da mesma Carta. Assim que o empregador ingressar na Justiça com a ação, torna-se preclusa a discussão de qualquer matéria na Justiça Desportiva. A instauração do processo na Justiça Desportiva não interrompe a prescrição.(409)

A novidade trazida pela EC n. 45/2004, no tocante à ampliação da competência da Justiça do Trabalho para julgar todas as ações oriundas das relações de trabalho, inciso I, do art. 114, da CF/1988(410), afastou qualquer dúvida, que ainda houvesse a respeito da matéria.

Sem apego ao rigorismo da semântica e da interpretação textual, não se quis dizer que foi somente após a promulgação da Emenda Constitucional supra, que se pôde afirmar que é da Justiça do Trabalho a competência para apreciar lides trabalhistas propostas por atletas ou clubes do ramo desportivo. A alteração constitucional confirmou o que já era notório, desde 1988.

---

(409) BARROS, Alice Monteiro de. *Contratos e regulamentações especiais de trabalho:* peculiaridades, aspectos controvertidos e tendências. 2. ed. São Paulo: LTr, 2002. p. 99.

(410) "Art. 114. Compete à Justiça do Trabalho processar e julgar: (Redação dada pela Emenda Constitucional n. 45, de 2004)

I as ações oriundas da relação de trabalho, abrangidos os entes de direito público externo e da administração pública direta e indireta da União, dos Estados, do Distrito Federal e dos Municípios; (Incluído pela Emenda Constitucional n. 45, de 2004)

(...)".

Essa alteração constitucional ajudou a conferir competência à Justiça do Trabalho para apreciar lides desportivo-trabalhistas que envolvam relação jurídica de trabalho sem o caráter de subordinação, a exemplo dos imbróglios jurídicos oriundos do descumprimento de obrigações avençadas em contratos de formação firmados entre clubes e jovens atletas, pois, para *Saraiva*, com o advento da EC n. 45/2004, "passou a Justiça do Trabalho a ter competência para processar e julgar qualquer relação de trabalho e não só a relação de emprego".[411]

Quanto ao novo tratamento hermenêutico trazido pela dita emenda constitucional, no tocante à distinção do termo relação de trabalho e relação de emprego, *Melo Filho*[412] assim dispõe, *ipsis litteris*:

> É de ficar assentado, então que: 1) haverá relação de trabalho sempre que uma pessoa prestar serviços a outra; 2) relação de emprego é, assim, espécie do gênero relação de trabalho; 3) tem competência a Justiça do Trabalho para resolver os conflitos decorrentes da relação de trabalho, como remanesce claro no inciso I, do art. 114 da Constituição Federal.

Sendo assim, qualquer litígio decorrente de contrato que seja fruto de uma relação trabalhista, firmado entre atleta profissional de futebol e determinado clube, com esta nova interpretação, a competência para processar e julgá-lo, indubitavelmente, é da Justiça do Trabalho.

(411) SARAIVA, Renato. *Curso de direito processual do trabalho.* 5. ed. rev., atual. e amp. São Paulo: Método, 2008. p. 68.

(412) MELO FILHO, Hugo Cavalcanti. Nova competência da Justiça do Trabalho: contra a interpretação reacionária da Emenda n. 45/2004. p. 170-186. In: COUTINHO, Fernandes Grijalbo; FAVA, Marcos Neves. *Justiça do trabalho:* competência ampliada. São Paulo: LTr, 2005. p. 176.

Capítulo V

Meio Ambiente do Trabalho: Obrigações e Infortunística Desportiva

5.1. MEIO AMBIENTE DO TRABALHO

Respeitar o direito à vida, como um direito humano básico ou fundamental para a fruição dos demais direitos consagrados no texto constitucional e infraconstitucional, deve ser a preocupação basilar.

A CF/1988 fixou, como fundamentos do Estado Democrático de Direito, a cidadania, a dignidade da pessoa humana e os valores sociais do trabalho e da livre iniciativa.[413]

O futebol no Brasil e em outros países é um negócio que envolve cifras e prestígio que despertam o sonho de pais, crianças e adolescentes, principalmente.

O desporto nacional possui uma postura voltada ao mercado, inclusive, com a adoção de outras formas de rentabilizar a atividade desportiva, seja através de patrocínios, direitos de imagem, de televisão, entre outros.[414]

Trata-se de uma atividade negocial, e, por isto mesmo, deverá haver a conjugação de dois fatores, ou seja, da valorização do trabalho com a livre iniciativa.

---

(413) "Art. 1º A República Federativa do Brasil, formada pela união indissolúvel dos Estados e Municípios e do Distrito Federal, constitui-se em Estado Democrático de Direito e tem como fundamentos:

(...)

II — a cidadania;

III — a dignidade da pessoa humana;

IV — os valores sociais do trabalho e da livre iniciativa;

(...)".

(414) CARLEZZO, Eduardo. *Direito desportivo empresarial.* São Paulo: Juarez de Oliveira, 2004. p. 63.

A disponibilização de um meio ambiente do trabalho que atenda as normas constitucionais e infraconstitucionais de proteção desse meio ambiente, também se apresenta como um dever do empregador, no caso, do clube de futebol. E ao jogador deste esporte se apresenta como um direito fundamental de cidadania.

O meio ambiente do trabalho está previsto na CF/1988, no art. 200, VIII[(415)], e, de acordo com *Fiorillo*, citado por *Melo*, aquele é:

> o local onde as pessoas desempenham suas atividades laborais, sejam remuneradas ou não, cujo equilíbrio está baseado na salubridade do meio e na ausência de agentes que comprometam a incolumidade físico-psíquica dos trabalhadores, independentemente da condição que ostentem (homens ou mulheres, maiores ou menores de idade, celetistas, servidores públicos, autônomos, etc.).[(416)]

Assim, o meio ambiente deve ser preservado através da implementação de adequadas condições de labor, higiene e medicina do trabalho, sob pena de, em havendo o desrespeito por parte do clube de futebol, vir a responder pela obrigação de reparar o dano nas esferas administrativa, trabalhista, penal e civil.

É notório que o jogador de futebol labora num ambiente em que o senso competitivo se sobressai em detrimento dos valores humanísticos, encontrando-se sujeito a lesões físicas e psicológicas, trabalhando em locais e temperaturas diferentes da experimentada no seu *habitat*, entre tantas outras condições adversas.

A legislação específica acerca do atleta de futebol, quanto à defesa do meio ambiente do trabalho, ainda é acanhada e faz parte das obrigações pactuadas na relação de trabalho, com interpretação vaga e subjetiva.

5.2. OBRIGAÇÕES ADVINDAS DA RELAÇÃO LABORAL

Antes de adentrar a matéria, há de se tratar, primeiramente, acerca do princípio da execução de boa-fé dos contratos, isto é, o dever de colaboração que as partes contratantes do pacto laboral têm em relação ao cumprimento das obrigações assumidas, de forma recíproca.

---

(415) "Art. 200. Ao sistema único de saúde compete, além de outras atribuições, nos termos da lei:

(...)

VIII — colaborar na proteção do meio ambiente, nele compreendido o do trabalho.".

(416) FIORILLO, Celso Antonio Pacheco *apud* MELO, Raimundo Simão de. *Direito ambiental do trabalho e a saúde do trabalhador:* responsabilidades legais, dano material, dano moral, dano estético, indenização pela perda de uma chance, prescrição. 3. ed. São Paulo: LTr, 2008. p. 26-27.

Além das obrigações decorrentes de manifestação expressa ou tácita dos pactuantes, o contrato de trabalho, no silêncio deste, comporta também as consequências advindas dos usos e costumes ínsitos a esse tipo de relação jurídica, desde que se leve em consideração o princípio da equidade.(417)

Nesse sentido, as leis deveriam atender aos anseios da sociedade. Assim, os deveres e as obrigações oriundas por força de lei integram, igualmente, a relação jurídica dos contratantes.

No que tange às obrigações do empregado em relação ao seu empregador, a principal delas é a de prestar pessoalmente o serviço acordado de maneira prévia.(418)

Em virtude do caráter de exclusividade, típico dos contratos de trabalho desportivo, não se admite exceções à prestação pessoal de serviço pelo atleta. A execução com exatidão da obrigação de fazer, a qual se obriga o jogador de futebol, "deve ser cumprida com a *diligência* de um bom trabalhador". O dever de diligência, decorrente do princípio geral da boa-fé na execução dos contratos, importa para o empregado a obrigação de prestar o serviço num rendimento qualitativo e quantitativo, ao qual o empregador pode legitimamente aguardar.

Além do dever de diligência, há de se mencionar também o dever de obediência, segundo o qual o empregado se obriga a cumprir as determinações emanadas pelo seu empregador, em virtude do poder disciplinar(419) que este possui. Fala-se ainda no dever de fidelidade, o qual se traduz na lealdade que o trabalhador deve manter tanto em relação ao empregador, quanto ao sigilo do empreendimento em que colabora.(420)

No que diz respeito às obrigações do empregador, a principal destas é a de pagar o salário ajustado. Em relação às demais obrigações acessórias, as

---

(417) DE PAGE, Henri *apud* SÜSSEKIND, Arnaldo *et al. Instituições de direito do trabalho.* v. I, 15. ed. atual. por Arnaldo Süssekind e João de Lima Teixeira Filho. São Paulo: LTr, 1995. p. 253.

(418) SÜSSEKIND, Arnaldo *et al. Instituições de direito do trabalho.* v. I, 15. ed. atual. por Arnaldo Süssekind e João de Lima Teixeira Filho. São Paulo: LTr, 1995. p. 254.

(419) Délio Maranhão elenca alguns direitos que o empregador detém e, potencialmente, poderá utilizar quando necessário for: "a) de *direção* e de *comando*, cabendo-lhe determinar as condições para a utilização e aplicação concreta da força de trabalho do empregado, nos limites do contrato; b) de *controle*, que é o de verificar o exato cumprimento da prestação de trabalho; c) de *aplicar penas disciplinares*, em caso de inadimplemento de obrigação contratual. É deste último direito que decorre o poder disciplinar, o qual se configura na faculdade que tem o empregador de aplicar penalidades, a exemplo da repreensão, suspensão e despedida. O ordenamento jurídico brasileiro veda as penalidades de multa salarial e transferência punitiva. SÜSSEKIND, Arnaldo *et al. Instituições de direito do trabalho.* v. I, 15. ed. atual. por Arnaldo Süssekind e João de Lima Teixeira Filho. São Paulo: LTr, 1995. p. 242-243.

(420) SÜSSEKIND, Arnaldo *et al. Instituições de direito do trabalho.* v. I, 15. ed. atual. por Arnaldo Süssekind e João de Lima Teixeira Filho. São Paulo: LTr, 1995. p. 254.

quais estão previstas em lei, estas se referem, geralmente, à prevenção dos danos que o empregado possa vir a sofrer tanto física quanto moralmente pela realização do serviço; à assistência e indenização caso tais danos ocorram; às férias anuais para a recuperação das energias despendidas pelo trabalhador durante a prestação, entre outras.[421]

Além dessas obrigações legais, o empregador deve disponibilizar boas condições de trabalho, a fim de possibilitar ao empregado a realização regular do serviço requisitado. Deve ainda, acima de qualquer circunstância, respeitar a personalidade moral do trabalhador, observando o princípio da dignidade da pessoa humana.[422]

Especificamente, o legislador infraconstitucional desportivo previu na Lei Pelé alguns deveres a serem cumpridos tanto por parte do atleta, quanto do clube de futebol, para a proteção do meio ambiente do trabalho, conforme os arts. 22[423] da Lei n. 6.354/1976 e 34, II e III[424], 35, I, II e III[425] e 45, *caput* e parágrafo único[426] da Lei Pelé.

---

(421) SÜSSEKIND, Arnaldo *et al. Instituições de direito do trabalho.* v. I, 15. ed. atual. por Arnaldo Süssekind e João de Lima Teixeira Filho. São Paulo: LTr, 1995. p. 254.

(422) *Ibidem*, p. 255.

(423) "Art. 22 O empregador será obrigado a proporcionar ao atleta boas condições de higiene e segurança do trabalho e, no mínimo, assistência médica e odontológica imediata nos casos de acidentes durante os treinamentos ou competições e nos horários em que esteja à sua disposição.".

(424) "Art. 34. São deveres da entidade de prática desportiva empregadora, em especial: (Redação dada pela Lei n. 9.981, de 2000)

(...)

II — proporcionar aos atletas profissionais as condições necessárias à participação nas competições desportivas, treinos e outras atividades preparatórias ou instrumentais; (Incluído pela Lei n. 9.981, de 2000)

III — submeter os atletas profissionais aos exames médicos e clínicos necessários à prática desportiva. (Incluído pela Lei n. 9.981, de 2000)

(425) "Art. 35. São deveres do atleta profissional, em especial: (Redação dada pela Lei n. 9.981, de 2000)

I — participar dos jogos, treinos, estágios e outras sessões preparatórias de competições com a aplicação e dedicação correspondente às suas condições psicofísicas e técnicas; (Incluído pela Lei n. 9.981, de 2000)

II — preservar as condições físicas que lhes permitam participar das competições desportivas, submetendo-se aos exames médicos e tratamentos clínicos necessários à prática desportiva; (Incluído pela Lei n. 9.981, de 2000)

III — exercitar a atividade desportiva profissional de acordo com as regras da respectiva modalidade desportiva e as normas que regem a disciplina e a ética desportivas. (Incluído pela Lei n. 9.981, de 2000)".

(426) "Art. 45. As entidades de prática desportiva são obrigadas a contratar seguro de acidentes de trabalho para atletas profissionais a ela vinculados, com o objetivo de cobrir os riscos a que eles estão sujeitos. (Redação dada pela Lei n. 9.981, de 2000)

No meio futebolístico, são exemplos de deveres de cada clube: a) prover aos seus atletas profissionais e amadores as boas condições de higiene e segurança do trabalho necessárias à participação nas competições desportivas, às práticas de treinamento e condicionamento físico e psicológico, com assistência médica e odontológica imediata nos casos de infortúnios[427] durante os treinamentos ou competições e nos horários em que esteja à sua disposição, dentre outras atividades preparatórias ou instrumentais; b) submeter os jogadores amadores e profissionais aos exames médicos e clínicos imprescindíveis à prática do futebol; c) contratar seguro de prevenção contra infortúnios desportivos[428] para seus atletas profissionais, cujo valor da indenização mínima deverá corresponder ao valor total anual da remuneração ajustada.

Vale salientar também as obrigações a serem assumidas pelos clubes para a formação de jovens atletas. Tais deveres estão dispostos no art. 29, §§ 2º e 7º, III, IV e V[429], da Lei Pelé, constituindo-se em requisitos para a

---

Parágrafo único. A importância segurada deve garantir direito a uma indenização mínima correspondente ao valor total anual da remuneração ajustada no caso dos atletas profissionais. (Redação dada pela Lei n. 9.981, de 2000)".

(427) "*infortúnio s.m.l.* má fortuna; adversidade, desdita, infelicidade *<contar os seus i.> 2* acontecimento, fato infeliz que sucede alguém ou a um grupo de pessoas (...)". HOUAISS, Antônio; VILLAR, Mauro de Sales. *Dicionário Houaiss da Língua Portuguesa.* Rio de Janeiro: Objetiva, 2001. p. 1.616.

(428) Adota-se a expressão infortúnio desportivo como sinônimo de acidentes do trabalho, por ter aquela palavra maior afinidade com o termo risco.

(429) "Art. 29. A entidade de prática desportiva formadora do atleta terá o direito de assinar com esse, a partir de dezesseis anos de idade, o primeiro contrato de trabalho profissional, cujo prazo não poderá ser superior a cinco anos. (Redação dada pela Lei n. 10.672, de 2003)

(...)

§ 2º Para os efeitos do *caput* deste artigo, exige-se da entidade de prática desportiva formadora que comprove estar o atleta por ela registrado como não profissional há, pelo menos, dois anos, sendo facultada a cessão deste direito a entidade de prática desportiva, de forma remunerada. (Incluído pela Lei n. 9.981, de 2000)

(...)

§ 7º A entidade de prática desportiva formadora para fazer jus ao ressarcimento previsto neste art. deverá preencher os seguintes requisitos: (Incluído pela Lei n. 10.672, de 2003)

(...)

III — propiciar assistência médica, odontológica e psicológica, bem como contratação de seguro de vida e ajuda de custo para transporte; (Incluído pela Lei n. 10.672, de 2003)

IV — manter instalações desportivas adequadas, sobretudo em matéria de alimentação, higiene, segurança e salubridade, além de corpo de profissionais especializados em formação técnico-desportiva; (Incluído pela Lei n. 10.672, de 2003)

V — ajustar o tempo destinado à formação dos atletas aos horários do currículo escolar ou de curso profissionalizante, exigindo o satisfatório aproveitamento escolar. (Incluído pela Lei n. 10.672, de 2003)".

comprovação de que tiveram participação na formação de determinado atleta. Sendo assim, devem comprovar que: a) propiciaram aos atletas em formação assistência médica, odontológica e psicológica, bem assim contratação de seguro de vida, contra acidentes pessoais, e ajuda de custo para transporte; b) mantiveram instalações desportivas adequadas, sobretudo em matéria de alimentação, higiene, segurança e salubridade, além de corpo de profissionais especializados em formação técnico-desportiva; c) conciliaram o tempo destinado à formação dos jovens jogadores aos horários do currículo escolar ou de curso profissionalizante, exigindo o satisfatório aproveitamento escolar.

Por outro lado, têm-se como deveres de cada atleta profissional: a) participar das partidas, do período de concentração, dos treinamentos, dos estágios e de outras sessões preparatórias de competições, com a aplicação e o empenho correspondente às suas condições psicofísicas e técnicas; b) preservar as condições físicas que lhes possibilitem competir, submetendo-se aos exames médicos e tratamentos clínicos indispensáveis à prática desportiva; c) praticar a atividade desportiva profissional de acordo com as regras do futebol e as normas que regem a disciplina e ética desportivas.

Portanto, é um dos deveres das entidades de prática futebolística, disponibilizar aos seus atletas boas condições de trabalho, a fim de que estes bem desempenhem a atividade desportiva necessária. Essas condições devem ser respeitadas, a fim de se evitar os infortúnios da prática desportiva, uma vez que a atividade futebolística expõe os jogadores a riscos expressamente assumidos. E os clubes têm o dever de não permitir que esses riscos sejam maiores, responsabilizando-se, independentemente de culpa, por possíveis danos que possam vir a ocorrer.

5.3. INFORTUNÍSTICA DESPORTIVA

Entende-se por Infortunística[430] Desportiva, o ramo do Direito Ambiental do Trabalho[431] que estuda os acontecimentos evitáveis e inevitáveis, no meio ambiente laboral, provenientes dos riscos inerentes a qualquer modalidade

---

(430) "*infortunística s.f.* JUR MED conjunto de regras e princípios que, em medicina legal, são adotados para o estudo dos riscos, acidentes e doenças a que alguém está sujeito em sua atividade profissional; ergasiotiquerologia (...)". HOUAISS, Antônio; VILLAR, Mauro de Sales. *Dicionário Houaiss da Língua Portuguesa.* Rio de Janeiro: Objetiva, 2001. p. 1.616.

"*INFORTUNÍSTICA. Medicina legal e medicina do trabalho.* Parte da medicina legal e da legislação trabalhista atinente aos riscos industriais, acidentes do trabalho e moléstias profissionais, abordando suas consequências e as medidas para sua prevenção e reparação.". DINIZ, Maria Helena. *Dicionário jurídico.* v. 2. São Paulo: Saraiva, 1998. p. 838.

(431) Adotou-se o ramo do Direito Ambiental do Trabalho (DAT), muito bem tratado por Melo, para se inserir a disciplina da Infortunística Desportiva. Acerca do DAT, veja-se MELO, Raimundo Simão de. *Direito ambiental do trabalho e a saúde do trabalhador:* responsabilidades legais, dano material, dano moral, dano estético, indenização pela perda de uma chance, prescrição. 3. ed. São Paulo: LTr, 2008. p. 30.

desportiva profissional, buscando abordar as suas consequências e as medidas para sua prevenção e reparação.

O objeto a ser estudado na Infortunística Desportiva possui por destinatário o bem mais importante do ser humano, qual seja, "a vida do trabalhador como pessoa e integrante da sociedade, devendo ser preservado por meio da implementação de adequadas condições de trabalho, higiene e medicina do trabalho". A obrigação de preservar e proteger o meio ambiente laboral é da responsabilidade do empregador, e cabe a este, ao Estado e à sociedade fazerem valer a incolumidade desse bem.[(432)]

Ao se tutelar o meio ambiente do trabalho, no meio futebolístico, busca-se proteger tanto o atleta profissional, quanto o amador, dos riscos advindos do labor e produzidos por qualquer pessoa física e/ou jurídica, desde que seja pelo desempenho dessa atividade desportiva a serviço do clube.

Portanto, a Lei Pelé está de acordo com a norma constitucional ao prever como deveres dos clubes de futebol, no que tange aos infortúnios desportivos, contratar seguro de acidentes do trabalho em favor dos atletas profissionais, conforme o *caput*, do art. 45[(433)], e, contratação de seguro de vida aos atletas em formação, consoante o art. 29, § 7º, III[(434)].

Sobre os infortúnios desportivos, aplica-se, ao jogador profissional de futebol, a Lei sobre Planos de Benefícios da Previdência Social (LPBPS), isto é, a Lei n. 8.213, de 24 de julho de 1991, que define os acidentes do trabalho, como o que ocorre pelo exercício do labor.[(435)]

---

(432) MELO, Raimundo Simão de. *Direito ambiental do trabalho e a saúde do trabalhador:* responsabilidades legais, dano material, dano moral, dano estético, indenização pela perda de uma chance, prescrição. 3. ed. São Paulo: LTr, 2008. p. 30.

(433) "Art. 45. As entidades de prática desportiva são obrigadas a contratar seguro de acidentes de trabalho para atletas profissionais a ela vinculados, com o objetivo de cobrir os riscos a que eles estão sujeitos. (Redação dada pela Lei n. 9.981, de 2000)

Parágrafo único. A importância segurada deve garantir direito a uma indenização mínima correspondente ao valor total anual da remuneração ajustada no caso dos atletas profissionais. (Redação dada pela Lei n. 9.981, de 2000)".

(434) "Art. 29. A entidade de prática desportiva formadora do atleta terá o direito de assinar com esse, a partir de dezesseis anos de idade, o primeiro contrato de trabalho profissional, cujo prazo não poderá ser superior a cinco anos. (Redação dada pela Lei n. 10.672, de 2003)

(...)

§ 7º A entidade de prática desportiva formadora para fazer jus ao ressarcimento previsto neste artigo deverá preencher os seguintes requisitos: (Incluído pela Lei n. 10.672, de 2003)

(...)

III — propiciar assistência médica, odontológica e psicológica, bem como contratação de seguro de vida e ajuda de custo para transporte; (Incluído pela Lei n. 10.672, de 2003)

(...)".

(435) "Art. 19. Acidente do trabalho é o que ocorre pelo exercício do trabalho a serviço da empresa ou pelo exercício do trabalho dos segurados referidos no inciso VII do art. 11 desta Lei, provocando lesão corporal ou perturbação funcional que cause a morte ou a perda ou redução, permanente ou temporária, da capacidade para o trabalho.

Essa lei também dispõe sobre algumas equiparações ao acidente do trabalho, a exemplo das doenças profissionais e das doenças do trabalho.[(436)]

---

§ 1º A empresa é responsável pela adoção e uso das medidas coletivas e individuais de proteção e segurança da saúde do trabalhador.

§ 2º Constitui contravenção penal, punível com multa, deixar a empresa de cumprir as normas de segurança e higiene do trabalho.

§ 3º É dever da empresa prestar informações pormenorizadas sobre os riscos da operação a executar e do produto a manipular.

§ 4º O Ministério do Trabalho e da Previdência Social fiscalizará e os sindicatos e entidades representativas de classe acompanharão o fiel cumprimento do disposto nos parágrafos anteriores, conforme dispuser o Regulamento.".

(436) "Art. 20. Consideram-se acidente do trabalho, nos termos do artigo anterior, as seguintes entidades mórbidas:

I — doença profissional, assim entendida a produzida ou desencadeada pelo exercício do trabalho peculiar a determinada atividade e constante da respectiva relação elaborada pelo Ministério do Trabalho e da Previdência Social;

II — doença do trabalho, assim entendida a adquirida ou desencadeada em função de condições especiais em que o trabalho é realizado e com ele se relacione diretamente, constante da relação mencionada no inciso I.

§ 1º Não são consideradas como doença do trabalho:

a) a doença degenerativa;

b) a inerente a grupo etário;

c) a que não produza incapacidade laborativa;

d) a doença endêmica adquirida por segurado habitante de região em que ela se desenvolva, salvo comprovação de que é resultante de exposição ou contato direto determinado pela natureza do trabalho.

§ 2º Em caso excepcional, constatando-se que a doença não incluída na relação prevista nos incisos I e II deste art. resultou das condições especiais em que o trabalho é executado e com ele se relaciona diretamente, a Previdência Social deve considerá-la acidente do trabalho.

Art. 21. Equiparam-se também ao acidente do trabalho, para efeitos desta Lei:

I — o acidente ligado ao trabalho que, embora não tenha sido a causa única, haja contribuído diretamente para a morte do segurado, para redução ou perda da sua capacidade para o trabalho, ou produzido lesão que exija atenção médica para a sua recuperação;

II — o acidente sofrido pelo segurado no local e no horário do trabalho, em consequência de:

a) ato de agressão, sabotagem ou terrorismo praticado por terceiro ou companheiro de trabalho;

b) ofensa física intencional, inclusive de terceiro, por motivo de disputa relacionada ao trabalho;

c) ato de imprudência, de negligência ou de imperícia de terceiro ou de companheiro de trabalho;

d) ato de pessoa privada do uso da razão;

e) desabamento, inundação, incêndio e outros casos fortuitos ou decorrentes de força maior;

III — a doença proveniente de contaminação acidental do empregado no exercício de sua atividade;

IV — o acidente sofrido pelo segurado ainda que fora do local e horário de trabalho:

a) na execução de ordem ou na realização de serviço sob a autoridade da empresa;

b) na prestação espontânea de qualquer serviço à empresa para lhe evitar prejuízo ou proporcionar proveito;

c) em viagem a serviço da empresa, inclusive para estudo quando financiada por esta dentro de seus planos para melhor capacitação da mão de obra, independentemente do meio de locomoção utilizado, inclusive veículo de propriedade do segurado;

d) no percurso da residência para o local de trabalho ou deste para aquela, qualquer que seja o

Ocorrido o acidente de trabalho, o clube deverá comunicar o fato à Previdência Social até o 1º (primeiro) dia útil seguinte ao da ocorrência. Em caso de morte, a comunicação deverá ser realizada imediatamente à autoridade competente, sob pena de multa variável entre o limite mínimo e máximo do salário de contribuição, sucessivamente aumentada nas reincidências, aplicada e cobrada pela Previdência Social, conforme o art. 22 da LPBPS.[437]

Pelo art. 23 da LPBPS, em caso de doença profissional ou do trabalho, adota-se como dia do acidente, a data do início da incapacidade laborativa para o desenvolvimento da prática desportiva habitual, ou o dia do afastamento obrigatório, ou ainda o dia em que for realizado o diagnóstico, valendo para este efeito o que ocorrer primeiro.[438]

O prazo prescricional para a propositura de ações referentes à prestação por acidente do trabalho é de 5 (cinco) anos, a contar da data: a) do acidente, quando dele resultar a morte ou a incapacidade temporária, averiguada esta em perícia médica a cargo da Previdência Social; ou b) em que for reconhecida, pela Previdência Social, a incapacidade permanente ou o agravamento das sequelas do acidente.[439]

Durante os 15 (quinze) primeiros dias de afastamento, cabe ao clube cumprir com as obrigações decorrentes do contrato de trabalho firmado. Ultrapassado esse prazo, o INSS será responsável pelo pagamento do respectivo benefício, até alta definitiva ou aposentadoria.[440]

---

meio de locomoção, inclusive veículo de propriedade do segurado.

§ 1º Nos períodos destinados a refeição ou descanso, ou por ocasião da satisfação de outras necessidades fisiológicas, no local do trabalho ou durante este, o empregado é considerado no exercício do trabalho.

§ 2º Não é considerada agravação ou complicação de acidente do trabalho a lesão que, resultante de acidente de outra origem, se associe ou se superponha às consequências do anterior.".

(437) "Art. 22. A empresa deverá comunicar o acidente do trabalho à Previdência Social até o 1º (primeiro) dia útil seguinte ao da ocorrência e, em caso de morte, de imediato, à autoridade competente, sob pena de multa variável entre o limite mínimo e o limite máximo do salário-de-contribuição, sucessivamente aumentada nas reincidências, aplicada e cobrada pela Previdência Social.".

(438) "Art. 23. Considera-se como dia do acidente, no caso de doença profissional ou do trabalho, a data do início da incapacidade laborativa para o exercício da atividade habitual, ou o dia da segregação compulsória, ou o dia em que for realizado o diagnóstico, valendo para este efeito o que ocorrer primeiro.".

(439) "Art. 104. As ações referentes à prestação por acidente do trabalho prescrevem em 5 (cinco) anos, observado o disposto no art. 103 desta Lei, contados da data:

I — do acidente, quando dele resultar a morte ou a incapacidade temporária, verificada esta em perícia médica a cargo da Previdência Social; ou

II — em que for reconhecida pela Previdência Social, a incapacidade permanente ou o agravamento das sequelas do acidente.".

(440) "Art. 59. O auxílio-doença será devido ao segurado que, havendo cumprido, quando for o caso, o período de carência exigido nesta Lei, ficar incapacitado para o seu trabalho ou para a sua atividade habitual por mais de 15 (quinze) dias consecutivos."

No que tange ao auxílio-acidente, encontra-se regulamentado no art. 86, §§ 1º, 2º, 3º e 4º, da LPBPS[(441)], e será devido ao atleta profissional, caso após a consolidação das lesões decorrentes de acidente de qualquer natureza resultar em sequelas que impliquem redução da capacidade para o exercício da atividade desportiva que exercia. Trata-se de uma indenização que será paga mensalmente pelo INSS, a partir da alta médica, correspondendo a 50% (cinquenta por cento) do salário de benefício do jogador, segurado da Previdência Social.

Da mesma forma, estão previstos na LPBPS, os benefícios previdenciários a que os atletas têm direito, a exemplo da garantia de estabilidade por no mínimo 12 (doze) meses, mantendo em vigor o seu contrato de trabalho no clube, após a cessação do auxílio-doença acidentário, independentemente de percepção de auxílio-acidente.[(442)]

E, por fim, cabe salientar que o pagamento efetuado pela Previdência Social, em relação às prestações por acidente do trabalho, não exclui a responsabilidade civil do clube ou de outrem.[(443)] Assim, como também não afasta a responsabilidade de responder pelo dano causado na esfera administrativa, trabalhista e penal.

"Art. 60. O auxílio-doença será devido ao segurado empregado a contar do décimo sexto dia do afastamento da atividade, e, no caso dos demais segurados, a contar da data do início da incapacidade e enquanto ele permanecer incapaz. (Redação dada pela Lei n. 9.876, de 26.11.99)

(...)

§ 3º Durante os primeiros quinze dias consecutivos ao do afastamento da atividade por motivo de doença, incumbirá à empresa pagar ao segurado empregado o seu salário integral. (Redação dada pela Lei n. 9.876, de 26.11.99)".

(441) "Art. 86. O auxílio-acidente será concedido, como indenização, ao segurado quando, após consolidação das lesões decorrentes de acidente de qualquer natureza, resultarem sequelas que impliquem redução da capacidade para o trabalho que habitualmente exercia. (Redação dada pela Lei n. 9.528, de 1997)

§ 1º O auxílio-acidente mensal corresponderá a cinquenta por cento do salário-de-benefício e será devido, observado o disposto no § 5º, até a véspera do início de qualquer aposentadoria ou até a data do óbito do segurado. (Redação dada pela Lei n. 9.528, de 1997)

§ 2º O auxílio-acidente será devido a partir do dia seguinte ao da cessação do auxílio-doença, independentemente de qualquer remuneração ou rendimento auferido pelo acidentado, vedada sua acumulação com qualquer aposentadoria. (Redação dada pela Lei n. 9.528, de 1997)

§ 3º O recebimento de salário ou concessão de outro benefício, exceto de aposentadoria, observado o disposto no § 5º, não prejudicará a continuidade do recebimento do auxílio-acidente. (Redação dada pela Lei n. 9.528, de 1997)

§ 4º A perda da audição, em qualquer grau, somente proporcionará a concessão do auxílio-acidente, quando, além do reconhecimento de causalidade entre o trabalho e a doença, resultar, comprovadamente, na redução ou perda da capacidade para o trabalho que habitualmente exercia. (Restabelecido com nova redação pela Lei n. 9.528, de 1997)".

(442) "Art. 118. O segurado que sofreu acidente do trabalho tem garantida, pelo prazo mínimo de doze meses, a manutenção do seu contrato de trabalho na empresa, após a cessação do auxílio-doença acidentário, independentemente de percepção de auxílio-acidente.".

(443) "Art. 121. O pagamento, pela Previdência Social, das prestações por acidente do trabalho não exclui a responsabilidade civil da empresa ou de outrem.".

Considerações Finais

Apesar de a matéria ser do interesse de poucos, o Direito Desportivo, principalmente, no que diz respeito às relações de trabalho entre atleta e clube de futebol, vem conquistando espaço, tanto no âmbito doutrinário, quanto perante as câmaras legislativas e os órgãos jurisdicionais.

As críticas até aqui evidenciadas demandam uma regulamentação, em face das várias matérias polêmicas e da evolução de conceitos institucionais e dos valores sociais constitucionalmente protegidos.

Para efeito de conclusão desta obra, convém dividir os últimos pronunciamentos a respeito do estudo, à mesma proporção em que estão dispostos os capítulos.

1. Da primeira parte, surge a polêmica no que tange à origem do futebol: onde, como, quando e por quem foram introduzidas as primeiras noções sobre o esporte no mundo.

Pode-se afirmar que as primeiras noções surgiram pelas práticas desempenhadas por civilizações primitivas, as quais com o passar dos anos, influenciaram outras a praticar alguma atividade que guardasse um mínimo de semelhança com o futebol.

O aperfeiçoamento final adveio das divergências quanto à prática do *rugby* na Inglaterra, em que alguns entendiam que podia ser praticado tanto usando as mãos, quanto os pés; enquanto que outros somente aceitavam com os pés.

Dessa forma, os adeptos da atividade jogada somente com os pés inventaram o *football*, dando início ao que verdadeiramente se entende por futebol.

Ao ser introduzido no Brasil, o futebol tornou-se em pouco tempo um esporte jogado tanto pela classe operária, quanto pela elite. Fato este que ajudou a difundi-lo entre os segmentos da sociedade na época, ensejando o estabelecimento de regulamentação para essa prática esportiva.

Entretanto, apenas em 1973 e 1976, respectivamente, com a edição das Leis n. 5.939 e n. 6.354, é que os atletas passaram a ter benefícios e direitos advindos do contrato de trabalho desportivo.

Atualmente, a norma especial que rege o pacto laboral do atleta desportista é a Lei n. 9.615, de 24 de março de 1998, a qual introduziu as diretrizes normativas regulamentadoras não só do futebol, mas também dos demais esportes.

Vale salientar que é também aplicável aos atletas o disposto na legislação consolidada trabalhista, bem assim algumas previsões de outras leis gerais dos trabalhadores, e sem deixar de mencionar a aplicabilidade dos princípios constitucionais e das normas do direito comum.

Com relação às contribuições advindas do Caso Bosman, a partir do pronunciamento do Tribunal de Justiça de Luxemburgo, em 1995, várias mudanças ocorreram no âmbito internacional, inclusive no Brasil, principalmente, com relação ao conceito de vínculo desportivo, e a consequente criação do instituto da cláusula penal.

2. O contrato de trabalho do atleta profissional de futebol se diferencia do pacto que envolve os demais trabalhadores em vários aspectos.

O pacto laboral firmado entre jogador e clube de futebol deve ser escrito e por prazo determinado, não sendo inferior a 3 (três) meses e tampouco superior a 5 (cinco) anos.

Deverão os pactuantes fazer constar a caracterização e identificação de cada um, bem assim a menção de saberem as normas técnicas e disciplinares que regem a prática esportiva, o modo e a forma de remuneração, o número da CTPS do empregado e, principalmente, o valor da cláusula penal desportiva.

3. Quanto ao conceito de vínculo desportivo, a sua formatação atual deveu-se ao fato de que após a entrada em vigor da Lei Pelé e, consequentemente, de seus dispositivos, o termo se resumiu não mais ao conceito de passe, mas sim ao de registro. Para que o referido vínculo produza seus efeitos, faz-se necessária a assinatura de um contrato escrito e por prazo determinado entre o clube e o atleta, para então habilitar a entidade de prática desportiva a registrar o seu empregado na federação estadual competente e na CBF.

Conclui-se que o atleta profissional ou amador que queira participar de alguma competição oficial da respectiva categoria, deve estar inscrito na associação organizadora da competição.

Não estando o atleta devidamente inscrito (dentro do prazo, respeitando-se as formalidades previstas para cada campeonato) e este venha a participar de alguma competição oficial, cabe a qualquer pessoa denunciar tal jogador em situação irregular. Isto pode acarretar sérios prejuízos para a sua equipe, inclusive a perda de pontos na classificação do torneio.

Após a extinção do passe, algumas sequelas de difícil reversibilidade foram incorporadas ao futebol, dentre as quais se destacam: a existência de indícios da prática de crimes tipificados no Código Penal brasileiro, por uma minoria que ainda acredita que o atleta é um mero bem do clube e por isso não se respeita o seu direito à liberdade de trabalho, ferindo diretamente o princípio da dignidade da pessoa humana; a exploração de jovens atletas, por pessoas desinteressadas com o real propósito educativo e pedagógico do esporte, em que não mais se respeitam as etapas evolutivas da vida de uma criança ou de um adolescente; o forte caráter de mercantilização das negociações envolvidas entre cessões de direitos desportivos de jogadores; entre tantas outras.

Umas das provas de que o desempenho desenvolvido pelos jogadores de futebol virou alvo de uma prática mercantil é o fato de terem cunhado os direitos à utilização da atividade desportiva dos atletas, como se direitos econômicos fossem, em contraposição ao que defende a OIT, desde 1944, dispondo ser um de seus princípios fundamentais que o labor não é uma mercadoria.

No que tange à sua jornada de trabalho, existem semelhanças com a jornada prevista pela CLT. No entanto, há também algumas especificidades, como o período de concentração que não é computado para efeito de horas remuneradas.

Têm-se, como algumas das peculiaridades desse contrato, os bichos e as luvas que são gratificações pagas pelo clube diretamente ao empregado.

Os bichos integram a remuneração para todos os efeitos legais, desde que comprovada a habitualidade.

No que diz respeito às luvas, as quais podem ser pagas em parcela única, em poucas parcelas ou em parcelas mensais sucessivas, se o pagamento for realizado em parcela única ou em poucas parcelas, não será considerado salário.

Já caso seja adimplido em sucessivas parcelas mensais, e o jogador conseguir provar que a intenção do clube de proceder dessa maneira foi com o fito de desvirtuar o adimplemento de pagar o que seria mensalmente devido ao empregado, fraudando a legislação trabalhista, nesta hipótese será considerado salário.

Além dessa situação, será salário também quando da aplicação do art. 31, § 1º, da Lei Pelé, isto é, se o empregado procurar resolver o contrato de emprego na Justiça do Trabalho, fundado na mora contumaz do empregador.

Acrescem-se ainda ao presente estudo polêmicas que giram em torno da distinção entre direito de arena e direito de imagem, e da aplicação do adicional noturno aos atletas de futebol.

A fim de evitar a confusão dos institutos do direito de arena e de imagem, vale ressaltar a principal distinção entre ambos, a qual reside na questão da titularidade.

Quanto à titularidade do direito de arena, cabe às entidades de prática desportiva o direito de negociar os direitos de transmissão das partidas televisionadas, portanto, tratando-se de um direito pertencente à coletividade participante do espetáculo.

O direito de arena é um meio de se remunerar o atleta profissional, enquanto estiver desempenhando as suas funções durante uma partida de futebol, na qual participe pelo seu clube.

Ao passo que o direito de imagem, por ser algo inerente à identidade da pessoa, tanto pode ser em função das aparições do jogador em uma determinada partida, quanto também em qualquer outro lugar, desde que a reprodução da sua imagem tenha finalidade econômica.

Trata-se de uma garantia individual constitucionalmente protegida, e qualquer pessoa é detentora do direito de ver a sua imagem tutelada, independentemente da profissão exercida ou cargo que ocupa.

No entanto, deve-se ficar atento ao fato de que alguns clubes, com o intuito de burlar o que é devido ao fisco e à previdência, muitas vezes firmam contratos de licença de uso de imagem com os seus atletas, de cunho meramente civil, quando na verdade o citado contrato possui aspectos eminentemente salariais, portanto, de natureza trabalhista. Fraudes estas apenas percebidas quando da cobrança de verbas rescisórias pelo atleta ao exercer o direito material de ação perante a Justiça.

Portanto, até prova em contrário, o pagamento oriundo desse direito é de natureza civil. Somente poderá ser atribuída natureza salarial, quando houver estipulação contratual visando fraudar a legislação trabalhista, previdenciária e tributária.

No que se refere ao labor no horário das 22h às 5h, restou claro o fato de que o futebol apresenta características inerentes a essa prática esportiva, e somente em casos excepcionais é devido o adicional noturno. As partidas ocorrem normalmente em horários convenientes ao público/torcedor que lotam os estádios ou assistem mediante transmissões televisivas. A justificativa é a de que alguns ganhos dos atletas, a exemplo do direito de arena e do bicho, são bastantes para compensar o empregado.

4. Além dos direitos e deveres próprios do atleta, circunda, ainda, o contrato de trabalho desses profissionais, os direitos e deveres do empregador.

Sendo assim, em havendo descumprimento de alguma obrigação ou cláusula do pacto laboral, será plenamente cabível para a parte prejudicada a rescisão do seu contrato, podendo, inclusive, o empregador dispensar o atleta sem que motivo algum seja dado, em virtude do exercício do direito potestativo, o que não afasta a possibilidade de indenização quando cabível.

Nesse sentido, afirma-se que a multa rescisória é apenas aplicada quando a resolução do contrato laboral entre clube e atleta se operar pela mora contumaz, isto é, pelo atraso no pagamento das verbas de natureza salarial ou do recolhimento do FGTS e das contribuições previdenciárias de seu jogador. Esta é a única modalidade de cláusula penal moratória; e as demais são espécies de cláusula penal compensatória.

Assim, nos demais casos de resolução do contrato de trabalho pelo atleta em Juízo, e nos de rescisão unilateral desse pacto por pedido de demissão ou sem justa causa do empregado, a multa indenizatória devida à parte prejudicada é a da cláusula penal desportiva.

A fim de tentar sanar polêmicas advindas de interpretações equivocadas pelo aplicador do direito, a respeito da cláusula penal desportiva no caso concreto, corrobora-se com precedentes do Tribunal Superior do Trabalho o entendimento de que esta multa indenizatória é de aplicação bilateral, ou seja, tanto o atleta, quanto o clube podem ser responsabilizados pelo adimplemento dessa obrigação acessória.

Vale ressaltar que não é apenas com alterações legislativas visando modificar dispositivos da Lei Pelé que se resolverá o problema do acúmulo de dívidas pela maioria dos clubes brasileiros de futebol. Trata-se de uma estrutura viciada, na qual a corrupção está presente, principalmente, nos cargos administrativos mais importantes.

Assim, torna-se imperioso a adoção de certas medidas internas, a exemplo da profissionalização dos dirigentes compromissados com a moral e a ética, indicando haver a indispensabilidade de remuneração destes; da aproveitabilidade dos recursos financeiros em setores que dêem retorno para as entidades de prática desportiva; da necessidade de transparecer as atividades contábeis de cada ação tomada pelos administradores de clube; entre outras.

Sugere-se a edição de instrumentos normativos pela FIFA e por seus filiados, inclusive, pelo Brasil, proibindo que o atleta possa ser tratado como coisa, quando um clube intencionado em ceder os direitos desportivos de determinado jogador entra em contato com outros clubes, a fim de saber se um ou mais deles estão interessados em adquirir os direitos à utilização da atividade desportiva desse empregado.

Trata-se também de um dos resquícios do instituto do passe, já que os clubes europeus até meados da década de 90, quando vigorava o citado instituto, costumavam colocar os seus atletas numa lista de transferências. Portanto, igualmente, deveria haver uma norma editada pela FIFA e seus filiados, vetando qualquer disponibilização dos direitos desportivos dos jogadores de futebol numa lista de atletas potencialmente transferíveis, como se objetos fossem.

Se a intenção de adquirir tais direitos for da iniciativa do próprio clube, independentemente de qualquer espécie de lista, não deveria haver óbice algum, uma vez que se estará procurando suprir uma lacuna no seu quadro de empregados e o pagamento da cláusula penal será uma consequência disso.

Por fim, vale salientar que tem a Justiça do Trabalho a competência para prestar a tutela em lides de natureza trabalhista originadas pela relação jurídica: jogador de futebol e seu clube.

No intuito de evitar a crescente quantidade de processos ajuizados na Justiça do Trabalho, deveriam os empregadores e os seus empregados avençarem contratos de trabalho contendo, de maneira discriminada, cláusulas regulamentando cada situação que porventura venha a ocorrer.

Principalmente, deveria haver uma alteração legislativa no sentido de obrigar a inclusão de cláusulas sobre as multas cabíveis em cada caso de rescisão unilateral por uma das partes, uma vez que há apenas a obrigatoriedade da cláusula penal.

Vale lembrar que tal mudança legislativa, como tantas outras também necessárias, deve ser realizada, pois é sabido que a sociedade a qual mais evolui é aquela que nunca está satisfeita com o seu *status quo*.

5. No que se refere ao meio ambiente laboral, o presente estudo buscou despertar para um olhar sobre as condições de trabalho do atleta de futebol, pois, de igual modo, as normas relativas à segurança e saúde aderem implicitamente à relação empregatícia, de modo a preservar o bem maior, isto é, a vida do trabalhador.

Ademais, as normas sobre a proteção do meio ambiente do trabalho, dispostas na legislação desportiva, são acanhadas e de interpretação vaga e subjetiva.

Não se quis esgotar a legislação previdenciária, uma vez que esta não era a intenção. Contudo, procurou-se estabelecer a infortunística desportiva, como uma disciplina apta a considerar as causas dos riscos inerentes ao meio ambiente do trabalho na atividade futebolística e a reparação pelos danos ocorridos, inclusive, com a responsabilização das entidades de prática desportiva, nas esferas administrativa, trabalhista, civil e penal.

Ressalta-se que é dever do clube de futebol promover a redução dos fatores de risco decorrentes da atividade laboral, e que são prejudiciais à saúde e à segurança dos atletas futebolistas.

Portanto, de nada adiantaria um vínculo empregatício para auferir ganhos vultosos, se ao atleta não for disponibilizado um meio ambiente de trabalho seguro, saudável e decente, respeitando-se assim o princípio constitucionalmente consagrado da dignidade da pessoa humana.

Referências

AARNIO, Aulis. *Derecho, racionalidad y comunicación social*: ensayos sobre filosofía del derecho. Tradução de Pablo Larrañaga. México: Distribuciones Fontamara, 1995.

AGRA, Walber de Moura. *Curso de direito constitucional*. Rio de Janeiro: Forense, 2007.

ANDREUCCI, Ricardo Antonio. *Direito penal do trabalho*. São Paulo: Saraiva, 2006.

ARIOSI, Mariângela. *Conflitos entre tratados internacionais e leis internas*: o judiciário brasileiro e a nova ordem internacional. Rio de Janeiro: Renovar, 2000.

BARROS, Alice Monteiro de. *Contratos e regulamentações especiais de trabalho*: peculiaridades, aspectos controvertidos e tendências. 2. ed. São Paulo: LTr, 2002.

BASTOS, Celso Ribeiro; MARTINS, Ives Gandra da Silva. *Comentários à Constituição do Brasil*: promulgada em 5 de outubro de 1988. v. 2, 3. ed. rev. e atual. São Paulo: Saraiva, 2004.

BEZERRA LEITE, Carlos Henrique. *Constituição e direitos sociais dos trabalhadores*. São Paulo: LTr, 1997.

BOUDENS, Emile. *Relações de trabalho no futebol brasileiro III*: considerações acerca do Projeto de Lei n. 2.437, de 1996. Consultoria Legislativa da Câmara dos Deputados. Fevereiro/2002. Disponível em: <http://apache.camara.gov.br/portal/arquivos/Camara/internet/publicacoes/estnottec/pdf/200499.pdf>. Acesso em: 6 jan. 2009.

BRASIL. Constituição da República Federativa do Brasil, de 5 de outubro de 1988. *Diário Oficial da União*. Disponível em: <https://www.planalto.gov.br/ccivil_03/Constituicao/Constituiçao_Compilado.htm>. Acesso em: 4 ago. 2006.

BRASIL. Decreto n. 2.574, de 29 de abril de 1998. Regulamenta a Lei n. 9.615, de 24 de março de 1998, que institui normas gerais sobre o desporto e dá outras providências. *Diário Oficial da União*, Brasília — DF, 30 de abril de 1998. Disponível em: <http://www.planalto.gov.br/ccivil_03/decreto/D2574.htm>. Acesso em: 12 maio 2006.

BRASIL. Decreto n. 6.187, de 14 de agosto de 2007. Regulamenta a Lei n. 11.345, de 14 de setembro de 2006, institui o concurso de prognóstico denominado Timemania, estabelece os critérios de participação e adesão das entidades de prática desportiva da modalidade de futebol profissional e dispõe sobre o parcelamento de débitos tributários e não tributários e para com o Fundo de Garantia do Tempo de Serviço — FGTS, e dá outras providências. *Diário Oficial da União*, Brasília — DF, 15 de agosto de 2007. Disponível em: <https://www.planalto.gov.br/ccivil_03/_Ato2007-2010/2007/Decreto/D6187.htm>. Acesso em: 6 jan. 2009.

BRASIL. Decreto-Lei n. 2.848, de 7 de dezembro de 1940. Código Penal. *Diário Oficial da União*, Rio de Janeiro — RJ, 31 de dezembro de 1940. Disponível em: <http://www.planalto.gov.br/CCIVIL/Decreto-Lei/Del2848compilado.htm>. Acesso em: 14 de julho de 2008.

BRASIL. Decreto-Lei n. 5.452, de 1º de maio de 1943. Aprova a Consolidação das Leis do Trabalho. *Diário Oficial da União*, Rio de Janeiro — RJ, 9 de agosto de 1943. Disponível em: <http://www.planalto.gov.br/ccivil/Decreto-Lei/Del5452compilado.htm>. Acesso em: 12 maio 2006.

BRASIL. Decreto-Lei n. 368, de 19 de dezembro de 1968. Dispõe sobre Efeitos de Débitos Salariais e dá outras providências. *Diário Oficial da União*, Rio de Janeiro — RJ, 20 de dezembro de 1968. Disponível em: <https://www.planalto.gov.br/ccivil_03/decreto-lei/Del0368.htm>. Acesso em: 26 jul. 2007.

BRASIL. Lei n. 4.090, de 13 de julho de 1962. Institui a Gratificação de Natal para os Trabalhadores. *Diário Oficial da União*, Brasília — DF, 26 de julho de 1962. Disponível em: <http://www.planalto.gov.br/ccivil/LEIS/L4090.htm>. Acesso em: 24 jul. 2007.

BRASIL. Lei n. 4.749, de 12 de agosto de 1965. Dispõe sobre o Pagamento da Gratificação Prevista na Lei n. 4.090, de 13 de julho de 1962. *Diário Oficial da União*, Brasília — DF, 13 de agosto de 1965. Disponível em: <http://www.planalto.gov.br/ccivil/LEIS/L4749.htm>. Acesso em: 24 jul. 2007.

BRASIL. Lei n. 5.988, de 14 de dezembro de 1973. Regula os direitos autorais e dá outras providências. *Diário Oficial da União*, Brasília — DF, 18 de dezembro de 1973. Disponível em: <http://www.planalto.gov.br/CCIVIL/Leis/L5988.htm>. Acesso em: 23 jul. 2007.

BRASIL. Lei n. 6.354, de 2 de setembro de 1976. Dispõe sobre as relações de trabalho do atleta profissional de futebol e dá outras providências. *Diário Oficial da União*, Brasília — DF, 3 de setembro de 1976. Disponível em: <https://www.planalto.gov.br/ccivil_03/leis/l6354.htm>. Acesso em: 13 set. 2006.

BRASIL. Lei n. 6.815, de 19 de agosto de 1980, regulamentada pelo Decreto n. 86.715, de 10 de dezembro de 1981. Define a situação jurídica do estrangeiro no Brasil, cria o Conselho Nacional de Imigração. *Diário Oficial da União*, Brasília — DF, 11 de dezembro de 1981. Disponível em: <https://www.planalto.gov.br/ccivil_03/Leis/L6815.htm#art13iii>. Acesso em: 19 ago. 2006.

BRASIL. Lei n. 8.036, de 11 de maio de 1990. Dispõe sobre o Fundo de Garantia do Tempo de Serviço, e dá outras providências. *Diário Oficial da União*, Brasília — DF, 14 de meio de 1990. Disponível em: <http://www.planalto.gov.br/ccivil_03/Leis/L8036consol.htm>. Acesso em: 24 jul. 2007.

BRASIL. Lei n. 8.069, de 13 de julho de 1990. Dispõe sobre o Estatuto da Criança e do Adolescente e dá outras providências. *Diário Oficial da União*, Brasília — DF, 16 de julho de 1990. Disponível em: <http://www.planalto.gov.br/ccivil/LEIS/L8069.htm>. Acesso em: 24 jul. 2007.

BRASIL. Lei n. 8.078, de 11 de setembro de 1990. Dispõe sobre a proteção do consumidor e dá outras providências. *Diário Oficial da União*, Brasília — DF, 12 de setembro de 1990. Disponível em: <http://www.planalto.gov.br/ccivil/leis/L8078compilado.htm>. Acesso em: 23 jul. 2007.

BRASIL. Lei n. 8.213, de 24 de julho de 1991. Dispõe sobre os Planos de Benefícios da Previdência Social e dá outras providências. *Diário Oficial da União*, Brasília — DF, 25 de julho de 1991 e 14 de agosto de 1998. Disponível em: <http://www.planalto.gov.br/ccivil_03/leis/L8213compilado.htm>. Acesso em: 23 dez. 2008.

BRASIL. Lei n. 8.672, de 6 de julho de 1993. Institui normas gerais sobre desportos e dá outras providências. *Diário Oficial da União*, Brasília — DF, 7 de julho de 1993. Disponível em: <http://www.planalto.gov.br/CCIVIL/Leis/L8672.htm>. Acesso em: 23 jul. 2006.

BRASIL. Lei n. 9.610, de 19 de fevereiro de 1998. Altera, atualiza e consolida a legislação sobre direitos autorais e dá outras providências. *Diário Oficial da União*, Brasília — DF, 20 de fevereiro de 1998. Disponível em: <http://www.planalto.gov.br/ccivil/leis/l9610.htm>. Acesso em: 23 jul. 2007.

BRASIL. Lei n. 9.615, de 24 de março de 1998. Institui normas gerais sobre desporto e dá outras providências. *Diário Oficial da União*, Brasília — DF, 25 de março de 1998. Disponível em: <https://www.planalto.gov.br/ccivil_03/Leis/L9615Compilada.htm>. Acesso em: 12 maio 2006.

BRASIL. Lei n. 10.406, de 10 de janeiro de 2002. Institui o Código Civil. *Diário Oficial da União*, Brasília — DF, 11 de janeiro de 2002. Disponível em: <http://www.planalto.gov.br/CCIVIL/leis/2002/L10406compilada.htm>. Acesso em: 15 set. 2006.

BRASIL. *Leis do esporte e estatuto do torcedor anotados.* Org. Editoria Jurídica da Editora Manole. São Paulo: Manole, 2003.

BRASIL. *Leis, etc. Collecção das leis do Imperio do Brazil de 1810.* v. I. Rio de Janeiro: Imprensa Nacional, 1891. Disponível em: <http://www.planalto.gov.br/ccivil_03/leis/1851-1900/L3353.htm>. Acesso em: 15 dez. 2008.

BRASIL. Ministério do Esporte. *Timemania*. Disponível em: <http://portal.esporte.gov.br/timemania/>. Acesso em: 10 out. 2008.

BRASIL. Ministério do Trabalho e Emprego. Conselho Nacional de Imigração. Resolução Normativa n. 80, 16 de outubro de 2008. *Diário Oficial da União*, Brasília — DF, 17 de outubro de 2008. Disponível em: <http://www.mte.gov.br/legislacao/resolucoes_normativas/2008/rn_20081016_80.pdf>. Acesso em: 5 jan. 2009.

BRASIL. Projeto de Lei n. 6.404 de 2002. Regula a profissão de agente esportivo e dá outras providências. Voto em separado do Deputado Régis de Oliveira. *Câmara dos Deputados.* Disponível em: <http://www.camara.gov.br/sileg/integras/452117.pdf>. Acesso em: 18 nov. 2008.

BRASIL. Supremo Tribunal Federal. Súmula n. 207, 13 dez. 1963. *STF*. Disponível em: <http://www.stf.jus.br/portal/jurisprudencia/listarJurisprudencia.asp?s1=207.NUME.%20NAO%20S.FLSV.&base=baseSumulas>. Acesso em: 4 jun. 2006.

BRASIL. Tribunal Regional do Trabalho da 1ª Região. 3ª Turma. Acórdão em recurso ordinário n. 1121/2003. Relatora: Desembargadora Maria das Graças Cabral Viegas Paranhos. DORJ, III, 4 abr. 2006. *TRT1.* Disponível em: <http://portal.trt1.jus.br:7777/portal/page?_pageid=73,1&_dad=portal&_schema=PORTAL>. Acesso em: 4 jun. 2006.

BRASIL. Tribunal Regional do Trabalho da 2ª Região. 7ª Turma. Acórdão em recurso ordinário n. 1030/2003. Relator: Desembargador Luiz Antônio M. Vidigal, Revisor: Desembargador Luiz Carlos Norberto. DOESP, 24 mar. 2006. *TRT2.* Disponível em: <http://www.trt2.gov.br/>. Acesso em: 4 jun. 2006.

BRASIL. Tribunal Regional do Trabalho da 2ª Região. 1ª Turma. Acórdão em recurso ordinário n. 1520/2004. Relator: Desembargador Luiz Carlos Norberto. DOESP, 10 out. 2006. *TRT2.* Disponível em: <http://www.trt2.gov.br/>. Acesso em: 4 jun. 2006.

BRASIL. Tribunal Regional do Trabalho da 3ª Região. 1ª Turma. Acórdão em recurso ordinário n. 12051/1999. Relator: Juiz Manuel C. Rodrigues. DJMG, 4 fev. 2000. *TRT3.* Disponível em: <http://www.trt.gov.br/>. Acesso em: 4 jun. 2006.

BRASIL. Tribunal Regional do Trabalho da 3ª Região. 7ª Turma. Acórdão em recurso ordinário n. 2469/2002. Relatora: Juíza Alice Monteiro de Barros. DJMG, 24 abr. 2002. *TRT3.* Disponível em: <http://www.trt.gov.br/>. Acesso em: 4 jun. 2006.

BRASIL. Tribunal Regional do Trabalho da 3ª Região. 3ª Turma. Acórdão em recurso ordinário n. 12807/2002. Relator: Juiz João Bosco Pinto Lara. DJ, 6 nov. 2002. *TRT3.* Disponível em: <http://www.trt.gov.br/>. Acesso em: 4 jun. 2006.

BRASIL. Tribunal Regional do Trabalho da 4ª Região. 3ª Turma. Acórdão em recurso ordinário n. 01970.731/1995-8. Relatora: Juíza Nires Maciel de Oliveira. DJRS, 20 abr. 1998. *TRT4.* Disponível em: <http://www.trt4.gov.br/>. Acesso em: 4 jun. 2006.

BRASIL. Tribunal Regional do Trabalho da 4ª Região. 2ª Turma. Acórdão em recurso ordinário n. 01741.521/96-3. Relatora: Juiz José Antônio Pereira de Souza. DJRS, 30 ago. 1999. *TRT4.* Disponível em: <http://www.trt4.gov.br/>. Acesso em: 4 jun. 2006.

BRASIL. Tribunal Regional do Trabalho da 4ª Região. 8ª Turma. Acórdão em recurso ordinário n. 00551.022/01-9. Relatora: Juíza Beatriz Brun Goldschmidt. DJRS, 7 out. 2002. *TRT4.* Disponível em: <http://www.trt4.gov.br/>. Acesso em: 4 jun. 2006.

BRASIL. Tribunal Regional do Trabalho da 6ª Região. 2ª Turma. Acórdão em recurso ordinário n. 1246/1997. Relator: Juiz Fernando Cabral de Andrade. DJPE, 15 jan. 1998. *TRT6.* Disponível em: <http://www.trt6.gov.br/>. Acesso em: 4 jun. 2006.

BRASIL. Tribunal Superior do Trabalho. 4ª Turma. Acórdão em recurso de revista n. 405769/1997-SP. Relator: Ministro Antônio José de Barros Levenhagen. DJ, 5 maio 2000. *TST.* Disponível em: <http://www.tst.gov.br/>. Acesso em: 4 jun. 2006.

BRASIL. Tribunal Superior do Trabalho. 2ª Turma. Acórdão em recurso de revista n. 1490/2002-MG. Relator: Juiz Convocado Horácio Raymundo de Senna Pires. DJ, 18 fev. 2005. *TST.* Disponível em: <http://www.tst.gov.br/>. Acesso em: 4 jun. 2006.

BRASIL. Tribunal Superior do Trabalho. 2ª Turma. Acórdão em embargos de declaração em recurso de revista n. 1121/2002-MG. Relator: Ministro Horácio Raymundo de Senna Pires. DJ, 18 ago. 2006. *TST.* Disponível em: <http://www.tst.gov.br/>. Acesso em: 4 jun. 2006.

BRASIL. Tribunal Superior do Trabalho. 4ª Turma. Acórdão em recurso de revista n. 400/2005-RS. Relator: Ministro Antônio José de Barros Levenhagen. DJ, 30 abr. 2009. *TST.* Disponível em: <http://www.tst.gov.br/>. Acesso em: 5 maio 2009.

BRASIL. Tribunal Superior do Trabalho. Resolução n. 121/2003. DJ 19, 20 e 21 nov. 2003. *TST.* Disponível em: <http://www.trt.gov.br/>. Acesso em: 4 jun. 2006.

BRASIL. Tribunal Superior do Trabalho. Subseção I Especializada em Dissídios Individuais. Acórdão em embargos em embargos de declaração em recurso de revista n. 552/2002-RJ. Relator: Ministro Horácio Raymundo de Senna Pires. Redator: Ministro Luiz Philippe Vieira de Mello Filho. DJ, 24 out. 2008. *TST.* Disponível em: <http://www.tst.gov.br/>. Acesso em: 4 jan. 2009.

BRITO FILHO, José Cláudio Monteiro de. Trabalho com redução do homem à condição análoga à de escravo e dignidade da pessoa humana. *Revista de Direito do Trabalho,* Curitiba: Genesis, v. 23, n. 137, p. 649-746, maio 2004.

CABANELLAS DE TORRES, Guillermo; ESCALANTE, José N. Gómez. *Compendio de Derecho Laboral.* Tomo I, 4. ed. Buenos Aires: Heliasta, 2001.

CARLEZZO, Eduardo. *Direito desportivo empresarial.* São Paulo: Juarez de Oliveira, 2004.

CATEB, Alexandre Bueno. *Desporto profissional e direito de empresa:* de acordo com o Código civil de 2002. São Paulo: Juarez de Oliveira, 2004.

CATHARINO, José *Martins. Tratado jurídico do salário.* São Paulo: LTr, 1994.

CAZETTA, Ubiratan. A escravidão ainda resiste. p. 104-136. In: *Possibilidades jurídicas de combate à escravidão contemporânea.* Brasília: Organização Internacional do Trabalho, 2007.

CHAVES, Antônio. *Direitos conexos:* atualizado de acordo com a nova Lei de Direitos Autorais, n. 9.610, de 19 de fevereiro de 1998. São Paulo: LTr, 1999.

COMISSÃO EUROPEIA. *Desporto e livre circulação — O caso Bosman:* Antecedentes da decisão do tribunal de justiça das Comunidades europeias sobre o caso *Bosman.* Disponível em: <http://ec.europa.eu/sport/sport-and/markt/bosman/b_bosman_pt.html>. Acesso em: 4 dez. 2007.

CONFEDERAÇÃO BRASILEIRA DE FUTEBOL. *BID-E:* Boletim Informativo Diário Eletrônico: registro de jogadores. Disponível em: <http://www.cbf.com.br/registro/>. Acesso em: 28 out. 2008.

CONFEDERAÇÃO BRASILEIRA DE FUTEBOL. *Regulamento Geral das Competições,* de 19 de dezembro de 2008. Disponível em: <http://www.cbf.com.br/destaques/rgc09.pdf>. Acesso em: 6 jan. 2009.

CONFEDERAÇÃO BRASILEIRA DE FUTEBOL. *Resolução da Presidência n. 2, de 16 de agosto de 2005.* Disponível em: <http://www.cbf.com.br/pdf/rdp2.pdf>. Acesso em: 20 abr. 2006.

COUTO, Sara. SNC: o Brasil próximo de um novo modelo de política cultural. *Ministério da Cultura.* Brasil, 13 set. 2005. Disponível em: <http://www.cultura.gov.br/noticias/noticias_do_minc/index.php?p=11791&more=1&c=1&pb=1>. Acesso em: 20 jul. 2007.

DINIZ, Maria Helena. *Dicionário jurídico.* v. 2. São Paulo: Saraiva, 1998.

________. *Dicionário jurídico.* v. 3. São Paulo: Saraiva, 1998.

________. *Dicionário jurídico.* v. 4. São Paulo: Saraiva, 1998.

DUARTE, Orlando. *Futebol*: regras e comentários. São Paulo: Senac, 2005.

DUARTE, Paulo Henrique Bracks. *O contrato de trabalho do atleta profissional de futebol.* 2004. 64 f. Trabalho de Conclusão de Curso — Curso de Direito, Faculdade de Direito Milton Campos, Nova Lima, 2004.

D'ARCY, François. *União Europeia:* instituições, políticas e desafios. Rio de Janeiro: Konrad Adenauer Stiftung, 2002.

EUROPA: O portal da União Europeia. *Asunto C-415/93:* Union royale belge des sociétés de football association ASBL y otros contra *Jean-Marc Bosman* y otros. Disponível em: <http://eur-lex.europa.eu/LexUriServ/LexUriServ.do?uri=CELEX:61993J0415:ES:HTML>. Acesso em: 23 dez. 2007.

EUROPA: O portal da União Europeia. *Tratado de Roma de 25 de março de 1957.* Disponível em: <http://eur-lex.europa.eu/EUDOROrder.do?year_no_oj=1957/CEE&oj_vol=1&lang=PT&series=TRAITES&page_first=NA&page_last=NA>. Acesso em: 28 jun. 2006.

EZABELLA, Felipe Legrazie. *Direito desportivo e a imagem do atleta.* São Paulo: IOB Thomson, 2006.

FALCÃO, Antonio. *Os artistas do futebol brasileiro.* Recife: Nossa Livraria, 2006.

FEDERAÇÃO DE FUTEBOL DO ESTADO DO RIO DE JANEIRO. *A Federação de Futebol — História.* Disponível em: <http://www.fferj.com.br/Federacao/Historia/ahistoria.htm>. Acesso em: 21 dez. 2008.

FEDERAÇÃO PERNAMBUCANA DE FUTEBOL. *Campeonato Pernambucano da Série A1:* normas especiais — 2009. Disponível em: <http://www.fpf-pe.com.br/normas_especiais_2009.pdf>. Acesso em: 30 nov. 2008.

FÉDÉRATION INTERNATIONALE DE FOOTBALL ASSOCIATION. *Regulations on the Status and Transfer of Players.* Zurich, 18 December 2004. FIFA Executive Committee. Disponível em: <http://www.fifa.com/mm/document/affederation/administration/regulations_on_the_status_and_transfer_of_players_en_33410.pdf>. Acesso em: 6 jan. 2009.

FÉDÉRATION INTERNATIONALE DE FOOTBALL ASSOCIATION. *Regulations Players' Agents.* Zurich, 29 October 2007. FIFA Executive Committee. Disponível em: <http://www.fifa.com/mm/document/affederation/administration/playersagents_en_32511.pdf>. Acesso em: 6 jan. 2009.

FILIPINI, Caio. Protesto na Espanha. *Futebol de Botão*, 12 maio 2008. Disponível em: <http://futeboldebotao.wordpress.com/2008/05/12/protesto-na-espanha/>. Acesso em: 20 maio 2008.

FLÁVIA, Ana. *Futebol.* Disponível em: <http://www.coladaweb.com/edfisica/futebol.htm>. Acesso em: 15 mar. 2006.

FOER, Franklin. *Como o futebol explica o mundo:* um olhar inesperado sobre a globalização. Tradução de Carlos Alberto Medeiros. Rio de Janeiro: Jorge Zahar, 2005.

GARCIA JÚNIOR, Armando Alvares. *Conflito entre normas do Mercosul e direito interno:* como resolver o problema?: o caso brasileiro. São Paulo: LTr, 1997.

GOMES, Orlando; GOTTSCHALK, Élson. *Curso de direito do trabalho.* 16. ed. Rio de Janeiro: Forense, 2000.

GONDIM, Emanuel. A origem do Football Association. *COMUNICampus On Line*, Pernambuco, ano VIII, n. 101, jun. 2002. Disponível em: <http://www.ufpe.br/ascom/cconline/024/opiniao.html>. Acesso em: 14 maio 2006.

HOUAISS, Antônio; VILLAR, Mauro de Sales. *Dicionário Houaiss da Língua Portuguesa.* Rio de Janeiro: Objetiva, 2001.

JORNAL OFICIAL DA UNIÃO EUROPEIA (29 de dezembro de 2006 — C321 E/1 — PT). *União Europeia:* versões consolidadas: do Tratado da União Europeia e do Tratado que Institui a Comunidade Europeia. Disponível em: <http://eur-lex.europa.eu/LexUriServ/LexUriServ.do?uri=OJ:C:2006:321E:0001:0331:PT:pdf>. Acesso em: 23 dez. 2007.

JORNAL OFICIAL DA UNIÃO EUROPEIA (17 de dezembro de 2007 — C306/42 — PT). *Tratado de Lisboa que altera o Tratado da União Europeia e o Tratado que institui a Comunidade Europeia, assinado em Lisboa em 13 de dezembro de 2007.* Disponível em: <http://

eur-lex.europa.eu/LexUriServ/site/pt/oj/2007/c_306/c_30620071217pt00420133.pdf>. Acesso em: 23 dez. 2007.

JUSTIÇA DESPORTIVA. *Histórico: A história da justiça desportiva.* Disponível em: <http://www.justicadesportiva.com.br/secao.asp?id=1>. Acesso em: 17 dez. 2007.

KRIEGER, Marcílio. *Anotações ao CBJD e Legislação Desportiva.* Florianópolis: OAB/SC, 2007.

LIMA, Marcos Antunes de. *As origens do futebol na Inglaterra e no Brasil.* São Paulo, 26 nov. 2002. Disponível em: <http://www.klepsidra.net/klepsidra14/futebol.doc>. Acesso em: 21 maio 2006.

LIMA JÚNIOR, Jayme Benvenuto. O caso Mayagna Awas Tingni contra a Nicarágua perante o Sistema Interamericano de Direitos Humanos: demanda pela demarcação de terras ancestrais indígenas. p. 205-227. In: SEVERO NETO, Manoel (org.). *Direito, cidadania & processo.* Recife: FASA, 2006.

LUCENA, Rhayssa Gonçalves. *Trabalho escravo contemporâneo.* 2008. 79 f. Trabalho de Conclusão de Curso — Curso de Direito, Universidade Católica de Pernambuco, Recife, 2008.

MARINHO, Inezil Penna. A educação física no meio civil em face dos preceitos legais que a regulam. *Revista de educação física.* Rio de Janeiro, n. 53, jun. 1942. Disponível em: <http://www.revistadeeducacaofisica.com.br/artigos/1942/53_aedfisnomeiocivil.pdf>. Acesso em: 21 dez. 2008.

MARTINS, José de Souza. *A escravidão nos dias de hoje e as ciladas da interpretação.* p. 127-163. In: VV.AA. Trabalho escravo no Brasil contemporâneo. São Paulo: Loyola, 1999.

MARTINS, Sérgio Pinto. *Direito do trabalho.* 12. ed. São Paulo: Atlas, 2000.

________. O atleta profissional de futebol e os seus direitos trabalhistas. *Revista de direito do trabalho.* São Paulo: Revista dos Tribunais, ano 26, n. 98, p. 142-149, abr./jun. 2000.

MAXIMILIANO, Carlos. *Hermenêutica e aplicação do direito.* 15. ed. Rio de Janeiro: Forense, 1995.

MELO, Raimundo Simão de. *Direito ambiental do trabalho e a saúde do trabalhador:* responsabilidades legais, dano material, dano moral, dano estético, indenização pela perda de uma chance, prescrição. 3. ed. São Paulo: LTr, 2008.

MELO FILHO, Álvaro. Reflexões em torno dos Direitos Federativos e Econômicos. p. 35-41. *Derecho deportivo en línea.* Boletín n. 10, set. 2007 — mar. 2008. Disponível em: <http://nuke.dd-el.com/Portals/0/reflexoes%20direitos%20federativos.pdf>. Acesso em: 30 nov. 2008.

MELO FILHO, Hugo Cavalcanti. Nova competência da Justiça do Trabalho: contra a interpretação reacionária da Emenda n. 45/2004. p. 170-186. In: COUTINHO, Fernandes Grijalbo; FAVA, Marcos Neves. *Justiça do trabalho:* competência ampliada. São Paulo: LTr, 2005.

MENHEM, Felipe Almeida Fares. *A assessoria do Cruzeiro Esporte Clube:* análise das práticas jornalísticas e do grau e institucionalização da informação divulgada pelos assessores. 2005. 51 f. Trabalho de Conclusão de Curso — Curso de Comunicação Social, Centro Universitário de Belo Horizonte, Belo Horizonte, 2005.

MUSEU DOS ESPORTES. *História do futebol.* Disponível em: <http://www.museudosesportes.com.br/noticia.php?id=26615>. Acesso em: 15 jan. 2007.

NASCIMENTO, Amauri Mascaro. *Teoria jurídica do salário.* São Paulo: LTr, 1994.

ORGANIZAÇÃO INTERNACIONAL DO TRABALHO. Anexo da Constituição da Organização Internacional do Trabalho (OIT). Declaração referente aos fins e objetivos da Organização Internacional do Trabalho (Declaração de Filadélfia), de 10 de maio de 1944. *OIT.* Disponível em: <http://www.oit.org.br/info/download/constituicao_oit.pdf>. Acesso em: 19 dez. 2008.

ORGANIZAÇÃO INTERNACIONAL DO TRABALHO. Convenção n. 29, de 28 de junho de 1930. Sobre o Trabalho Forçado ou Obrigatório. Genebra. *OIT.* Disponível em: <http://www.oit.org.br/info/download/conv_29.pdf>. Acesso em: 20 nov. 2008.

PEREIRA, Flávia Sidônia Camargos. *A guerra no futebol:* um estudo sobre o jornalismo esportivo. 2005. 152 fl. Projeto Experimental — Curso de Comunicação Social, Universidade Federal de Juiz de Fora, Juiz de Fora, 2005. Disponível em: <http://www.facom.ufjf.br/projetos/1sem_2005/pdf/FSidonia.pdf>. Acesso em: 26 mar. 2006.

PIOVESAN, Flávia. *Trabalho escravo e degradante como forma de violação aos direitos humanos.* p. 151-165. In: VELLOSO, Gabriel; FAVA, Marcos Neves (coord.). Trabalho escravo contemporâneo: o desafio de superar a negação. São Paulo: LTr, 2006.

PIZZOLATO, Eduardo de Andrade. *Profissionalização de organizações esportivas:* estudo de caso do voleibol brasileiro. 2004. 125 f. Dissertação (Mestrado em Administração) — Programa de Pós-graduação em Administração de Empresas da Pontifícia Universidade Católica do Rio de Janeiro, Rio de Janeiro, 2004. Disponível em: <www.maxwell.lambda.ele.puc-rio.br/cgi-bin/PRG_0599.EXE/5887_4.PDF?NrOcoSis=16242&CdLinPrg=pt>. Acesso em: 21 dez. de 2008.

PLÁ RODRIGUEZ, Américo. *Princípios de direito do trabalho.* Tradução de Wagner D. Giglio. 3. ed. atual. São Paulo: LTr, 2000.

PORTUGAL. Tribunal da Relação de Coimbra. Acórdão em apelação n. 1226/04.3 TTCBR.C1. Relator: Dr. Azevedo Mendes. DJ, 25 jan. 2007. *JTRC.* Disponível em: <http://www.dgsi.pt/jtrc.nsf/c3fb530030ea1c61802568d9005cd5bb/87e8e3cf6639836d8025727c004e7b3b?OpenDocument>. Acesso em: 21 ago. 2006.

PUGA, Alberto. *Código Nacional de Desportos.* Disponível em: <http://listas.cev.org.br/pipermail/cevleis/2008-February/030945.html>. Acesso em: 21 dez. 2008.

RODRIGUES, Sílvio. *Direito civil.* v. 2, 21. ed. São Paulo: Saraiva, 1993.

RUSSOMANO, Mozart Victor. *Curso de direito do trabalho.* 4. ed. Curitiba: Juruá, 1991.

SARAIVA, Renato. *Curso de direito processual do trabalho.* 5. ed. rev., atual. e amp. São Paulo: Método, 2008.

________. *Direito do trabalho:* versão universitária. São Paulo: Método, 2008.

SCHMITT, Paulo Marcos. *Curso de Justiça Desportiva.* São Paulo: Quartier Latin, 2007.

SEVERO NETO, Manoel. *O contrato de empreitada e a nova competência da justiça do trabalho.* São Paulo: LTr, 2005.

SILVA, Américo Luís *Martins* da. A cobrança de luvas na locação comercial. *Juristas,* João Pessoa, ano II, n. 43, 2005. Disponível em: <http://www.juristas.com.br/a_698~p_1~A-Cobrança-de-Luvas-na-Locação-Comercial>. Acesso em: 7 set. 2006.

SILVA, Eduardo Augusto Viana da. *O poder, a sociedade e o estado:* o poder no desporto. Rio de Janeiro: Lumen Juris, 2006.

SILVA, Itatiara Meurilly Santos. Aspectos relevantes sobre o contrato de trabalho do atleta profissional. *Revista Jus Vigilantibus*, 3 jun. 2008. Disponível em: <http://jusvi.com/artigos/33778/3>. Acesso em: 11 fev. 2009.

SILVA, Helder Sá. *A natureza jurídica do contrato de cessão de uso da imagem do jogador profissional de futebol.* 2008. 24 f. Trabalho de Conclusão de Curso — Curso de Direito, Centro Universitário Jorge Amado, Salvador, 2008.

SOARES, Jorge Miguel Acosta. *Direito de imagem e direito de arena no contrato do atleta profissional.* São Paulo: LTr, 2008.

SOARES, Orlando. *Comentários à Constituição da República Federativa do Brasil:* (promulgada em 05.10.1988). Rio de Janeiro: Forense, 2006.

SOUTO, Ronaldo. *Origem do futebol.* Disponível em: <http://www.coladaweb.com/edfisica/futebol_origem.htm>. Acesso em: 15 mar. 2006.

SÜSSEKIND, Arnaldo *et al. Instituições de direito do trabalho.* v. I, 15. ed. atual. por Arnaldo Süssekind; João de *Lima* Teixeira Filho. São Paulo: LTr, 1995.

TEIXEIRA, João Paulo Allain. *Racionalidade das decisões judiciais.* São Paulo: Juarez de Oliveira, 2002.

TEIXEIRA, Sergio Torres. *Proteção à relação de emprego.* São Paulo: LTr, 1998.

TRINDADE, Antônio Augusto Cançado. *Princípios do Direito Internacional Contemporâneo.* Brasília: Universidade de Brasília, 1981.

VELLOSO, Gabriel; FAVA, Marcos Neves (coord.). *Trabalho escravo contemporâneo:* o desafio de superar a negação. São Paulo: LTr, 2006.

VOGEL NETO, Gustavo Adolpho. Contrato de trabalho desportivo e sua extinção — um reexame da polêmica sobre o passe. *Legislação do trabalho.* Publicação mensal de legislação, doutrina e jurisprudência, São Paulo: LTr, ano 68, n. 08, ago. 2004.

ZAINAGHI, Domingos Sávio. *Expressão incorreta.* Não existem direitos federativos entre atleta e clube. 31 jan. 2005. Disponível em: <http://www.iidd.com.br/home/view.asp?paNumero=4&paCategoria=2>. Acesso em: 19 ago. 2008.

________. *Nova legislação desportiva:* aspectos trabalhistas. 2. ed. São Paulo: LTr, 2004.

Produção Gráfica e Editoração Eletrônica: **LINOTEC**
Design de Capa: **FABIO GIGLIO**
Impressão: **HR GRÁFICA E EDITORA**